中国传统美学视域下的高校美育理论与实践

郭莹 著

山东警察学院出版资助

新华出版社

图书在版编目（CIP）数据

中国传统美学视域下的高校美育理论与实践/郭莹著.
北京：新华出版社，2024.12
ISBN 978-7-5166-7806-0

Ⅰ.G40-014

中国国家版本馆 CIP 数据核字 20248TA429 号

中国传统美学视域下的高校美育理论与实践
作者：郭莹
责任编辑：蒋小云
出版发行：新华出版社有限责任公司
（北京石景山区京原路 8 号　邮编：100040）
印刷：河南龙华印务有限公司

成品尺寸：170mm×240mm　1/16　　印张：14　　字数：246 千字
版次：2024 年 12 月第一版　　　　　印次：2024 年 12 月第一次印刷
书号：ISBN 978-7-5166-7806-0　　　定价：48.00 元

微店　　视频号小店　　抖店　　京东旗舰店　　请加我的企业微信

  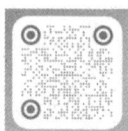 

微信公众号　　喜马拉雅　　小红书　　淘宝旗舰店　　扫码添加专属客服

前 言 | Preface

在全球化与文化多元的时代背景下,美育在高等教育体系中占据了不可或缺的地位。中国传统美学,作为一种深厚的文化遗产,为现代高校美育提供了独特的视角和丰富的资源。中国传统美学不仅仅关注美的形式和表达,更强调美的道德和精神内涵,这为当代高校美育理论与实践提供了重要的价值导向。在教育全球化的大潮中,如何将中国传统美学融入高校美育,成为教育者和学者们面临的重要课题。本书正是在此背景下应运而生,旨在探索中国传统美学视域下高校美育的现状与发展,以期为中国高等教育美育的国际化和本土化发展提供理论支持和实践指南。

但是,尽管中国传统美学在理论上为高校美育提供了丰富的指导思想,但在实践层面仍面临诸多挑战。首先,目前高校美育普遍缺乏与中国传统美学深度结合的系统课程体系,导致学生对传统美学的理解和应用能力不足。其次,高校师资队伍在传统美学教育方面的专业素养有待提高,这直接影响到美育课程的教学质量和效果。再者,随着技术的发展和新媒体的兴起,传统美学教育方式与现代学生的学习习惯之间存在较大的差异,怎样创新教学方法使之更适应现代教育环境,是当前美育实践亟须解决的问题。本书通过系统分析这些问题,试图找出解决之道,推动中国传统美学与高校美育的有机结合,为培养拥有国际视野和本土文化自信的新时代青年提供支持。尽管努力前行,也必须认识到,实现这一目标的路途仍然充满挑战。由于时间和水平的限制,书中可能存在一些疏漏之处,因此,笔者欢迎广大读者对本书提出批评和指正意见,以帮助我们改进和完善内容。

目 录 | Contents

第一章　中国传统美学

第一节　中国传统美学的发展

中国古代的审美思想随着各个时代的演变而发展,它总是紧密联系着当时的哲学思想和艺术理论。无疑,儒家与道家思想作为中华文化的根基,几乎在历代美学思想的孕育、形成与发展过程中都有出现,这确保了中国古代美学思想保持其民族性特征。同时,外来文化及各时代涌现的新哲学思想,也不断激发和丰富了这些美学思想的民族内涵,推动了中国古代美学的创新与进步。这样,中国古代美学不仅展现出了鲜明的民族特色,也呈现出了独特的时代风貌。

从中国传统美学的变迁历程来看,我们可以将其历史分为四个阶段:上古时期包括史前至夏商周秦汉,这是美学思想的初生阶段;中古时期则涵盖魏晋南北朝至隋唐五代,美学思想在此期得到进一步发展;近古时期包括宋金元明清,标志着中国美学的重要转型;20 世纪以来,则进入了中国美学的现代变革期。虽然以朝代划分美学发展的阶段不一定完全符合审美意识和美学思想的演变特点,但考虑到研究与撰写的方便,我们通常还是按朝代进行分类。

一、萌芽兴起期

在中国的早期文明中,从旧石器时代到西周,因缺乏丰富的原始文献资料,我们尚无法以学术理论进行深入研究。我们只能依赖考古出土的文物遗存,通过探索先民的生产生活思维及心理特征,采用对话的方式,挖掘并再现其原始的审美文化。虽然这一时期尚未形成完整系统的审美思想,但先民们却拥有丰富的朴素原始的审美意识,并将其深度体现在劳动实践与器物创造中。在旧石器时代至西周时期的石器、玉器、陶器和青铜器等工艺品中,我们可以观察到其中所蕴含的审美意识的历史演变。

中国最早的审美意识起源于旧石器时期,伴随着先民身体的进化和劳动的实践。这种意识在他们的器物制作中得到了显示,尤以石器多样化造型为代表,实现了主观审美形式感及情感与客观物体的结合,促使原始自发的审美活动得以发生。到了新石器时代,中国的审美意识在先民的生产经验和生活中进一步进化,并开始有了自觉的审美活动。这主要体现在陶器和玉器制作上,他们在关注造型的同时,也追求纹样和图案的装饰效果,既注重实用性,又兼顾审美性,部分作品甚至更加追求装饰的表意功能,从而形成多样且统一的审美风格。进入夏商周时期,青铜文明蓬勃发展:像夏代的九鼎铜爵、商代的青铜饕餮纹以及西周的钟鼎铭文,以其庄严肃穆的艺术风格取代了之前朴素自然的审美倾向,将原始审美意识推向了新的高峰,并为春秋战国时期的美学思想奠定了坚实的物质和心理基础。

春秋战国时期是中国传统美学形成的关键阶段,以儒家和道家的美学思想为代表。儒家美学的奠基人孔子,将政治、伦理与美学融为一体。孔子提出了多项审美理念,如"尽善尽美""文质彬彬"及"兴于诗,立于礼,成于乐",强调礼乐文化和美德的统一。孔子在个人修养方面,既追求"从心所欲不逾矩"的自由独立,也倡导"自强不息"的进取精神,主张内心与行为的一致,如他所言"三军可夺帅也,匹夫不可夺志也",强调规律性与目的性的和谐。孟子作为儒家美学的重要代表,更加重视内在的精神修养,认为"充实之谓美",并通过"养浩然之气"来达到这一审美境界。他的性善论为美感的普遍性提供了理论基础。在文艺观念上,孟子提出"知人论世"和"以意逆志"的观点,对后世的文艺创作产生了深远的影响。荀子作为儒家美学的后期代表,他既强调顺应天命,也重视后天的努力。他倡导"虚一而静"以求内心的宁静,同时认为"全粹为美",提倡精粹和完整性。荀子还是奢华与繁丽美学的提倡者,为儒家美学增添了物质与形式的丰富性。

道家美学以老子和庄子为核心人物。老子将自然观视为审美的最高标准,这一观点对中国传统文学艺术产生了深远的影响。他的"大音希声"与"大象无形"理论,强调杰出艺术作品应超越具体的"声"和"形",达到一种感性的审美境界。他关于"虚静"和"涤除玄鉴"的理念,通过庄子的进一步发挥,对后世产生了深刻的影响。老子的"有无相生"理论,对后世在动静相生、虚实对待等艺术理论方面有着广泛的影响。庄子继承了老子的"道法自然"的观点,提出了人只要顺应自然的和谐,与道为一,就能够逍遥自在。他的"得意忘言"和"言不尽意"思想,体现了大美无言的哲学深度。

《周易》起源于商末周初、完成于战国时期,系统地展示了"天人合一"的思想,表达了阴阳转化生命的观念,并通过比兴的诗性思维展现了其审美功能,对古代中国的诗歌和其他艺术形式产生了持久影响。《周易》中的"易象"理论及其"观物取象""立象尽意"的概念,对中国古代的意象学说产生了基础性的影响。《考工记》作为中国最早的工艺美术著作，详述了"天人合一"的创作原则，并从色彩和五行相生的角度，探讨了工艺品的仿生性和虚实对立的创意方法，从而深入解释了工艺创作的具体方法。《乐记》作为中国首部系统的音乐理论专著，全面论述了音乐的产生、功能、性质、形式及其效果，探讨了音乐如何引发情感、达到和谐以及如何通过"道"来调节欲望的内在机制。

秦汉时期是标志着中华民族迈向统一的重要阶段，这一时期的美学思想不仅整合了先秦诸子的美学理念，还在新的历史条件下进一步拓展了中国的美学观念。秦汉美学具有以下几个显著特点：

①秦汉美学受到道家宇宙观的深刻影响，将审美理念与宇宙的统一性相联系，同时也融合了儒家的教义，吸收了墨、名、法、兵、农等各家思想，对先秦诸子的美学进行了概括与综合。如《吕氏春秋》《淮南子》和《诗大序》等秦汉著作都体现了对儒家和道家等学说的继承与发展。

②秦汉时期的美学思想仍受到原始巫术的影响，日常生活中的审美观通常表现为一种吉凶观。汉初，黄老思想广泛流传，后来儒家思想逐渐占据主流。儒学在汉代经历了一个从"儒学经学化"到"经学谶纬化"的变化过程；受到经学思想的影响，汉代的美学表现出庞大的气象和繁丽的风格。汉代的大赋、建筑和石雕都是这种审美特征的代表。此外，汉代晚期谶纬思想盛行，王充因此提出"疾虚妄"的观点。

③围绕对屈原评价的争论始于淮南王刘安，经司马迁、扬雄、班固、王逸等人的讨论逐渐展开。司马迁深刻感受到屈原的人生经历，对其高尚的人格给予极高的评价，并在此基础上提出"发愤著书"理论，突破了儒家的"中庸之道"美学理念。

④秦汉时期书法艺术逐渐独立成形，涌现了一些对后世有深远影响的书法理论。例如扬雄提出的"心画"说，许慎的"象形"说，崔瑗的"观其法象"观点，以及蔡邕提出的书法审美范畴"势"，强调书法创作时心志的"散"，并突出书法与自然之间的内在联系。这些理论为传统美学在书法艺术领域中的发展奠定了基础。

二、发展期

在美学基本理论方面，魏晋南北朝时期为中国古代审美体验、审美情趣以及审美形式的创造等核心美学特征奠定了基础。这一时期的美学揭示了审美活动与宇宙万物及主体生命之间的深刻联系，强调了主体与宇宙之间的和谐运动是实现个体生命完善与超越的最高境界，从而确立了审美和艺术活动在帮助个体实现生命的完善、不朽、自由及享受中的独立价值。重要的美学范畴包括虚己应物、触物兴感、神与物游、即物悟道、文气说、缘情绮靡说、性灵说、情景关系、情文关系、言象意关系、道与文、声律理论、形神关系、传神写照、气韵生动、自然、文质、神思、意象、风骨、神韵、滋味、通变、才气识学等,这些都成为后代文艺与传统美学思想发展的新起点。

魏晋时期的人物描绘,达到了中国古代审美思想的顶峰;在自然美的探索上,魏晋南北朝时期开创了中国古代系统的自然美学理论;同时,音乐、绘画、书法和文学等多个领域的美学理论也在这一时期得到了确立。如阮籍、嵇康在音乐美学上的思考,顾恺之、宗炳、王微、谢赫在绘画美学上的见解,王羲之、孙绰等人关于自然美的论述,陆机、刘想、钟嵘在文学美学上的贡献,均是这一时期美学思想的典型代表。

隋代则是中国美学思想从魏晋南北朝向唐代转型的过渡期。这一时期,南北文化开始融合,但由于统治时期较短,融合过程并未完全实现,仅呈现出一种过渡的态势。在文学领域,隋朝有过两次尝试改革文风的努力,以李谔、王通为代表,但由于理论基础不足,成效有限。在书法领域,代表人物智永、智果分别提出了"永字八法"及注重汉字结构平衡与变化的美学原则,显示了隋代书法美学注重"法度"的发展趋势。绘画方面,隋代的显著特征是大量的壁画作品,但由于时间短暂,绘画理论方面未能形成系统的专著,仅留下零星记载。在这一阶段,艺术创作和美学领域均未见大师级人物出现,作品数量有限,题材和风格较为单一,未形成明显的流派,因此隋代在中国传统美学中的地位相对有限。

唐代艺术理论体系已经基本形成。在诗文美学方面,唐代取得了辉煌成就:孔颖达继续弘扬儒家"诗言志"的传统美学;李白和杜甫则融合了儒家与道家的思想,融入形式美学的元素;白居易提出了"美刺"论,这一理论继承了儒家的诗教传统;韩愈和柳宗元提倡"文以明道",推动了激荡人心的古文运动;盛唐的诗歌从"兴寄"发展到"兴象",展现了唐代诗歌的独特美感;司空图的"象外之象"意境观和"味外之旨"诗味论,标志着晚唐诗歌美学理论的高峰。在书法方面,唐代是中国书法艺术的一个重要时期,颜真卿、柳公权、张旭和怀素等书法大师相继涌现,各种书体如正楷、行楷、行草、草书齐全,书法作品涵盖形式、意象和意境三个层面,相互之间协调统一。唐书法重视"尚法",唐代书法家的创作为中国书法的"法度"格局奠定了基础。在绘画领域,唐代的画论代表作有王维的《山水诀》和张彦远的《历代名画记》,后者是中国首部绘画通史,内容丰富,思想深邃。唐代文人画强调写意,崇尚自然和个性的表现,对中国绘画史产生了深远的影响。在音乐舞蹈方面,唐代的乐舞比前代更为丰富多彩,这体现在西域乐舞的引入、民间曲调的流行、燕乐的发展以及新乐府运动的兴起等多个方面。尽管如此,相较于其他艺术门类,唐代的乐舞美学理论并不显著。

五代十国时期是中国历史上一段动荡的时期,美学思想相比较而言显得较为浅薄和单一。在这一时期,诗文领域的代表人物包括西蜀《花间集》的作者群以及南唐的李煜、冯延巳等。《花间集》展示了当时社会追求轻佻华丽的风格。诸如温庭筠、韦庄等人虽然描写闺阁生活,但作品中也不乏对女性内心世界的深入探讨。在五代时期,诗文理论主要呈现两大导向:一种是强调文学作品的政治和教化功能,具有实用主义倾向;另一种则是标志性的缘情说,这一美学理论被分为滥情与真情两种观点。西蜀的文论倾向于滥情,而南唐的文论则偏重真情的探索。五代的美学思想不仅承载了唐代的美学痕迹,而且还推进了唐代美学的发展,它从魏晋的传统美学中汲取灵感,为宋代美学思想的形成奠定了基础。

三、转型期

在宋金元时期,艺术创作和文化思潮展现出日益深入的内省和理论化倾向。这一时期的美学思考,虽然与唐代一样强调艺术与自然的审美体验,而不过分侧重哲学理论的构建,但学者们依然从对艺术与自然的感悟中引申出了多个具有普遍意义的美学命题和理论,例如"外游论"与"内游论""以我观物"与"以物观物"以及"诗中有画"与"画中有诗"等。在这一时期,宋代的理学思潮推动了传统儒学在理论化方面达到新的高度,艺术创作也呈现出独到的意境和飘逸气质。同时,传统的隐逸文化在宋金元时期得到了进一步发展。具体到各艺术领域的美学,音乐关注的是字与声的关系、情与律的关系、表演的美学问题及艺术境界等;书法则强调韵味与意境,反对严格遵循固定法则,提出了"无法之法"的观点,强调创作中的"适意"与"乐心",以及艺术的娱乐和消愁功能。宋金元绘画美学中,将"逸格"视为画艺的最高境界,苏东坡的画论则强调形与理并重,重视神似之美。山水画理论中,郭熙父子的《林泉高致》中的《山川训》尤为著名,而苏东坡则提出了"成竹在胸"与"身与竹化"等审美观点。宋代画家倡导从多角度、全景式地观察事物,提出"以大观小"的方法,追求一种"远"的美学境界。在文学方面,强调"文道两本"的理念,倡导自然与朴素的风格,重视作品的内涵、余味、韵感和深层含义。此外,"以禅喻诗"成为宋金元美学的一大特色,以严羽的《沧浪诗话》为代表,体现了这一时期文化艺术的传统美学深度和创新。

明代的文学艺术理论与当时的心学理论相得益彰。明代初期,以前后七子为代表的复古运动强调情感与情景的结合,批评宋代文人过分追求议论而忽视了诗歌的审美本质。唐宋派的文人倡导直接表达内心感受,提倡作品要本色自然、形神兼备,重视作品的生命力。到了明代后期,随着市民文化的崛起和个性解放的思潮兴起,文学艺术领域出现了显著变革。徐渭提倡保持作品的自然本色,特别重视戏曲和小说这两种形式,对传统理学构成了挑战,文学创作呈现出清新而浪漫的风貌。李贽主张以人为本,强调作品应自情感出发,追求自然表现,艺术家需保持一颗纯真的童心。汤显祖从戏曲创作的角度,强调以意趣为主,注重作品的灵性和情感表达。袁氏三兄弟的公安派则更进一步,要求文学作品保持原创性,反对刻板的传统束缚和复古倾向,提倡个性的展现和时代精神的反映,强调艺术作品应具有自然的趣味和魅力。

整体上,明代的思想和艺术实践初期可能偏向于理性约束情感,但后期明显倾向于市民阶层的个性表达和审美追求,这一变化对传统美学理论产生了深远的影响。明代政治和社会经济的变革也促使人性解放和个体自由成为时代的核心议题。因此,明代的美学探索不仅仅是复古和守旧,更多的是对传统的挑战和创新。

清代是中国文艺美学思想深入探讨与系统总结的时期。在诗歌散文的美学领域,清代见证了中国古代诗文创作与理论的新高潮。王夫之的诗歌美学,特别标注了"言志"与"缘情"两大思潮的融合,成为中国诗歌美学发展的一个重要里程碑。在散文方面,姚鼐作为桐城派的重要代表,对该流派的文学理论作了全面的总结。在小说戏曲的美学研究中,金圣叹等清代小说批评家对小说的独特性给予了更高的评价,突显了对小说审美特性的深刻理解。李渔的《闲情偶寄》首次系统地从戏剧的角度探讨戏曲艺术的规律,构建了一个完整的理论体系,这在中国传统美学史上尚属首次。在绘画和书法的美学方面,石涛的《画语录》成为中国绘画美学中极为重要的文献,他从哲学的角度深入揭示了以山水为代表的中国画的美学本质,并探讨了画家如何在创作中实现艺术自由,将古典画论推向了一个新的高度。在书法方面,康有为的《广艺舟双楫》则着重强调了阳刚与崇高美的表达。刘熙载则完成了对中国古典文艺美学的综合总结。他凭借深厚的学识和广阔的精神视野,对传统文艺美学思想进行了形而上的提升,为中国古典美学的发展和完善奠定了坚实基础,同时也为中国美学的现代转型做好了铺垫。

四、新变期

在中国五千年的文明史中,尽管有着悠久的审美意识和丰富的美学思想,但严格意义上的"美学"并未出现。中国关于"美"和"学"的历史要到20世纪初才开始真正萌芽。"美学"在中国的出现,主要是19世纪末到20世纪初受"西学东渐"影响的结果,其发展得益于中西方学术文化和美学思想的碰撞与初步融合。

中国现代美学可以大致划分为三个阶段:20世纪初的美学启蒙和学科创立阶段、三四十年代奠定中国现代美学基础及中国马克思主义美学诞生的阶段,以及20世纪后期在争论中不断发展的"实践论美学"时期。在中国现代美学的百年发展历程中,贡献最卓越、地位最突出、影响最深远的四位美学家是王国维、朱光潜、宗白华和李泽厚。王国维在美学启蒙中在中西美学融合初探方面做出了努力;朱光潜对西方美学进行了翻译、批判和综合并引入心理学方法;宗白华通过对中国美学和艺术的深入体验,展示了其艺术境界理论的本土立场;李泽厚通过对马克思主义哲学的重新阐释,展现了他在美学体系构建中的哲学深度和体系意识。他们共同为中国现代美学体系的建立和21世纪的新发展打下了坚实的理论基础。

回顾中国美学在过去一百年的现代化历程,我们可以看到中国现代美学家通过不懈的努力和深入探索,已经取得了令人瞩目的成就。然而,我们也必须清楚地意识到,中国从传统美学向现代美学的转变仍在进行中,距离建立一个具有民族特色的现代中国美学体系还有很长的路要走。在新世纪的背景下,这需要未来的中国美学家们继续秉承前人的学术精神,不断进行学术努力和创新。

第二节　中国传统美学的理论基础

一、中国传统美学中的设计美学原则

中国传统美学深刻塑造了古代建筑和传统室内装饰设计的面貌,对古代的建筑方法和设计理念产生了深远影响。即便在当代,生活方式和审美趋势已经发生了极大变化,人们的思想观念也经历了重大转变,传统美学作为中国文化的珍宝,在现代设计美学中依然承载着跨时代的价值。传统美学的精髓继续影响着现代环境艺术设计的思维方式和现代人的审美观,丰富了现代环境艺术设计的精神内涵。

(一)整体原则

整体原则是中国传统美学的核心,主张设计应首先考虑整体美,这一点也贯穿于现代设计美学的审美和艺术创作原则中。在古代中国人看来,自然界和人类社会构成一个有机整体,艺术创作的任务便是反映和呈现这个整体的美感。在中国传统美学中,艺术家们普遍将追求整体之美视为艺术创作的最高目标。

"古者包牺氏之王天下也,仰则观象于天,俯则观法于地,观鸟兽之文与地之宜,近取诸身,远取诸物,于是始作八卦,以通神明之德,以类万物之情。"(《周易·系辞下》)古人通过这段话告诉我们,要从个人到外物,从近及远,采用观天象、察地理的方式,全面而多角度地理解和表现万物的本质。

(二)生态原则

中国文化历来推崇自然,并强调人与自然的和谐相处。这一美学观点与当今世界所倡导的生态环保和可持续发展的原则高度契合,其核心目标都是促进人与自然、人与社会,以及人与人之间的和谐共生。在全球范围内,随着生态环境问题的加剧,人们的生态环保意识愈发强烈,保护和改善自然环境成了全人类的紧迫使命。

1. 对和谐自然的敬畏与爱戴

研究中国传统美学可以发现,古代的美学家和艺术家对待自然总是怀有敬畏和珍视之情。这种对自然的敬畏和珍视不仅体现在他们的生活态度中,更是在设计美学中扮演着关键角色,成为设计审美和艺术创作的基础原则。换言之,对自然的敬畏与珍视,是传统美学家和艺术家判断艺术与设计作品是否具有时代审美价值的重要标准。

2. 对自然之景的欣赏之情

古代中国人对自然有着深厚的崇敬之情,但他们并不将自然视为令人畏惧的存在,而是看作一个亲切、美丽的审美对象。可以说,古人眼中的自然界无时无刻不在展现其独特的美。在古人眼中,自然界的一草一木都时刻展现着其独有的美态。

3. 自然万物的平等一体

中国古代美学家认为,自然万物和人类一样,都应该得到平等的尊重,它们的存在是合理的。庄子认为,万物在本质上是相同的、平等的,不存在本质上的区分。古人对待自然万物总是持有一种同情与尊重的态度,把自然视作朋友。因此,他们很少去破坏自然,而是努力适应自然。

在生态环境的发展中,生态伦理和生态美学应共同发挥作用。在进行现代环境艺术设计时要注意:①要做到尊重自然、节约能源,这是生态设计的基础,体现了人与自然环境共生的意识。②要根据地理气候特征和地理条件,充分利用当地材料,继承和发展当地文化与习俗,将现代科技和本地适用技术相结合。③作为连接使用者与传统美学、现代设计思维的桥梁,现代环境艺术设计应尽量将自然元素融入室内设计中,利用自然的新鲜空气和充足阳光创造室内的生态环境,缩短人与自然的距离,最大化地利用自然资源,实现生态环保的目标。

(三)创新原则

中国传统美学因其独特的韵味而在世界上独树一帜,这种韵味源于历代传承的精神和文化。创新意识作为中华民族血脉中流传的核心元素,为中国传统美学增添了独有的精神特色。

创新,是指开放思维、突破旧有的界限,以新的视角审视和思考问题,从而引领全新的美学思维和设计风格。自古以来,中国艺术家便提倡艺术创作中的创新意识,并通过实际行动,在辉煌的中国传统文化中留下了无数永恒的杰作和丰富的文献记录。在中国古代美学家和艺术家的观念中,创新被视为传统美学中一个重要的审美准则。他们的创新不是背离或放弃自然的规律,而是与自然的规律相顺应,把个人的美学理念与自然完美融合。尽管中国古代不同学派的主张和倾向各异,创新的表现形式也多种多样,但整体而言,中国文化倡导的是"温故而知新、吐故纳新"的理念。

(四)人性原则

中国传统美学的发展过程中一个显著特征是始终强调以人为本的人文主义理念。理论观点如兴观群怨、大道为美、妙悟与意境,都深入探讨了人的情感与个性精神等层面。在这种美学思想的指导下,艺术创作注重探索人的情感与精神,肯定生命的价值。这样的人文主义情怀,对当今物质至上的消费主义风潮,无疑提供了一种纠正的方向。这对于创造和完善现代环境艺术设计中的人文精神,构建具有中国特色的现代环境艺术设计文化,具有极高的价值。

环境艺术设计的根本宗旨是服务于人的居住和使用,因此在设计过程中以人的需求为优先,全方位考虑用户的舒适和便利。这种设计理念与中国传统美学中的人本主义情怀本质上是相吻合的。设计师在创作时,需兼顾现代人的情感与审美需求。鉴于人们在生理、心理、生活习惯、文化层次及经历等方面的差异,对环境艺术设计的需求自然各异。将人本主义融入现代环境艺术设计,既展现了中国传统美学的精华,也是现代社会对情感与审美追求的必然产物。

现代以人为本的环境艺术设计不仅需关注不同用户的心理与生理需求,提供更优质的工作与居住环境,更应在精神层面给予关怀和体贴。此外,设计过程中还应特别考虑老年人、儿童等特殊群体的使用需求,确保这些群体在使用各类空间时,既感受到便利,也能体验到社会的关爱与温暖。

(五)统一原则

在中国传统美学中,"尽善尽美"和"文质彬彬"展示了形式与内容的密切关系。艺术创作要达到最高境界,必须实现美与善的高度统一。例如,在中国传统建筑设计中,常见的结构部件既承担支撑和连接的功能,同时也展现出杰出的装饰效果。这表明,古人追求的美不仅仅是表面的,而是深入地将美的形式与实际功能相结合,使美具有深刻的内涵和实际的价值。

在现代环境艺术设计中,虽然建筑的结构部件不再像古建筑那样外露或需要装饰,但我们仍应继承古人将形式与功能统一的设计原则。这种统一要求功能美作为形式美的基础和前提,而形式美则进一步增强功能美的表达。环境艺术设计的核心目的是为人们提供一个理想的生活和活动空间,这不仅需要实现高度的舒适化和科技化,也需要在形式上提供美的体验。设计时不能单纯追求形式美或技术性能,而忽略其实际功能;同样,也不能仅具备实用功能而忽视形式美对人们审美感受和需求的激发。

(六)适度原则

中国传统美学中深入人心的中庸思想,长久以来已成为指导中国文化发展的核心原则。这一思想强调在一切事物中寻求平衡,既不极端也不过度,力求适度。在现代环境艺术设计领域,设计师们也应当采纳这种平衡的理念。在设计的装饰性元素上,既不应太过繁复,也不宜过分简化;在尺度和色彩的使用上,更应考虑到和谐与均衡,根据具体的实际需要来决定设计的尺寸和色调。马姆斯登曾经指出:"适度则久存,极端则失败。"这句话也明确指出了在设计中恰当运用适度原则的重要性。

可以看出,中国传统美学中反映的现代设计美学原则是互补的,一个原则的有效实施往往需要其他原则的支持,才能达到最理想的效果,实现设计的根本目的。在建筑和室内设计不断进步的今天,我们仍在探索和实践中不断丰富环境艺术设计的精神内涵和应用原则。

二、中国传统美学的继承方式

在现代环境艺术设计中,随着对时尚潮流的不断追逐,设计思维也在持续推陈出新。当下社会对环境艺术设计的需求日益丰富化、高端化和全方位化,这不仅要求形式上的创新,更需要在精神层面上具备深厚的文化内涵。因此,我们应将中国传统美学作为现代环境艺术设计的重要支撑,深入挖掘其精华。当前的环境艺术设计需要强调历史的延续性、民族文化的特色以及深入的文化内涵。因此,现代环境艺术设计在继承中国传统美学时,应采取批判性的思考、恰当的传承与创新。通过这样的方式,不仅能让设计作品在现代社会中展现古典美学的韵味,同时也能结合现代审美,实现东西文化的有机融合。这种方法不仅让传统美学在当今社会中焕发新的生命力,还能确保设计的前瞻性和实用性得到充分体现。

(一)去糟粕,取精华

在分析事物的两面性时,我们应从全面的角度出发,避免片面地理解问题。我们所居住的多元化世界,是由不同的文化、民族风情和地域差异构成的。设计师在创作优秀设计作品时,需把握不同人的文化素养和性格特征。设计过程中必须坚持创新,同时在继承中国传统美学时,要善于吸收其精华,摒弃不合时宜的部分。不能简单重复古人的设计方法,也不能完全摒弃传统。应在尊重历史的基础上,有选择性地传承中国传统美学,以不断满足现代人的需求。设计绝不是简单的拼凑或收集,只有深入了解时代特征和个性化需求,才能将传统美学的精髓融入现代环境艺术设计中,从而推动设计的持续进步。

在现代环境艺术设计的长期发展中,不同地域、民族风情和文化底蕴孕育了多样的风格和流派。在借鉴古人的传统美学设计理念时,我们应努力实现创新,去掉过时的内容,吸收有价值的精华,并根据实际情况调整,让每一个设计元素都充分发挥其作用。

(二)综合与创新

综合包括了两个层面的意义:一是在对中西文化的比较研究中,对比和分析中西美学思想的不同,捕捉两种文化各自的特色;二是通过仔细审视中西美学,按照当代的需求,将两者的先进思想有效融合,并运用于现代环境艺术设计中。

创新则是基于综合之上的艺术新创造。它依据社会的发展、历史的进程及时代的需求进行全新的艺术创作。在创新中国传统美学方面,我们需考虑现代技术和材料的发展水平,以及现代环境艺术设计中人与人、人与物、物与物的相互作用。我们应当提升中国传统美学思想,使之与现代环境艺术设计深度融合。例如,古人整体意识的创新体现在现代设计中,可以是室内设计与家具的一体化或是整体氛围的营造。同时,我们也能将古代园林设计中的借景、移步换景等手法,创新地应用到现代环境艺术设计中,这便是对中国传统美学的创新性继承。

第三节　中国传统美学的思想

中国传统美学思想是中国古代关于审美本质和美感体验的核心思想之一,它具备鲜明的独特性、时代性和创造性。

一、中国传统美学思想的主流

中国传统美学思想的核心可归纳为几大流派:儒家的孔子与孟子、道家的老子与庄子、屈原的楚骚思想、明清的思潮。儒家和道家思想是中国传统文化的基石,而楚骚思想则为这些主流观点提供了补充与和谐。具体而言,楚骚思想补充了儒道二家。这些流派可以灵活组合,其中儒家思想构成了中国传统美学的基础框架,道家和楚骚思想不断地进行创新,进而延伸了儒家的内容。儒家致力于构建一个等级分明而和谐的审美文化,以国家的典章制度和礼仪为架构,以忠义仁爱为核心价值,追求温和厚实的情态,以及天下太平的社会效用。而道家思想,则主张超越常规礼法,追求与自然审美和谐相符的超脱状态。老子的"大音希声""大象无形"和庄子的"以神遇而不以目视""无听之以耳而听之以心,无听之以心而听之以气"的观念,奠定了中国传统美学的深层基础。在儒家和道家的交汇处,体现了儒家在无道时期的隐忍与智慧。楚骚思想与儒家、道家思想明显不同,在面对昏聩君王时,屈原选择了不退缩不隐忍,忘我为国。楚骚思想的加入使得儒家思想更为完整,展现了治世的雅儒、乱世的乐观和舍身为国的忠臣形象。同时,楚骚思想也让道家思想的形而上学超脱转化为独立于朝廷和乡野的士人情怀,进一步演绎为陶渊明和王维所表达的山水田园审美境界。

明清时代的思潮强调追求自由与真挚的情感,这种精神在当时的文学作品、戏剧表演以及生活方式中得到了反映。它体现为对传统儒家思想、道家思想、楚骚思想的挑战,甚至表现出逍遥自在的生活态度。在书画艺术上,这种思想通过抽象的表达方式呈现出非常规的狂放状态,常被归纳为"放逸"精神。在建筑领域,由于其表达方式的抽象性,明清的自由精神在此领域中亦主要展现为放逸的风格,同时,建筑的独特本质与个性在各种建筑作品中得到体现。

关于传统美学思想,儒家思想作为其核心,主要支撑国家的生活与秩序,它在设计美学上的表现较为保守。与此相反,道家思想在打破并融合儒家思想的基础上,引入了丰富的实用美学理念。特别是在现代环境艺术设计中,道家的"大象无形"表现得尤为突出,这些思想极大丰富了以儒学为主的中国传统美学,使之具备了深厚的设计美学特色。因此,深入解读儒家与道家的思想对于探索中国传统美学中的审美情趣、设计理念及设计美学至关重要,也是传达中国传统美学思想的关键所在。

二、中国传统美学思想的本质

中国传统美学思想,深植于中国古代的哲学思想和艺术理论之中,构成了古代艺术创作与审美哲学的核心。学者们指出,传统的中国设计并未将美置于美学追求的顶峰,而是以表达当时的世界观和人生观为其根本目的,即反映社会的主流思想。在中国传统美学中,美的地位并不如在西方美学中那般重要。所谓意象,不仅仅是具体的物象,还包括超越这些物象、表达情感本质的"意"。

中国传统美学思想本质上是一个综合互补的系统,由味、心、道、同构、文之美五个维度构成。其中,味之美体现了对传统美学本质的感知,即通过五官所感受到的美与心灵情感的美学体验;心之美源于心灵的寄托与表达,反映了中国古代重视抒情和传情的美学特色;道之美是心之美的升华,各家如儒家、道家通过不同的道德观念展现美的内涵;同构之美认为主体与客体在感官、情感和道德观上的一致性构成美的体验;文之美则在追求道德之美的同时,也肯定了形式美的价值,体现了形式美思想的聚焦。

中国传统美学思想,以其深刻的民族特色和核心地位,扎根于中国特有的文化环境,这种环境融合了独到的感知经验与偏重道德的价值观,旨在反映中国古人的世界观和人生观。与西方美学追求超越自然的形而上学本体不同,中国传统美学将本体与自然世界紧密结合。其核心思想包括天人合一、元气自然、自然和谐等。在这一框架下,中国传统美学视道家为宇宙、自然和人性的最高表达。这里的"道"经常与"气""理""心"等概念交替使用。元气自然论认为,气既是物质的也是精神的存在,不仅是万物的本源,同时也是宇宙的本体。这一观念衍生出如元气、神气、气韵、气概、气质等一系列相关概念。在这种视角中,宇宙、自然与人性被视为一个整体的不同方面,因此艺术审美和设计理念所追求的境界超越了语言的表达,表现为一种既确定又不确定的整体性意向。理解中国传统美学与现代环境艺术设计的精神实质,也需置于儒家和道家思想的背景之中。

三、中国传统美学思想的现代性

中国传统美学思想汇集了中国古代人民在审美活动中的经验总结,这些总结不仅揭示了人类行为的普遍规律,还涵盖了一些西方美学尚未触及的领域。这对于中国现代美学学科的建设和审美实践具有重要意义,同时也将对全球美学的发展产生积极影响。中国美学以意象为核心,形成了深厚的文化传统,我们有必要传承这一体系。中国传统美学在描述审美过程中个体与对象的融合上展现了独特的视角,并从有机生命的整体性出发,深刻地揭示了人的审美行为的特点,显示了其创新性和超越性。宗白华通过将中国传统美学置于传统宇宙观和社会观的广阔背景中来解读,这种做法深刻地契合了中国传统美学的实质。

朱光潜的美学研究方法对我们研究中国传统美学极具参考价值,他特别强调了"补苴罅漏"和"张皇幽眇"两大策略。在全球美学体系中,中国传统美学补充了某些空白领域。同时,在研究过程中,研究者应该挖掘并弘扬那些有潜力的初步思考,这就是所谓的"张皇幽眇"。中国传统美学的特殊分类和思维方式,一方面需要研究者顺应时代的需求,另一方面,其独特之处也值得深入探讨。虽然中国传统美学中的直观感性和印象式评价不可能成为学术的基础,但仍可作为现代美学的重要补充。

在继承和发展中国传统美学思想的过程中,必须紧紧抓住历代审美创作的精髓。一方面,古代中国的审美创造与传统美学思想之间存在互证和互补的关系;另一方面,古代审美创造中那些独特而精彩的元素,完全可以在今天的审美理论和实践中得到继承和发展。宗白华在尝试将诗歌、音乐、书法等艺术形式与古代美学思想结合研究的过程中,提供了一个值得我们学习的范例。几千年的审美创作和美学思考塑造了我们的审美情感,我们在具体研究工作中,应当将两者有机结合、相互参照。

中国传统美学对人生价值的深刻关注和对理想境界的不懈追求,是我们应当继承的核心内容。传统美学不仅将审美活动与生命的全新境界紧密联系起来,而且不断探索人生的深层价值和意义。中国传统美学思想中独特的思考方式、重视体验和感悟的传统,都是现代美学可以借鉴的宝贵资源。此外,中国农耕时代形成的生态意识在当代仍具有重要价值。在审美判断上,中国美学强调直觉体验和深度反思,重视创新精神。传统美学在文体形态、范畴特征及其表达方式上均展现出独特风格,这些都是值得我们继承并大力推广的特点。如果我们能把握好传承中国传统美学思想的方式,中国美学的现代发展必将更富有中国特色和深远价值。

在当今语境下,中国传统美学思想与现代汉语表达方式的互动促进了传统美学的现代转型。现代汉语虽源于宋代的日常口语,并自20世纪初借鉴西方语言之后在学术表述方面取得了显著进步,但我们也不得不承认,在传达中国传统美学中某些精妙复杂的概念和思想时,如"气""势""几""微"等范畴,现代汉语表达仍显不足,这些概念的深入传播和理解需要我们未来更多的探索。中国传统美学的现代性特征,是基于吸收西方美学理念与方法、适应现代审美需求以及保留其独有特色所形成的。这一现代性在全球化背景下的审美实践和理论构建中显得尤为重要。其主要表现为创新性、开放性、与时俱进以及面向世界的特质。

现代性是一种独创性。在研究中国传统美学时,研究者应该挖掘那些在现代依然具有普遍价值的独创元素。因此,我们需特别关注中国传统美学的独特性。中国传统美学强调的是艺术的审美体验,这种体验源于观者与创作者、观者之间的互动与交流。这样的互动建立在共享的审美趣味之上,这一点与西方传统美学明显不同。尽管中国现代美学初期深受西方美学影响,但在继承和发展中国传统美学后,便逐渐形成了自己的特色。中国现代美学从借鉴西方到自主创新,并在新的历史阶段中得到发展,展现了传统美学的创新精神。

现代性是一种开放性。研究者对中国传统美学的研究和重新发现不应仅仅停留在对历史的复原上,而应在解释过程中融合西方的范畴、观点和方法,从而全面审视中国传统美学。特别是通过西方美学的视角,研究者能更清晰地看到中国传统美学的独特价值。研究者应将传统美学资源置于现代和全球化的背景下,审视其时代价值,并用外来的思想及现代精神激活其内在活力。在此基础上,研究者还需展现出这一传统在全球化时代的普遍接受性,使其易于被当代理解。研究中国传统美学应致力于挖掘能与世界美学对话的元素,利用中国的美学资源去审视、消化和吸收外来思想,这样的交流本身也能激发新的思想,开辟新的路径。这种开放性不仅有助于研究者通过交流学习西方的优点以提升自身,也能够利用我国美学的独特性影响世界美学的进程。

现代性体现着与时俱进的特征。中国古代的审美实践和理论研究虽相对独立,却在长期的中外交流中逐步发展,体现出不断进步的态度。现代性本身如流水般不断变化。美学作为学科的确立与发展,特别是在现代中国的演变中,均融入了现代性的元素。中国传统美学资源的选择与应用,不可避免地受到现代性的影响与约束。中国传统美学的历史进程是动态发展的,趋向现代化。汉唐时期,通过与西域的交流,焕发了本土美学的生机与活力。明代以降的个体觉醒与解放,标志着从古代向现代的转变。近百年间,大量吸收西方美学后,人们对中国古代审美意识与美学思想进行了现代性的反思与整理,使得中国美学在继承古典之上走向现代。我们对中国传统美学的挖掘与整理、审视与评价,与当代的历史语境和时代需求密切相关。如果我们仅限于简单的引进或比较研究阶段,忽略了近百年的中国美学研究进程,显然是不适当的。

现代性也是中国美学研究继承传统、面对现实和走向世界的桥梁。在当前的美学研究中,继承传统与借鉴西方是互补的,两者缺一不可。吸收与借鉴西方美学、立足现实审美实践的总结与概括、对传统的创新性继承三者是一体的。因此,继承传统美学思想,要让其与西方美学对话,与当下的创新对话。这种融合古今中西的尝试与努力是必要的,客观上也有助于中国传统美学的现代转型。我们应在继承传统的基础上,逐步建立一个超越古今中外、融合古今中外、面向现代审美实践的美学理论体系,实现古今中西的深入对话和交流。现代性是中国美学发展过程中的一个阶段,最终指向未来。因此,中国美学的现代性传统就是继承传统,借鉴外来文明和关注现实的传统,积极应对世界对中国美学的需求。

从现代性的角度探讨中国传统美学思想,不仅是中国美学领域的重要组成部分,也是当前中国美学研究的关键方向,同时也是世界美学发展中不可或缺的一环。中国美学界应在继承本土传统、吸取西方经验和面对当下审美实际的基础上,增强自身的影响力,为全球美学贡献更多智慧。世界美学的格局正处于变革之中,它将持续进化、与时俱进并不断地转型,展现出多样化的特点。这种多元化的需求促使中国美学加速其现代性的探索。

综上所述,研究中国传统美学思想的现代性,我们应吸收和借鉴西方的美学观念与方法,并将其与中国目前的审美实践及理论探索紧密结合。经过近百年的努力,众多学者已经积累了宝贵的经验,但中国传统美学的现代化仍将是我们未来长期努力的方向。学者们在古今、中西的对话中探索现代转型的途径。中国传统美学的现代研究不仅涉及古今对话,还涉及中西对话。这样的跨时代、跨文化对话,有效地推动了中国传统美学思想的精髓向现代、向全球发展,使其更具生机和活力。此外,需要注意的是,西方学者对中国传统美学资源的探索与中国学者的研究在选题、视角和方法上各有侧重,存在互补性,双方的交流和合作对推进中国传统美学的现代化追求至关重要。

第四节　中国传统美学的精神

一、中国传统美学的好文精神

"美",作为一种悦耳悦目的感官体验,经常与形式之美紧密相连。在古代,那些让人赏心悦目、听之动心的形式美,被称为"文饰"的"文"。人们天生对这种能够让五官感到愉悦的形式美抱有喜爱之心和热情。从夏商时期起,美学观念开始形成,并在周代通过各种礼仪规范得到完善与繁荣,这些规范奠定了中华美学中"好文"的传统。

(一)以"文"为形式的文字学考证

"文",在中文里既是文字的载体,也象征形式之美。为什么"文"能指代形式美呢? 这一点可以从"文"的文字学考证中找到线索。无论是甲骨文还是小篆,"文"的字形都是由交错的线条构成,呈现一种图文并茂的视觉效果。许慎在《说文解字》中解释道:"文,错画也,象交文。"而《朱子语类》则提到:"两物相对待,故有文,若相离去,便不成文矣。"这些说明"文"在形式上代表的是物体间错综复杂的图案或交错。

古文中还有更多关于"文"的定义,如《国语·郑语》中提到"物一无文",表示单一物体没有图案;而《左传·昭公二十八年》中则说"经纬天地曰文",表明"文"

涵盖了天地间的所有纹理和图案。美籍华人学者刘若愚指出："'文'这个象形字，最早意味着'图式''斑纹'，这是符合'文'的文字学本义的。"

"文"的意涵不仅仅局限于可视的图案。在《文心雕龙·情采》中，我们看到"文"被用来形容自然现象："夫水性虚而沦漪结，木体实而花萼振，文附质也。"这里的"文"指的是自然界中水流形成的纹理和木材上的花纹。这种用法说明"文"包括了一切事物的结构和纹理，甚至包括声音。《国语·郑语》中"声一无听"说明了美妙的音乐必须由多种声音的交织来完成，而《礼记·乐记》中则指出："声相应，故生变；变成方，谓之音。"音乐中的"声文"是由不同声音的规律性变化构成，形成一种听觉上的"文"。

"文"的应用还扩展到了装饰艺术。东汉刘熙在《释名》中解释："文者，会集众彩以成锦绣，合集众字以成辞义，如文绣然也。"这说明"文"不仅是视觉艺术中的图案，也是文学中的修辞。

此外，"文"的意涵也体现在对人的品格和言行的修饰上。刘向在《说苑·修文》中引用孔子的话："其质美而无文，吾欲说而文之。"说明孔子希望通过教化使人的内在美得到外在的表达。扬雄在《法言·寡见》中提出："良玉不雕，美言不文，何谓也？"反问中指出，无论是玉石还是言辞，未经雕琢和修饰都不能达到其应有的美感。

由以上种种可以看出，"文"在中华文化中具有深远的意义，它涵盖了从自然界的图纹到人类艺术的创作，从声音的组合到文字的表达，都是"文"的体现。传统美学中，这种"好文精神"是对美的追求，是对和谐与秩序的一种表现，展现了中华文化深厚的审美基础和丰富的表现形式。

（二）形式因错落有致而美

"文"的训诂学考释不仅展示了文字的形式美，更深刻揭示了形式美的内在规律，即错落有致的重要性。

①形式美要求变化。古人用"错画"来形容"文"，意味着无变化则不成"文"，如同单调将无法触及人心的深处。《左传·昭公二十年》中的音乐讨论，便明确指出音乐要素如清浊、大小、短长、疾徐、哀乐、刚柔、迟速、高下、出入、周疏等需要相辅相成，不能单一划一。这种多样性的融合，让音乐的美感得以显现，生动表达了传统美学中的"好文精神"。

②这种变化必须遵循一定的规律，即所谓的错落有致，而非杂乱无章。在变化中寻求规律，是古人对美的追求。如《左传·昭公二十年》所讲的"和"，以及

《左传·襄公二十九年》中吴公子季札对颂乐的赞美："直而不倨，曲而不屈；迩而不福，远而不携；迁而不淫，复而不厌；哀而不愁，乐而不荒；用而不匮，广而不宣；施而不废，取而不贪，处而不底，行而不流。"这一长串的赞誉，实际上是在强调在变化中找到一种动静结合、远近得宜的平衡，从而实现形式的美。这种对形式美的理解不仅适用于音乐，同样也适用于视觉艺术和文学创作。形式的错综变化构成了美的一种基本表达方式。在更为狭义的"文章"中，古人也有类似的表达："画绘之事，青与赤谓之文，赤与白谓之章。"这种颜色之间的搭配和转换，正是利用视觉的错落有致来达到美的效果。

总结来说，"文"作为一种表达方式，其形式美在于多样性和规律性的结合。无论是在视觉艺术中的色彩配合，还是在文学作品中的文字运用，或是在音乐的旋律编排中，错落有致都是实现美感的关键。这种深植于中国传统美学中的理念，强调的是在变化与和谐中找到一种动态的平衡，体现了一种深刻的好文精神。通过对"文"的多维解读，我们不仅能更好地欣赏艺术和自然的美，也能在日常生活中寻找到美的存在和价值。

（三）"文贵参差"

古代文学作品常被称为"文"，在这里，"文"不仅是书写的文字符号，更具有装饰和美化的意义。因此，文学作品应当具备一定的形式美，这也是中国传统美学中的一种核心追求。

孔子在论述言语和行为的关系时提道："言之无文，行而不远。"这句话强调了表达方式的重要性：没有精美的表达，即便内容再丰富，其影响力也将受限。此外，孔子还指出："情欲信，辞欲巧。"这表明了情感的真实与言辞的巧妙是文学创作的两大支柱。

在历史上，许多文学评论家都对"文"的形式美有所论述。扬雄在谈及诗歌创作时指出："诗人之赋丽以则，辞人之赋丽以淫。"这说明文学作品在追求美丽的表达时需要恰到好处，过度则成繁琐。曹丕在其著作中也提到"诗赋欲丽"，表明了诗歌应追求形式上的美丽。陆机则强调："其遣言也贵妍。"这说明在文学表达中，优雅美丽的用词是受到推崇的。

刘勰对文学作品的评价中提道："圣贤书辞，总称文章，非采而何？"这句话彰显了文章的形式美是其不可或缺的属性。萧统则通过对比来阐述文学之美："譬陶匏异器，并为入耳之娱；黼黻不同，俱为悦目之玩。"这表明不同的文体和风格都能带给人们审美的享受。

王世贞在《艺苑卮言》中提道：“文须五色错综，乃成华采。”这表明文章的美如同织物的色彩交织，丰富多彩才能显示其魅力。屠隆则直言：“文章止要有妙趣。”强调了文学作品的趣味性是吸引读者的关键。袁宏道也认为：“诗以趣为主。”这一观点与屠隆不谋而合。刘大櫆更是提出：“文至味永，则无以加。”意指当文学作品达到了极致的味道和风格时，便无须再做添加。

这些论述中的“文”“巧”“丽”“妍”“入耳之娱”“悦目之玩”“趣”“味”等词汇，都是对文学形式美的不同表述。它们强调了文学作品不仅要在内容上深刻，形式上也应具有吸引力，这正是好文精神的体现。在传统美学中，形式与内容的和谐统一，构成了文学作品之美的完整图景。这种美，既悦目又悦心，使得文学作品能够跨越时空，影响一代又一代人。

二、中华传统美学的主体精神

在中华传统美学中，“美”不仅是一种外在的审美对象，更是与欣赏它的主体密不可分的。这意味着，只有当审美对象触及主体的内心需求和期望时，它才能被视为真正的美。这种思想突出了美的主观性：美不是固定不变的，而是依赖于体验者的感受与心理状态。此外，中华传统美学还特别强调美的象征意义，认为美是心灵深处情感和思想的外化。美的存在，不仅仅是物质形态的展现，更是心灵意蕴的一种体现。这种观点认为，美的价值并非只由其外在的形式所决定，更在于它能够触动人的内心，引发共鸣。这是中华传统美学中关于美的重要价值规定，也是其主体精神的核心表现。

（一）以“心”为美价值观的考释

在探索中国古代的美学价值观时，我们不得不提到一个核心概念——“心”。这一概念在中国古代美学中占据着至关重要的地位，其通过不同朝代的文人墨客的作品和思想，展示了美的内在精神和深远意义。以下将详细解释这一美学观念，并通过三位古代学者的观点来加以阐述。

①西汉的刘向在其著作《说苑·杂言》中提出了“玉有六美”的观点。他认为，玉石不仅仅是一种珍贵的物质，更是君子品德的象征。刘向列举了六种玉石的特性，并将其与君子的德行相对应。例如，玉石温润如君子之德，玉石坚硬如君子之智，玉石声音悠远如君子之义。这些特性不仅体现了玉的物质美，更重要的是反映了承载于其中的人文精神和道德理想。

②继刘向之后，东汉的许慎在《说文解字》中对玉的美德进行了更深入的解

释。他提出玉石具有"五德"——温润、明理、声扬、坚韧、洁净。这些德性不仅仅体现在玉石本身，更是一种对人类美德的隐喻。例如，玉的温润象征着仁，玉的清晰结构象征着义，玉的悠扬声音象征着智。通过这样的比喻，许慎强调了美与道德的内在联系，展现了美学与伦理学的紧密结合。

③宋代的邵雍则在其《伊川击壤集》中以花为例，进一步深化了对美的理解。他区分了人们对花的两种欣赏方式：一种是浅层的，只关注花的外貌；另一种则是深层的，关注花的内在精神。邵雍认为，真正的美，至高无上的美，存在于花的精神之中。这种精神，是形式之外的，是不能被简单模仿或创造的。对于那些能够理解和欣赏这种精神美的人来说，他们看到的是花的本质和深层意义。

通过刘向、许慎和邵雍的思想，我们可以看到，中国古代的美学价值观强调的不是外在形式，而是内在精神。这种精神，既有主观的一面，如刘向、许慎所述的玉石中的"五德""六美"，也有客观的一面，如邵雍所述的花之"精神"。这些内化于物的美，实际上是人的心灵精神的一种外化、物化、对象化。

总结来说，中国古代以"心"为核心的美学价值观，不仅仅是对美的一种肤浅理解，而是一种深邃的文化和哲学思考。它通过物质世界中的各种象征，揭示了人的内心世界和道德理想。这种美学思想蕴含在古代的诸多理论和文艺创作中，如"比兴"说、"神韵"说、"意味"说等，为我们今天理解和欣赏古代文化提供了重要的视角和思考路径。

（二）现实美、艺术美与心灵表现之联系

在中国古代美学中，现实美与艺术美与心灵表现之间的关系深刻且复杂。这种关系体现了中国传统美学的独特性，即通过艺术表达以及自然景观中体现出的内在精神状态和情感。古代文人常常认为，真正的美感来源于内心的感受和体验，而非外界物质形态本身。这一点在古代文学和艺术中有着明显的体现。例如，自然元素如烟云、泉石、花鸟，在古人眼中不仅仅是自然景观，它们还富含了象征意义和情感价值，成为诗人和画家表达内心世界的媒介。这种现象在清代廖燕的《二十七松堂集》中有明确的体现，他指出，即使是同一自然景观，在不同诗人笔下也会呈现出不同的美感。这是因为每位艺术家都会将自己的情感和精神状态投射到自然之中，"借彼物理，抒我心胸""即物而我之性情具在，然则物非物也，以我之性情变幻而成者也"。

宋代郭熙《林泉高致·山川训》谓："真山水之烟岚，四时不同：春山淡冶而如笑，夏山苍翠而如滴，秋山明净而如妆，冬山惨淡而如睡。"山的四时之美，正是人

情的直觉外化。自然物因人化而美，这在古代确是通例。古人赞美玉，是因为玉有"五德"（许慎）、"六德"（刘向）、"九德"（管仲）；古人喜爱竹，甚至到了"不可一日无此君"的地步，是因为竹象征着清高人格；古人喜爱山水花木，是因为"石令人古，水令人远""一花一石，俱有林下风味"；古人"心事好幽偏"，是因为"幽可处休，官可观妙"，"幽偏"的山林是古人超脱的精神追求的寄托。中国古代士大夫尤其钟爱山水田园，何以如此呢？因为失意时，山水园林可作为抚慰精神创伤、寄托清高理想的冲旷怡淡之境，如宋代苏舜钦《沧浪亭记》自述："予既废而获斯境，安于冲旷，不与众驱，因之复能乎内外失得之原，沃然有得，笑闵万古……"适意时，山水田园又可作为抒发闲逸之情的最佳去处，如宋代周密《吴兴园林记》所谓"吴兴山水清远，升平日，士大夫多居之"等。正如柳宗元所揭示："夫美不自美，因人而彰。"

总的来说，中国古代的美学观念强调了现实美、艺术美与心灵表现之间的内在联系。这种联系通过各种文化表达形式得以实现，无论是诗歌、绘画还是园林艺术，都是心灵感受和精神状态的外在化。通过这种方式，古代文人不仅展现了对美的深刻理解，也寻求了与自然和谐共处的生活方式。

第二章　高校美育基础

第一节　美育的内涵与外延

一、美育的内涵

（一）美育的概念

1. 美育

美育作为一种教育概念，在近两百年的历史中逐渐展现出其深远的意义。尽管关于"美"的讨论已有千年历史，但美育的具体概念却是相对较新的。这一概念起源于 18 世纪 50 年代，当时的德国哲学家亚历山大·戈特利布·鲍姆嘉通首次提出了美学的学科名称"Aesthetics"，意为"关于感性认识的科学"。这个词来源于希腊语，原意指的是"感觉学"或"感性学"。鲍姆嘉通将美学的研究对象与人类的感觉和情感联系起来，认为这是审美经验的核心。在法国，著名美学家杜夫海纳深刻指出，审美经验揭示了人与世界之间最深刻和最亲密的联系。他认为，人之所以需要美，是因为这种审美体验使人感觉到自己真实地存在于这个世界中。在日本，唯物主义哲学家中江兆民将"Aesthetics"翻译为多个中文词汇，如"善美学""佳趣论""美妙学""美学""审美学"。这些翻译帮助将美学的观念传播到东亚。在我国，思想家康有为和王国维接受了这一概念，并将其融入中国的学术传统中。而美育的概念则是由德国启蒙时期的剧作家、诗人及美学家约翰·克里斯托弗·弗里德里希·冯·席勒首次提出。席勒在其著作《美育书简》中对美育进行了系统的论述，提出美育是通过审美的自由活动来培养人的全面发展。他认为，通过审美活动可以促进个体情感与理性的和谐发展，从而形成一个完整的人格。席勒的这一理论不仅在美学史上占有重要地位，也为后来的美育理论与实践提供了哲学基础。他强调，美育不仅仅是关于美的知识教育，更是一种全人教育，目的在于通过艺术和美的体验来培养人的感性与理性，使之达到一种平衡与和谐。这样的教育可以使人们在日常生活中更加注重美的体验，从而提升生活质量和精神层面的满足。

康德，这位德国 18 世纪中后期到 19 世纪初的杰出哲学家，以其深远的思想影响而被誉为现代欧洲思想界的重要人物之一。他的研究不仅涉及哲学领域，还涉及伦理学、天文学和政治等领域。康德的哲学成就被视为启蒙运动的高峰之作，其理论架构对后世产生了深远的影响。在康德的美学理论中，他借鉴了古希腊的传统，将人的心理功能细分为知识、情感与意志三大部分，并相应地提出了三种基本的认知能力：理解、判断和推理。这一划分体现了他对人的全面认知能力的深刻洞察。

席勒，从人道主义的视角出发，提出了美育的概念。席勒认为，人类的本性中存在一种分裂，而美育正是缓解这种分裂的一种方式。他强调，通过审美的自由活动，可以促进感觉状态向思想与意志的活跃状态过渡。他的观点是，如果一个人能够培养出审美能力，那么他就可以从单纯的理智人转变为真正的理性人。

康德和席勒的理论共同为后来的美育实践提供了理论基础，对中国近代教育史上的美育主张产生了重要影响。在近代中国，学者汤杰英通过深入研究，整理出了50多种关于美育的定义，这些定义被归纳为八大类：美育是德育的辅助手段；是美学知识的教育；是艺术教育；是情感教育；是美感教育；是培养审美能力的教育；是全面育人的教育；是教育的一种境界。这些分类不仅显示了美育作为一个特殊教育学科的复杂性，也反映了学界对美育本质认识的发展历程。

在席勒那部具有里程碑意义的著作《美育书简》中，他首次系统地揭示了美育的无限潜力与深远意义，将其誉为促进人类全面发展的璀璨明珠，乃至人性塑造的"第二个创造者"。这一论断不仅在当时激起了学术界的热烈反响，更跨越时空的界限，成为后世教育理论与实践的重要基石。美育，这一看似抽象的概念，实则蕴含着对人性的深度关怀与全面发展的深切期许。

在中国，美育的思想如同春雨般润物无声地滋养着教育的每一寸土地。教育家蔡元培先生，作为美育理念在中国传播与实践的先驱，他将席勒的美育思想与中国传统文化精髓相融合，形成了独具特色的美育观。在《教育大辞书》这部鸿篇巨制中，蔡元培先生明确指出美育的终极目标是"培养感情"，这一表述虽简洁却意蕴深远。他强调，美育不仅仅是一种知识的传授，更是一种情感的熏陶与升华，它要求教育者通过自然之美、社会之美、艺术之美以及科学之美等多重视角，引导学生发现美、感受美、创造美，从而在心灵深处实现感性与理性的和谐统一。蔡元培倡导的全方位情感教育，不仅注重培养学生的审美能力，更强调通过美的体验来丰富学生的精神世界，提升其生活境界。这种教育理念，在艺术名家李勇的《美学原理》中得到了进一步的深化与拓展。李勇先生认为，审美教育的核心在于美的体验,它超越了单纯的知识传授与技能训练,而是要求学生在审美活动中获得情感的共鸣与心灵的净化。这种情感体验,不仅能够激发学生的创造力与想象力,更能够引导他们在纷繁复杂的社会环境中保持一颗纯真善良的心,实现个人与社会的和谐共生。但是,对于美育的理解与实践,学术界始终存在着不同的声音与视角。有的学者将美育视为一种艺术教育,致力于普及美学知识,提高国民的艺术素养;有的则强调美育在德育方面的独特作用,认为通过美的熏陶可以陶冶人的品德与情操;还有的学者则更加关注美育在情感教育中的核心地位,认为它是培养学生健全人格与高尚情操的重要途径。这些观点虽各有侧重,但共同构成了美育理论的多维图景,展现了其作为人类精神文化重要组成部分的丰富内涵与独特价值。

但是,不容忽视的是,当前对于美育的理解与实践往往存在片面化、功利化的倾向。这种片面化的理解主要体现在以下几个方面:

①美育不仅仅是艺术教育。在多数人的观念中,提及美育,往往联想到的是中小学的音乐课和美术课,或者是大学里的艺术选修课。实际上,美育的内涵要广泛得多。除了艺术之美,自然之美、社会之美、科学之美同样构成美育的重要内容。美育在培养学生的艺术基础能力和艺术鉴赏能力时,并不追求高度的专业性,而是注重培养学生的审美感和创造力。由此可见,单纯的艺术教育无法全面代表美育的真正内涵。

②美育也不能称为辅助教育,在我国教育体系中,"德、智、体、美、劳"五育是相辅相成的,它们在人的全面发展中各自发挥着不可或缺的作用。虽然它们之间存在着密切的联系和相互渗透,但每一种教育都有其独立的价值和功能。德育与智育主要通过知识传授实现,体育和劳育则侧重于身体锻炼和实践操作,而美育的特点在于通过接触和感受美的事物来潜移默化地影响和提升学生的情感和审美水平。

③美育也不能被概括为情感教育。美育确实是指情感的培养,通过美的体验带来情感上的共鸣是美育的重要方面。但是,人的情感远不止审美情感,还包括对美丑的识别、对是非的判断以及个人的理想和价值观的形成。因此,美育不仅仅是情感教育,它还包括个体的价值观念和精神世界的塑造。

由于美育的内涵难以用简单的科学语言全面解释,我们只能根据时代的要求,从实际出发,寻找一个相对合理的定义。可以说,美育是一种综合的审美教育、情操教育和心灵教育。它不仅能够提升学生的审美素养,陶冶情操,还能够温润心灵、激发创新和创造的活力。因此,美育是指通过一系列具体的教育途径来完善人格并实现人的全面发展的教育。

2.对于美育的不同观点分析

(1)美育即艺术教育

美育这一概念,在东西方古代的教育思想与实践中都有所体现,它是一种贯穿古今的"形象教育论"。在西方文化中,美育的思想可以追溯到古希腊时期。哲学家如柏拉图和亚里士多德就已经意识到艺术教育在个人发展中的重要性。尤其是柏拉图,在他的著作《理想国》中,强调了寻找才华横溢的艺术家的必要性,以及从小培养年轻人对美的热爱和欣赏的重要性。他提倡将美的感知与体验融入日常生活,特别强调了音乐教育的重要角色,认为它对于培养理想的公民素质至关重要。此外,在古希腊和古罗马的教育体系中,音乐常常是基础课程之一,显示出其在当时教育中的核心地位。

在中国古代,美育的概念同样深植于教育体系之中,特别是在孔子的教育理论中占据重要地位。孔子提倡的"礼乐教育"不仅仅是对外在礼仪的教育,更是一种内心情感和精神境界的培养方式。他强调,通过"乐"的教育,即通过音乐和诗歌来熏陶和提升人的性情,达到内外和谐统一的教育效果。在周朝,孔子提出的"六艺"教育(礼、乐、射、御、书、数)中,"礼"和"乐"是基础组成部分,显示了艺术教育在古代社会中的重要性和普遍性。尽管美育在历史上往往与艺术教育紧密联系,但两者并非完全等同。美育强调的是通过艺术的手段达到更广泛的教育目的,包括审美、情感和道德的全面发展,而艺术教育更专注于具体艺术形式和技能的培养。认为美育仅仅是艺术教育的观点是片面的。实际上,艺术教育是实施美育的一个重要途径,但美育的目标和意义更加广泛和深远。

(2)美育是美学理论的教育

美育,亦称为"美学教育",是在美学理论的指导下进行的一种教育活动。它主要研究人与世界之间的审美关系,是哲学的一个分支学科。在美育的研究领域中,重点关注审美现象学、审美类型学以及审美文化学等方面。美育的核心任务是基于美学知识的学习和传授,帮助学生形成系统的美学理论知识,并在此基础上培养其审美思维和审美观念。

美育的实施不仅仅局限于美学理论的教授,还包括如何将这些理论应用到实际教育中,使学生能够在实际生活和学习中发展和提升自己的审美能力。有学者指出,美育的过程包括教育者引导学生掌握美学及相关学科的基础知识,如哲学、教育学、文学和心理学等,从而全面提升学生的审美和人文素养。

虽然美育以美学理论为基础,但它并不能完全等同于美学教育。美学教育更侧重于专业人才的培养和理论知识的深入研究,而美育则更加普及和广泛,旨在提升所有人的审美感受和文化素质。此外,美育和美学教育在理论性、适应性、哲学性和专业性方面也存在显著差异。

从更广泛的视角来看,美育的目标是通过系统的教育活动,培养个体对美的感知能力、欣赏能力和创造能力。这不仅限于传授美学理论知识,更包括通过各种文化、艺术活动的实践,让学生在体验和实践中感悟美、理解美,进而提升自我修养和文化层次。因此,我们不能将美育简单视为美学理论的传授,而应看作是一种更全面、更深入的教育方法,旨在通过多维度的教学活动,促进学生在美学领域的全面发展。

(3)美育是情感教育

美育,作为一种情感教育,旨在陶冶情感和丰富人的精神世界。这一观点在中国有着悠久的思想渊源,最早由学者王国维在《论教育之宗旨》中提出。王国维认为,民国时期的中国社会普遍缺乏审美感受和高尚的精神生活,这直接导致了人们精神的空虚和麻木。为了改变这一现状,王国维提议通过美育来提升人们的精神层面,用审美教育来唤醒和充实当时的精神世界。蔡元培,一位具有前瞻性的教育家,也对美育持相似看法。他主张美育应将美学理论融入教育实践,目的在于培养学生的情感。蔡元培的这种教育理念,至今仍受到广泛认可。同样,现当代著名美学家朱光潜也强调美育的重要性,他认为美育不仅是情感教育,更是精神和思想的教育。在美育的实践中,培养美感本质上是对情感的培养,这种教育的核心作用在于磨砺人的情操和丰富人的性情。此外,其他学者也对美育的功能进行了深入探讨,认为美育包括对人的情感认知、心理、思维的全面培养。美育通过各种形式的艺术体验,如音乐、绘画、文学和戏剧等,激发学生的情感反应,从而促进他们情感的成熟和精神世界的扩展。因此,美育作为情感教育,其意义和价值远超过传统教育的范畴。它通过培养个体对美的感知、理解和创造能力,促进人的全面发展,从而为构建和谐社会提供精神支撑和文化滋养。美育是连接个体与社会、过去与未来的桥梁,是人类文化传承和创新的重要途径。

(4)美育是一种综合教育

美育作为一种综合教育,其内涵远超过简单的艺术教学。它不仅仅是审美知识的传授,更是对学生对整个世界及其事物看法的塑造。教育专家滕纯首创了

"大美育"这一概念,深化了我们对美育的理解。在滕纯的理论中,"大美育"包含两个层面:①美育因素贯穿各个学科之中,可以通过不同学科来实施美育,从而有助于学生内在品质的培养,影响他们对世界的认识和理解。②美育的实践不局限于学校教育,同样也包括家庭教育和社会教育,即在家庭和社会层面同样需要进行美的教育。滕纯认为,美无处不在,生活的每一个角落都可以是美育的实践场所。这种观点得到了教育家陈元晖和陈科美的支持,他们认为,美育通过全方位培养人的感知能力,促进审美感知、审美理解、审美欣赏以及审美创造,从而达到促进人的全面发展的目的。美育的目标不仅是提高学生的艺术修养,更是培养他们的整体人文素质,以促进其在德、智、体、美、劳各方面的和谐发展。

随着对美育内涵的不断深入研究,人们逐渐认识到,现代学校教育中的美育应当利用各种资源,如校园环境、课程活动、日常教学内容等,将这些资源转化为审美的对象,以此进行美育。例如,学校可以通过组织美术展览、音乐会、戏剧演出等活动,或是通过课堂讨论、文学创作等形式,让学生在参与和体验中感受美、认识美、创造美。美育的最终目的是培养学生形成正确的价值观和审美心理,让学生具备理想、情操、品格等高尚品质,并具备良好的审美素养。通过这种全方位的教育,美育旨在帮助学生实现德、智、体、美、劳的全面和谐发展,这种综合性的培养方式对于学生未来的成长和社会的进步具有重要意义。

（二）美育的本质与功能

1. 美育的本质

美育,也可称之为美感教育或审美教育,其理念自古便有之,与人类的审美思想和冲动同步发展。美育的概念最早由德国思想家席勒在 1795 年的《美育书简》中提出,标志着美育作为一个独立领域的正式确立。在中国,美育的概念则由王国维首次引入,他强调教育应实现"四育并举",其中包括美育,这一理念在后来的美育学科中融合了教育学与美学的精粹。

美育的历史渊源与人类文明的发展密切相关,其理论和实践一直在不断演进中。高建平教授将美育定义为全面培养人的广义概念,不仅仅局限于艺术教育,而是包括了所有能促进个人全面发展的教育活动。彭吉象则强调,美育本质上是感性的培养,旨在教育学生的情感,提升其情感教育的层次。这种理解强调了美育在感性认知与情感体验中的作用,认为通过美育活动,学生不仅能得到心灵的满足,还能实现情感的升华。

从美育的应用角度看,叶泽洲及其他美学研究者提出,美育应当关注培养学生的审美能力和审美创造力。这包括教育学生如何欣赏和创造美,同时避免将美学教育与美育混为一谈。美育的愉悦性是其核心特征之一,指的是在美育实践活动中,学生能够感受到的愉悦心理和情感体验。

综合来看,美育的目标是增强个体的审美能力,丰富其审美情感,并通过审美方法来进行教育。这种教育形式不仅包括有计划、有目的的学校教育,也包括了社会和家庭在不经意间进行的教育实践。通过这些多层次的教育活动,美育旨在促进人的审美人格和审美创造力的提高,实现人的全面发展。因此,美育不仅是一种教育形式,更是一种生活方式。它通过整合教育资源、环境和社会实践,为学生提供了一个全方位的发展平台,使他们在理论学习和实践活动中均能获得丰富而深刻的审美体验。这样的教育不仅能够提升学生的艺术欣赏和创作能力,也能促进他们的个性发展和情感成熟,从而更好地适应和贡献于社会。

2.美育的功能

美育的功能在于其独特的协调性,这种协调性是建立在美育自身独立性的基础之上的。我们通常提到要培养一个"完整的人",这个概念可以从两个层面来理解:①生理层面,一个人的身体结构若完整无缺,并且各系统运作协调,这才能构成生理上的完整。②心理层面,一个人的感觉、知觉、记忆等心理功能若都健全,并且能够彼此之间进行有效的相互作用与支持,才能构成心理上的完整。

一个人的完整性,既包括了生理的健康和完善,也包括了心理的成熟和协调。美育的作用正是培养人在心理层面上的这种协调能力。蔡元培先生曾经提到,这种能力类似于我们身体的"神经系统",即使一个人在各方面都很优秀,如果缺乏这种心理层面的协调,他的人格就可能会呈现分裂或矛盾的状态,这就是我们通常所说的人格分裂。因此,美育的核心功能,就是通过教育和培养,使个体的心理功能达到和谐与统一,从而帮助每个人成为一个真正意义上的"完整的人"。这种教育不仅仅是学术的或技能的传授,更是一种深层次的心理和情感的培育,使个体能够在复杂多变的生活中保持内心的平衡和稳定,所以美育的功能就是协调。而在人的全面发展中,美育还蕴藏了以下功能:

(1)以美促德

鲁迅曾提到,美术能够作为道德教育的辅助手段。在他看来,任何形式的美都可以用来促进道德的培养。美的事物本身具有吸引人的特质,能够触动人们的情感,唤起内心的共鸣。这种情感的触动使得人们在不知不觉中接受善与恶的观念,社会道德规范也随之在人的行为和思想中得以体现。

美育通过其多样化的形式,如音乐、绘画、舞蹈等,帮助学生在感受美的过程中自然而然地理解道德价值。在欣赏一幅优美的画作时,学生可能会被画中的情感故事所感染,进而思考其背后的道德内涵。例如,一幅描绘母爱的画作,不仅能传达出爱的力量,还能让学生理解家庭责任和无私奉献的重要性。通过这样的美的体验,道德教育能够以更为微妙和深刻的方式影响人们,使其内化为个人的道德行为和价值判断。

(2)以美启智

美育不仅关乎审美能力的培养,更是智力开发的重要途径。艺术与科学之间存在许多共通的能力要求。例如,达·芬奇不仅是著名的艺术家,他在天文、地质、生物等多个科学领域也有杰出贡献。这表明美育在培养审美的观察力、记忆力、注意力、想象力及审美分析和判断力的同时,也促进了智力的发展。

通过参与美育活动,学生能够在潜移默化中提升自身的多种智能。这些能力不仅仅局限于艺术领域,更可以广泛应用于各类学科和生活场景中。例如:在学习数学时,学生可以通过几何图形的美感来增强对数学概念的理解;在科学实验中,学生通过观察和分析实验结果的美,提升其逻辑思维能力。因此,美育不仅能帮助学生建立对艺术的敏感性,更能为他们在其他学科的学习提供支持和动力。

(3)以美育心

美育还可以解决人们的心理问题。艺术活动能够极大地调动人的情感,美的体验常常使人感受到情感的洗礼和升华。尽管美育并不完全等同于情感教育,但它在处理和调节情感方面的功能不可小觑。通过接触和体验美的事物,人们的心理问题得以缓解,情绪也随之得到改善。例如,参与绘画、音乐和舞蹈等艺术活动的学生,能够通过表达内心情感来释放压力。在美的创造中,他们不仅能获得成就感,还能在情感表达中找到共鸣。心理学研究表明,艺术疗法在处理焦虑、抑郁等心理问题方面具有显著效果。适时通过艺术介入,不仅能够提高情感教育的效果,还能帮助个体在情绪管理和心理健康方面取得积极进展。

(4)以美健体

古希腊人将健美的体魄视为美的一种追求。在某些艺术与体育项目中,如武术和舞蹈,美和体能的培养并无明显界限。这些活动不仅展示了运动的美感,也是锻炼身体的过程。体育赛事中运动员的优美动作、胜利的喜悦以及他们展现出的精神风貌,都是美的体现。观看这样的赛事会激发人们参与体育活动的热情,因此,美育在推动体育发展方面也具有不可忽视的功能。

美育强调身体的协调性和优美性,这在舞蹈、体操等艺术形式中尤为明显。通过这些活动,学生不仅能增强身体素质,还能培养对身体的审美意识,增强对健康生活方式的认同。在日常生活中,教师可以鼓励学生参与各种体育活动,通过运动体验美的乐趣,激励他们在锻炼中发现自我、超越自我。

（5）以美驱行

在劳动习惯和观念的形成上,美育也起着不可忽视的作用。马克思主义中的美育观点强调,美是劳动创造出来的。在劳动过程中,人们不仅能产生审美感受,还能培养相应的审美能力。当劳动被视为一种美的实践时,人们的劳动热情也会随之提升。例如,学生参与校园种植、手工制作等活动时,能够在劳动中感受到美的存在。在观察植物的生长过程中,他们可以体会到生命的美;在创作过程中,他们可以感受到创造的快乐。当劳动被赋予美的意义时,学生不仅能提高对劳动的认识,更能在实践中形成积极向上的劳动观。美的体验使劳动变得更有吸引力和意义,从而激励人们以更加积极的态度投身于劳动之中。

二、美育的外延

美育作为教育的重要分支,不仅与艺术审美紧密相关,更与学生的德育、智育、体育和劳育紧密相连,形成一种全面发展的教育模式。

（一）美育与德育

1. 德育内涵

（1）道德的概念

关于"道德"这一概念,它是伦理学研究领域的核心问题之一,深入理解其含义对所有相关研究具有基础性的重要意义。随着时代的发展,"道德"已成为一种社会意识形态,人们对它的理解也逐渐由感性向理性转变。

在我国古代,"道德"一词源自"道"和"德"两个独立的概念。在古籍中,"道"和"德"往往是分开讨论的。"道"被视为宇宙万物的根本,拥有创造一切的能力;而"德"则指在符合自然法则的前提下,为满足自然、社会和人类需求而采取的行动,它是推动自然和社会进步、提升个体自我实现的一种实践方式。二者的关系体现在,"道"是包容一切的存在,"德"则揭示了"道"的具体表现。没有"德"的实践,人们难以真正理解和体会到"道"的内在意义。《荀子》中最早提到"道德"这一组合,表明它既包括社会道德的规范,也包括个人的道德品质。其中"德"就是对"道"的理解和实现。

在中国古代,对"道德"的理解也包括了一系列规范,如"仁"是最重要的传统道德,它被视为所有道德规范的总汇;其次是义、忠、孝、诚信、廉耻以及对社会弱者的救济等。这些思想为后人提供了丰富的道德文化基础。进入19世纪,马克思对"道德"的观点构成了马克思主义的道德理论框架。在他看来,道德的产生伴随着社会生产劳动的进程,与社会分工紧密相关,是由经济基础决定的上层建筑之一,属于社会意识形态的范畴。马克思指出:"个人怎样表现自己的生命,他们自己就是怎样。因此,他们是什么样的,这同他们的生产是一致的——既和他们生产什么一致,又和他们怎么生产一致。"他进一步强调,所有的道德观都是当时社会经济条件的产物。这些观点明确指出,经济基础不仅决定了道德的发展水平,道德也反映了社会物质生产的水平。

马克思的"道德"论述揭示了道德的"社会性"和"历史性",必须放在特定社会关系中才能存在,并随着社会的发展表现出不同的形态。这种观点有效地反驳了道德的"超自然起源"理论。尽管马克思的道德观念形成于19世纪,但它仍是马克思主义在道德层面的具体表现,并为后续关于"道德"的理论研究提供了坚实的理论基础。

总的来说,"道德"作为一个跨时代的概念,不仅仅是一种行为规范,更是一种深刻影响人类历史和社会发展的力量。理解"道德"的真正含义,需要我们将其放在广泛的历史和文化语境中去审视和思考,这样才能更全面地把握其对个人与社会的深远影响。

(2)德育的概念

"德育"这一名词概念源于西方,而在我国则是在1912年提出"注重道德教育"的方针,自此"德育"成为国内广泛使用的教育术语。对于德育的具体含义,不同学者有着各自的解释和定义。一般而言,德育被视为一种全面影响受教育者的教育过程。北京师范大学的郭文安教授将德育定义为基于实践活动的道德教育,强调通过具体的行为和实践来培养学生的道德感。原河南大学教育系的王汉澜主任则认为,德育是教师有目的地对学生品德进行培养的活动。从这些观点出发,我们可以将德育理解为:教育者根据社会发展的需求,在全面考虑教育对象的身心特点的基础上,有计划、有系统地对受教育者进行影响,旨在培养其全面的素质。

目前,关于德育的定义尚无统一标准,学者们从各自的视角出发进行阐释。这些定义虽多样,但共同指向了品德教育这一核心。在广义上,德育不仅包括学校教育,也涵盖社会、家庭等多个领域中对个体思想、道德的系统培育。狭义上的德育则主要指学校中的道德教育,通过设计具体的教育活动,使学生在实践和认识的过程中,促进其在思想、政治和道德方面的成长。

"德",这个概念在社会和个人两个层面上都有其独特的定义和重要性。在社会层面,德被视为广泛接受的行为准则和道德规范,它指导着人们的公共行为和相互交往。而在个人层面,德则指一个人的道德品质和行为表现,体现了个体对这些社会准则的内化和实践。在先秦时期,治国理念深受儒家的影响,其中"德育"和"礼治"的结合尤为重要。儒家思想认为,通过道德的培养(德育)和礼仪的规范(礼治),社会才能达到和谐有序。孔子提出"道之以德,齐之以礼,有耻且格",强调了德育在教育中的核心地位。他认为"仁"是教育的最高指导原则,也是社会向往的最高道德标准。在孔子的教学实践中,德育始终占据主导地位,而知识教育则是辅助。继孔子之后,孟子对德育的看法更是强调其对人性善的维护和提升的重要性。他提到"设为庠、序、学、校以教之……学则三代共之,皆所以明人伦也",认为德育不仅是教育的重要组成部分,而且是维护人的本性与善良的关键。孟子认为,通过德育,人可以达到更加完善的道德境界。

在西方,德育同样被古希腊哲学家苏格拉底高度重视。苏格拉底提出"美德即知识"的观点,认为美德基于对善与恶的认识。他认为一个人如果能够识别善恶和美丑,就会自然而然地追求善行并避恶,这一点体现了知识对于道德实践的基础性作用。苏格拉底还坚持"德行可教"的理念,强调道德素养是可以通过教育获得的。

到了近现代,德国哲学家康德将道德法则视为至高无上的存在,他认为通过德育,人们的行为可以受到高尚道德法则的约束。康德强调,人通过道德教育获得完善,成为真正自由的人。在中国近现代思想史上,国学大师王国维提出教育应包括"智育、德育(即意育)、美育"三个方面。他认为培养审美趣味有利于人们更容易接受和实践道德规范,进而培养高尚的德性。现代教育界已普遍认同德育的重要性。德育在学校教育中,旨在培养学生的道德品质,以人的全面发展为目标,传递正向价值观。这种教育不仅满足多元文化环境的需要,也促进学生从自我认知出发,提升道德思想和道德行为的水平。

总结来说,无论是在东方还是西方,历史上或现代社会,德育都被视为培养人的道德素养和行为规范的重要方式。德育实践和理论的活动,目的在于帮助人们内化道德准则,通过自我反思和社会实践,达到更高的道德境界。

2. 美育与德育的关系

美育与德育,作为教育的两个重要分支,它们在培养学生的全面素质中扮演着各自独特且互补的角色。美育,不同于传统的知识教育,更多的是一种情感教育,它通过包含美的元素的教学活动,旨在培养学生的审美意识,使学生能够发现美、欣赏美、表达美,乃至创造美。而德育,则在更广泛的意义上,是指系统地对社会成员进行思想道德教育的过程,特别是在学校教育中,德育旨在按照社会的要求,有目的地对学生进行思想和道德方面的教育。

尽管美育与德育在本质上存在明显的差异,德育通常侧重于规范教育,旨在使受教育者遵循社会的道德规范;而美育则通过更为柔和的方式,潜移默化地影响学生,引导他们在自然和谐的环境中成长。但这两者之间存在着紧密的联系和相辅相成的关系。

德育确保了美育的正确方向,为美育提供了丰富的教学资源和内容。在德育的框架内,美育找到了其价值实现的土壤,通过将道德教育与美的感知和创造结合,美育使德育的实施更加生动有趣,更易于学生接受。相反,美育也为德育的实施提供了有效的教学手段。通过艺术和审美的教育,美育增强了德育的吸引力和深远影响,使学生在轻松愉悦的环境中接受道德规范的熏陶。这两者的结合,如同"两只手"的协作,一只手引导学生认识和欣赏美的存在和价值,另一只手则教导他们理解和实践社会的道德规范。在教育实践中,美育和德育的交融使学生能够在享受美的过程中学习如何成为道德的、有责任感的公民。这种教育方式不仅提高了学生的审美能力,也强化了他们的道德判断力,使他们在日常生活中能够自觉地识别和选择真善美,拒绝假恶丑。通过这种方式,学生在学校的美育和德育活动中不断成长,他们学会了如何通过艺术的形式表达自己的思想感情,同时也学会了如何作为社会的一员去尊重和践行公共道德。最终,这样的教育使学生能够在现实生活中,不仅认识和欣赏美,更能通过自己的行为去创造和传播美,实现个人的道德和美学的双重提升。

(二)美育与智育

1. 智育的概念

智育,作为教育的一个基本组成部分,旨在培养和发展人的理性思维和认知能力。捷克著名的民主主义教育家夸美纽斯曾经指出,人类应当通过自己的理性去引导自己的行为,而不是仅仅依赖他人的思考。他强调,个体应当亲自探索知识的根源,形成一种独立理解和运用所学知识的能力。这种教育不仅仅是简单的知识传递,更重要的是培养学生发现问题和解决问题的能力。

智育的目标不只是让学生掌握一定的科学知识和技能,更在于提升他们的认知能力,为他们未来的学习和工作奠定坚实的基础。我国著名教育家叶澜提出了智育目标的三个方面:

①确保学生具备必要的科学知识和应用这些知识的能力。现代社会的发展离不开科学技术的进步,而科学知识则是这一进步的基石。因此,学校应当注重科学知识的传授,通过科学课程的设置,让学生在课堂上获得系统的科学理论知识。同时,光有理论知识是不够的,学生还需要学会将这些知识应用于实际生活和工作中。这就要求教师在教学过程中设计与实际生活紧密相关的实验和项目,让学生在实践中理解和运用所学知识,从而培养他们的问题解决能力和创新思维。

②通过智育提高学生的认知能力,为他们的终身学习和创造性活动做好充分准备。认知能力不仅包括记忆、理解和应用知识的能力,还涉及分析、综合和评价信息的能力。在知识爆炸的时代,学生需要具备快速获取和处理信息的能力,才能适应瞬息万变的社会环境。因此,学校应当培养学生的批判性思维和创造性思维,让他们在面对复杂问题时,能够灵活运用所学知识,提出新颖的解决方案。同时,鼓励学生参与课外活动和研究项目,培养他们的探索精神和自主学习能力,使他们在学习过程中不断提升自己的认知水平。

③培养学生对科学的热爱和追求,激发他们探索科学的习惯。科学教育的最终目的是让学生对科学产生浓厚的兴趣,并乐于探索未知的领域。教师在课堂上应积极营造一种鼓励探索和提问的氛围,鼓励学生独立思考和积极发言。通过组织科学实验、科技竞赛和课外活动,激发学生的好奇心和求知欲,让他们在实践中体验科学的乐趣。同时,学校还可以邀请科学家和相关领域的专家来校讲座,分享他们的研究经历和科学发现,让学生在与专家的互动中感受到科学的魅力。

综合来看,智育的目的在于培养个体的思维意识和行为模式,使其在思考和行为上能够实现自主和主动。现代智育与过去的智育目标有所不同,这主要是由于社会环境和教育需求的变化。美育,作为教育的另一个重要分支,与智育相辅相成。美育关注的是培养学生的审美意识和创造力,通过艺术的形式激发学生的情感和想象力。智育与美育的结合,可以在学生的学习过程中加入更多元化的教育手段,使学生在获得知识的同时,也能获得到美的体验。

2. 美育与智育的关系

在现代教育体系中,美育与智育并行不悖,二者相辅相成,共同促进人的全面发展。智育的核心在于传授科学知识和技能,旨在培养人们认识和掌握客观世界规律的能力,以解决实际问题。它是教育活动的基础环节,为人的成长和社会的进步提供必要的知识基础。然而,仅有智育是不够的,全面发展的个体还需要具备丰富的科学知识和相应的实践技能。此时,美育的重要性便显现出来。美育是通过美的形式来培养人的审美情感和创造力,它不仅仅关注艺术形式本身,更通过欣赏自然美、社会美和艺术美,激发人们的情感和精神世界。在这一过程中,人们不仅能获得心灵上的愉悦,同时也能间接学习到历史、自然以及社会科学等领域的知识。因此,美育在智育的实施过程中起到了画龙点睛的作用。从生命的早期阶段开始,美育就显现出其深远的影响。

一般情况下,接受胎教的儿童在气质、性格和智力发展上都优于未接受胎教的儿童。这说明人的早期教育,特别是在幼儿期的教育,对其一生的智力和情感发展具有决定性的影响。在这一关键时期,一个充满审美氛围的家庭环境将成为启发孩子智力和情感的重要因素。家庭中的艺术氛围、美的体验都是孩子智力开发的催化剂。在日常的学校教育中,美育同样扮演着不可或缺的角色。应用以美启真的教学原则,可以有效提高学生对学习的兴趣,进而帮助他们更好地理解和掌握知识的内在规律。通过各种形式的艺术活动,如绘画、音乐、戏剧等,学生能在实践中体验和感悟,这种体验和感悟为智育提供了更加丰富的情感基础和思维的拓展。

(三)美育与体育

1. 体育的概念

在现代汉语中,"体育"一词的引入可以追溯到日本明治维新时期,当时日本在大规模引进和学习西方文化过程中,首次接触到了"体育"这一概念。这一词汇最初在欧洲,特别是在法国有着深厚的文化基础,其早期涵义主要是指对身体的系统训练及体育运动。法国著名思想家卢梭在他的作品《关于如何增加福祉、保持健康的词汇大全》中首次系统地阐述了体育的重要性,该书后来被翻译且被传入日本,并被译为"体之教"。到了1897年,体育一词正式传入中国,首次出现在上海大同译书局出版的康有为《日本书目志》中。此后,南洋公学的《蒙学读本》第二编中也提到,西方学校将德育、智育、体育并列为教育的三大支柱。这标志着体育概念在中国的普及和认可开始步入正轨。除了体育,同期"体操"这一术语也被引入。体操,源于古希腊语的"gymnastike",意味着身体的技术和训练方法。中国最早接触到这一概念的是清代学者傅云龙,他在访问日本高等学校后在日记中提到,体操是学校的常规活动。1986年,梁启超在《时务报》上发表文章,强调了办新学和习体操的重要性,这进一步推动了体育概念在中国的传播和普及。随着体育和体操等词汇在中国各大报纸、杂志的广泛出现,这些概念不仅被中国人民广泛接受和熟悉,而且逐渐成为民族对社会革新和渴望复兴的一种表达。体育在中国逐渐被视为国民健康、国家发展和社会进步的重要因素。如今,体育已经成为培养公民身体素质、增强国家竞争力的重要途径,同时也是推动社会全面发展的重要领域。

体育的起源可以追溯到原始社会,那时体育已经是一种独特的活动形式,广泛渗透于人类生活的多个方面。无论是为了生存而进行的捕猎,还是充满欢乐的舞蹈和庆祝活动,体育元素无处不在。随着时间的推进,人类活动逐步从单纯的动物性游戏演变为更为理智和道德的集体性运动,人们甚至开始创造充满人文特色的运动仪式。这些变化标志着体育开始从依附于其他社会活动的角色中独立出来,成为一种除劳动生产、节日庆典、祭祀之外的独立且必要的社会活动。体育的这种转变不仅展示了其在文化和社会中的重要位置,而且也反映了人类对体育内涵的深入理解和认同。

在中国文化中,"体育"一词虽然直至19世纪末才正式形成,但早在古代,体育活动就已经与中国人的生活息息相关。我们可以追溯到孔子时代,孔子提倡的"体格教育"及其演化而来的"六艺",这些都充分展示了体育教育在古代文化中的重要地位。孔子认为,体格教育并不亚于道德和智慧的教育,它是人的全面发展不可或缺的一部分。到了唐宋时期,体育活动如马球和蹴鞠等成为社会上层阶级中流行的休闲方式。这一时期,体育不仅是锻炼身体,更是一种社交活动,反映了人们对于运动娱乐的热爱和追求。然而,随着科举考试制度的确立和儒学思想的深入人心,社会逐渐形成了"重文轻武"的观念,体育在教育体系中的地位逐渐被边缘化。进入近代之后,西方的"体育教育"和"体操"等概念开始影响中国,中国的体育教育逐渐与国家的自强不息和富国强兵的理念联系起来。张之洞在《劝学篇》中强调,锻炼身体对于国家的存亡具有重要意义。在这一背景下,体育的内涵被赋予了培养民族"尚武精神"的重要任务。随着时间的推进,西方的学校体育、竞技体育,以及群众体育等概念开始在中国落地生根。体育的内涵得到了进一步的拓展,人们不仅在传统的"体育教育"基础上提出了如"群众操"和"校园体育"

等新概念,也逐渐将"体育"从单一的身体锻炼扩展到包含体育文化、竞技体育和群众体育等多方面的内涵。原本源自法语"desporter"和拉丁语"deportare"的"体育",其词义也从单纯的自娱自乐转变为包含"游戏"和"竞赛"的现代体育概念。在这个多元化的发展过程中,"体育"一词在中文语境中也被赋予了新的文化内涵。例如,《体育原理》一书中将体育定义为"通过人体运动来增强健康、提高生活质量的教育过程与文化活动"。这一定义不仅强调了体育的教育功能,也突出了其文化属性,体现了体育活动在促进人的全面发展和提高生活质量方面的重要作用。

此外,随着中国竞技体育的迅猛发展,中国与世界的交流变得更加密切。这种对体格教育的重视逐渐与民族荣誉感和认同感相结合,使"体育"成为中国社会转型的催化剂、增强国家软实力的重要手段以及与外部世界联系的纽带。当前,我国体育发展的重心正从传统的竞技体育逐步转向全民体育,旨在实现个人自由且全面的发展,培养"完整的人"已成为我国教育的核心目标和方针。在这种背景下,体育作为实现人全面发展的重要教育组成部分,拥有其独特的时代内涵。因此,探讨体育的内涵,也必须从实现人全面发展的基本目标出发。

综上所述,体育作为一种有目的的行为和长期演变形成的社会文化现象,是人类不可或缺的社会活动。体育依据人体发展规律,以身体和智力为基础,在增强体质、提升生活质量以及实现人的全面发展等方面起着关键作用。随着社会的不断进步,"体育"的内涵和外延也会随之不断丰富和变化。

总而言之,体育包括"体能训练""体育教育""体能系统"概念的内容(现代解释"体能训练与运动系统"),即"竞技体育"(精英和职业运动)"身体健康""身体发育""身体素质""奥林匹克运动""大众体育"。体育的起源可追溯至劳动活动,随着社会的演进,它不仅服务于社会的政治和经济需求,更成为社会文化教育的一个不可分割的部分。体育活动基于各种自然条件,如阳光、空气和水等,与卫生保健紧密结合,为人们提供了一种有效的身体锻炼方式,旨在促进健康和提高体质。在我国,体育的主要任务包括促进全民的身心健康,使大众掌握基本的体育知识与技能,并通过体育活动来提升体育技能水平。此外,体育还强调个人卫生的重要性,倡导常规锻炼,以培养良好的身体素质和社会主义核心价值观,进而为国家的生产和国防建设做出贡献。国家体育发展的水平,主要体现在国民体质、体育普及程度、体育制度与政策的制定与执行、体育科学理论与实际设施条件,以及体育技能和运动成绩等方面。体育以各种身体活动为基础,促使人们增进对自我身体的了解和发展,从而不断完善个人的各个方面。人们参与体育活动的形式、目的和应用领域各不相同,这些活动可以划分为多种类型,其作用和价值具有普遍性、历史性和动态性,随着时代的发展持续演变。从总体上看,体育基于身体的活动,其主要形式包括学校体育教育、社会休闲体育和竞技运动等。体育的直接目标是以人为本,促进人的全面发展;其间接目标则是推动社会的整体进步。体育的发展密切依赖于社会的整体发展,体育与社会的互动是其变革和发展的核心动力。在不同的社会环境中,体育所展现的功能和价值也各不相同。此外,体育与"五育"中的其他部分——德育、智育、美育和劳动教育——应密切结合,共同促进学生的全面发展,展现其独特的教育价值。

2. 美育与体育的关系

美育与体育之间的紧密联系体现在它们共同促进人的全面发展上。体育通过系统的训练,不仅强化了人们的体能,如耐力、力量和技巧,还塑造了健康的体格和优美的形态。这样的体能提升,使得个体拥有健硕的肌肉和匀称的身材,这些都是美的体现。同时,美育的作用在于提高个体对美的感知和鉴赏能力,它通过艺术和文化活动的参与,使人们不仅能识别和欣赏美,还能在日常生活中创造美。美育使人们对美的理解更加深入,这种对美的追求和实践,进一步提升了个体的精神层面和情感质量。

全面发展的个体,其身心状态必须均衡发展。健康的身体是基础,而丰富的精神生活和高尚的情操则是建立在此基础之上的上层建筑。体育和美育在这一过程中扮演着不可或缺的角色,它们相辅相成,共同塑造一个在体格、行为习惯及心灵深处都达到美的标准的人。在教育的多元发展中,体育与美育不时相交融,难以分割。例如,舞蹈和体操这类活动既是体育的范畴,也深受美育的影响,它们通过美的表现形式强化体能,同时通过艺术的表达丰富情感和精神生活。更广泛地看,美育与体育不仅是个体发展的重要方面,还与德育和智育等教育领域紧密相连。美育通过审美活动的参与,不仅陶冶情操,美化心灵,还能激发智力,促进人的身心健康。这种全方位的发展,对于培养具有全面能力的人才极为关键。

(四)美育与劳育

1. 劳育的概念

历史上关于劳动教育的定义众说纷纭,各有其独特的视角和理解。《中国大百科全书·教育》中,对劳动教育的定义为:"通过教育让学生树立正确的劳动观念和态度,培养对劳动及劳动人民的热爱,以及形成良好的劳动习惯,这是德育的一部分。"这个解释主要强调了劳动教育在塑造学生对劳动的观念、态度、情感及习惯方面的作用,明确其为德育内容的一环。而在《教育学原理》一书中,劳动教育被定义为:"教育学生掌握现代生产所需的基础科技知识与基本技能,培养他们参与现代生产的能力。"此定义更加突出劳动教育的智育作用,强调了知识与技能的重要性。《教师百科辞典》对劳动教育的定义则是:"向学生传授现代生产的基础知识与技能,同时培养他们正确的劳动观念、劳动习惯以及对劳动人民及劳动成果的热爱。"这一定义综合了劳动教育的智育和德育属性,不仅重视知识技能的传授,也强调了劳动观念、习惯和情感的培养。

分析过去人们对劳动教育下的定义,可以看出,人们对劳动教育的理解往往局限于其作为德育或智育的附属部分,这种从属的定位使得劳动教育独特的育人价值常常被忽略。例如,劳动教育在不同的文献中,有时被看作是德育的一部分,有时又被认为是智育的内容,甚至有时被视为二者的结合体。这种多样的定义反映了社会对劳动教育重要性认识的不一致。然而,随着教育政策的进步,特别是"五育并举"的教育方针的提出,劳动教育的地位得到了显著提升,与德育、智育、体育、美育并列,成为教育体系中一个重要的组成部分。这一变化标志着劳动教育从附属地位向核心地位的转变,意味着其独有的育人价值开始受到更多的重视。

劳动教育的概念和内涵随着时间的推移而不断发展和变化。劳动教育不仅仅是传授劳动技能那么简单,它更应该是一个全面的教育过程,包括正确的劳动观念、与现代化社会相适应的劳动知识和技能。劳动教育的目的是培养学生的综合能力,使其能在未来的工作和生活中应对各种简单性、复杂性和创造性的劳动挑战。为此,劳动教育应当结合新时代的要求,适应劳动环境的新变化和受教育者的特点及需求。劳动教育应教授学生正确的劳动思想和现代劳动所需的科学知识技能,同时也应该强化学生在实际劳动中的价值感和意义感。通过劳动教育,学生应该理解到"实干兴邦、空谈误国"和"幸福是奋斗出来的"等理念,认识到劳动不仅是生产财富的方式,更是个人和社会发展的重要推动力。在教育学生尊重劳动成果和劳动人民的同时,劳动教育还应该培养学生的创新精神和解决问题的能力,使其成为德、智、体、美、劳全面发展的高素质劳动者。这样的教育方向不仅能帮助学生在未来的社会和职业生活中取得成功,还能促进社会的整体进步和和谐。

2. 美育与劳育的关系

在当代教育体系中,美育与劳育各自承担着独特而又互补的角色。尽管它们在根本途径和实施方式上存在本质的区别,却在培养学生全面发展的过程中相得益彰。劳动教育以培养学生的劳动技能和劳动观为核心,注重实践和操作能力的培养。它的根本途径是劳动实践,即通过具体的劳动活动,让学生在实际操作中学习和掌握各种技能,同时培养学生良好的劳动习惯和基本的劳动能力。例如,通过种植花草、维修设备等活动,学生不仅学会了实用技能,还体会到劳动的价值和乐趣。美育则主要通过审美实践来实现其教育目标,强调美的观赏、体验和创造。它通过文艺欣赏、艺术创作等活动,培养学生的审美感知、美感表达和创新思维。这种教育使学生能够在艺术的感染和引导下,提升个人的文化素养和审美能力。

尽管美育与劳育实施的侧重点不同,但二者在实际教育过程中是相辅相成的。劳动教育中的实际操作,本身就是一种重要的审美活动。在劳动过程中,学生不仅能够体验到劳动的成果和美感,还可以在创造和制作中发现美的元素。例如,木工制作不仅考验学生的手工技能,也是一种艺术创作过程,学生在其中学会如何将美感融入实用之中。此外,劳育过程本身也可视为一种审美实践。当学生在园艺或手工艺活动中劳动时,他们不仅在创造物质产品,同时也在创造美,体验从劳动中产生的美感。这种美不仅来源于劳动结果的物质形态,更源于劳动过程中的心理感受和精神满足。

在新时代的教育理念下,高校和各级学校应当重视五育并举,特别是将美育与劳育的整合作为优化教育结构的重要手段。通过这两者的有效结合,可以更全面地培养学生的各种能力,使他们不仅具备实际操作的技能,也拥有深厚的文化素养和审美能力,成为德、智、体、美、劳全面发展的现代新人。这种教育模式对于培养学生适应未来社会的多方面需求具有重要意义。

第二节　高校美育的概念与特征

一、高校美育的概念

美育,作为教育体系中不可或缺的一部分,在我国社会主义教育方针下占据着重要地位。它不仅是培养全面发展人才的关键环节,更是人的精神自由和个性发展的重要推动力。美育通过文化和艺术的熏陶,激发个体潜在的创造力和审美力,有助于塑造和谐完善的人格,进而提高生活的幸福感。历史和实践已经证明,只有人文教育与科技教育并重,才能使得教育体系更加完整。尽管"德、智、体"教育是基础,但美育同样不可忽视。不幸的是,在教育实践中,美育常常被边缘化,音乐、艺术等美育课程时常因各种原因被减少或取消。然而,改革开放以来,随着社会对精神文明建设的重视,人们的审美需求不断提升,出现了一波又一波的"审美热"和"审美文化热"。这种现象反映了社会对美育重要性的认识和需求的增加。

随着社会的进步和对美的需求增加,高校和中专学校开始逐步增设美育课程。面对这样的变化,迫切需要对美育这一领域进行深入研究,探索其本质、特征、功能以及如何更有效地进行教学。

在高校教育体系中,美育扮演着不可或缺的角色。通过《大学美育》这一广泛使用的教材,高校美育得到了系统的理论支持和具体实施方向。教材建议美学理论应与多个学科相融合,这种跨学科的整合方式为美育的教学提供了新的视角和可能。根据不同学者对高校美育的理解和定义,可以看到,虽然他们都同意高校美育基于美育的基本概念,但对于其特殊性的强调程度不尽相同。《大学美育》分为两部分:①基础的美学理论,为学生提供了审美和艺术鉴赏的基本框架。②文艺作品的解析,包括美学、艺术和文学理论的应用,使学生能够通过具体的艺术作品来深化对理论的理解和应用。《高等教育哲学》一书中提到,与初等教育和中等教育相比,高等教育的显著不同在于其对知识的深入研究和高级理论的探讨。高等教育的主要职能是扩展知识的范围、传授先进知识以及服务社会。由此可见,高等教育不仅传授知识,还促进学生将所学应用于社会实践,为社会发展做出贡献。高校美育是一个综合性的概念,它将高等教育的深度与广度与审美教育的特色结合起来。一些学者指出,高校美育的实施既能让学生掌握丰富的专业知识,也能帮助他们形成正确的事物观和培养批判性思维。这种教育不仅仅是知识的简单传授,更是一种思维方式和审美观的培养。

因此,我们可以重新定义高校美育:它是一种注重深入传授美育知识的高等教育形式,不仅教育学生欣赏和批判美,还教会他们如何将所学的知识和美感通过各种方式传播给社会。这样的教育使学生不仅学到知识,更学会了如何将美的体验与社会服务相结合,实现个人价值与社会价值的双重提升。简而言之,高校美育,是指在高校中对学生进行美的教育,帮助学生形成正确的审美观念,陶冶情操,净化心灵,培养他们发现美、感受美、欣赏美、创造美的能力。

二、高校美育的重要性

（一）高校美育是高校人文素质教育的基本方面

在中国高等教育体系中,高校美育作为人文素质教育的核心部分,承担着塑造学生全面人格的重要使命。人文素质教育注重培养学生的哲学素质,包括世界观、人生观、价值观和方法论的全面定位。而在这一教育体系中,审美素质则特别强调情感或感性层面的培养,这种素质是人类独有的、不可或缺的能力。审美素质是一种全面的综合素质,具有其独特的内涵和要求。在大学生的思想政治教育中,美育占据着至关重要的地位,它的作用无法被其他学科所替代。高校美育不仅仅是课堂教学的一部分,它在培养学生的人文素养、艺术感知能力以及创新精神方面,发挥着独到的功能。实施美育,是帮助大学生完善人格、提升自我修养的重要途径之一。美育的根本作用在于启迪真理、储藏善良、和缓情绪。它不仅有助于大学生智力和意志的形成,还促进了科学与道德的发展。因此,美育是大学生实现全面发展的必经之路。

美育在高校中的应用对大学生的全面发展具有重要影响:①美育能显著提升学生的文化素养、思想道德品质、审美意识以及艺术鉴赏和创新能力。②通过美育,学生能够在追求真理的过程中探索和创造科学与艺术的结合之美。③美育通过视觉图像和情感的影响,激发学生内心深处的感受,引导他们主动净化心灵、遵守社会的道德规范、形成良好的行为习惯。④美育通过陶冶情操和情感的培养,帮助学生构建高尚的个人品质,从而促进其身心健康和谐地发展。⑤美育的实践不仅让学生体验到丰富的情感生活,还能够培养他们的性情和审美能力。总体来看,美育是高校人文素质教育的重要组成部分,通过美的教育,可以有效地提升学生的人文素质,为他们的综合发展奠定坚实的基础。

（二）高校美育是教育境界化发展的需要

随着社会的不断进步,人们对教育的期待逐渐提升,现代美育的内涵也日益丰富,已经超越了传统的艺术与情感教育范畴。现代美育不仅关注美的表现和感知,更强调其综合性和多元性。

在高校中实施美育主要是通过展示多样的美的事物,从而让学生们对"美"建立起初步的、全面的理解。美育不仅仅局限于艺术课程的学习,而是通过课堂讲授、艺术活动、校园文化建设等多种途径,渗透到学生的日常生活中,如同空气一般无处不在。通过这样的环境熏陶和教育实践,学生们能够不知不觉中提升自己的审美和艺术鉴赏能力,学会如何欣赏并理解各种美的形式和内涵。此外,高校美育还承担着陶冶情操、净化心灵的作用。美的体验能显著影响人的情感和心理状态,美育通过引导学生接触和感受真正的美,帮助他们建立起正面的价值观和人生观。在这一过程中,学生们能逐渐培养出分辨美的能力,不仅能够感知美,更能在生活中创造美,将美的理念和实践应用到个人成长和专业发展中去。

(三)高校美育是塑造完美人格的需要

尽管大学生在生理上已步入成年,但在心理层面,他们往往还未完全成熟。大学阶段是形成和发展世界观、人生观、价值观的关键期,因此高校美育对于学生三观的健康成型具有不可估量的正面影响。

高校美育通过多种形式的审美教育,使学生能够在大学这一形成个性和思想观念的重要时期,接触并吸收广泛的美学资源。这种教育不仅仅限于艺术知识的传授,更包括通过艺术活动和文化体验来全面提升学生的审美感受力和创造力。这样的教育实践有助于学生建立起健康的价值观和人生观,为其未来的个人成长和社会适应性打下坚实基础。

通过高校美育的深入影响,学生们不仅学会了鉴赏美的事物,更重要的是,他们能够在心底里培养出一种高尚的人格。这种人格使他们能够识别和抵制不良思想和行为的侵蚀,坚守心中的美好与纯粹。在美的熏陶下,学生们逐渐学会如何在复杂的社会环境中保持个人的精神清洁和道德底线。此外,高校美育的深远意义不仅仅局限于学生在校期间。美育所培养的审美能力和高尚人格,将伴随学生终生,影响他们的职业选择、人际交往乃至家庭生活。经历过系统的美育训练的学生,更有可能在未来的生活中展现出较高的生活质量和个人幸福感。

三、当代高校美育的特征

当代高校美育并不是单一的、平面的,而是综合化的、多元化的,它包含了众多方面,是一个矛盾的统一体。要了解高校美育的特征,就需要从以下几对关系中来进行分析。

(一)坚持指向性与非功利性的辩证统一

美育的"指向性",是指美育可以帮助人们树立美的理念,美化心灵,并逐渐塑造一个完善的人格。这种指向性贯穿于美育的本质功能和核心价值之中。德国诗人席勒曾经说过,教育分为多种,包括促进身体健康的教育、增强智力认知的教育、培养伦理道德的教育以及提升审美趣味和美感的教育。美育的目的在于培养人的感性与理性能力,使之达到和谐统一的境界。席勒进一步指出,美能在紧张的状态中恢复人的和谐,在放松的状态中恢复人的能量,通过这种方式,将人从受限的状态引领至绝对的自由状态,从而使个体在自我实现上达到完整无缺。这样的指向性是长期而深远的,尽管具有明确的目标性,但它本质上追求的是非功利性的价值。

美育的"非功利性"特征,是指美育的核心目的不在于追求任何形式的实用性或物质利益。如蔡元培先生所言,纯粹的美育目的在于培养人的情感,使人们养成高尚和纯洁的情感习惯,逐渐淡化个人利益与损人利己的思考模式。美育追求的是一种普遍性的美,这种美超越了个人的界限,不涉及个人利益的考量,因而它本质上排除了任何功利性的因素。与此相对,智育和德育则明显带有功利性质:智育旨在帮助人们认识和改造世界,以提高生活的便捷性;德育旨在规范人的行为,确保社会行为的道德性。这两者都在一定程度上服务于直接的物质或精神需求,具有明显的功利目的。美育与智育、德育的根本区别在于,美育不追求直接的物质利益,也不强求人们内心的自我约束,而是通过美的体验和审美的培养,让人们自然形成对美的感知和鉴赏。这种教育更多地关注于精神和情感的培养,而非简单的知识技能或道德规范的灌输。

在高校的教育体系中,美育的指向性与非功利性的辩证统一,需要从两个维度把握。

①美育的指向性强调的是通过教育引导学生形成健全的人格。在设计和实施美育课程时,教育者应以此为核心目标,全面考虑如何通过艺术教育的多样化手段,促进学生内心世界的丰富和人格的全面发展。然而,在当前很多高校的实践中,虽然对美育的重视程度在增加,但往往过于注重形式或技能训练,忽略了美育在塑造学生人格方面的根本目的。因此,美育的实施不应仅仅停留在艺术技能的提升上,更应深入到美的体验与人格养成的层面。

②美育的非功利性体现在它并非仅仅追求实用性或直接的经济效益,而是更加注重精神和情感的培养。在高校美育活动中,提升艺术技能虽然重要,但这只是达到更高目标的一种手段,而非终极目的。我们应认识到,人的生活不应紧紧围绕着功利性目标旋转,人之所以为人,在于其独特的思考能力和情感体验。通过美育,学生不仅能够发现生活中的美,感受到生活的意义和乐趣,同时也在不断地培养自己的创造力和审美能力。这种教育让学生能够在日常生活中觉察并创造美,在实现自我价值的同时,也为社会带来更多的美和和谐。

因此,高校美育的实践中必须把握好这两个方面的平衡和统一。教育者需要设计出能够既符合美育的指向性又体现其非功利性的教育方案和活动。这意味着在教学方法上,应更加注重引导学生从艺术活动中获得深层次的精神享受和情感共鸣,而不仅仅是艺术技能的简单训练。通过这样的教育实践,高校可以更有效地帮助学生建立一种全面、均衡的人格,使其在未来的生活中不仅能够创造美,还能够体验和传播美。

(二)坚持独立性与渗透性的辩证统一

高校美育的独立性体现在其作为教育体系中一个重要的组成部分,具有相对独立的课程体系和理论体系,这为美育教学的顺利进行奠定了基础。然而,美育并非一个完全独立的学科,它与许多其他学科存在紧密联系。例如,艺术美学与艺术相关学科紧密相连,逻辑美学与数学领域相关联,生态美学与环境科学交叉,文学美学则与文学学科互补等。正如席勒所指出的,其他训练可能仅增强心灵的某种特定能力,并设立精神的界限;而审美的培养却能引导心灵进入无限的领域。美育注重非功利性教学,既包括对学生审美能力的培养,也包括对学生人格的塑造。其中,审美能力的培养主要依托于美学自身的理论与实践,而人格的培养则需要借助其他学科来深化审美视角的挖掘和培育。因此,进行美育教学需要各学科教师的共同参与。我们应将美育贯穿于教育的全过程,培养学生树立正确的审美观念,促进学生养成良好的审美习惯,陶冶情操,净化心灵,从而提升学生的审美素质和能力,助力学生形成高尚的人格。此外,审美教育也有助于学生建立正面的三观,开发智慧,拓宽思维,促进学生身心的全面健康发展。

因此,在当前高校美育教学实践中,必须坚持独立性与渗透性的辩证统一:①需要维护高校美育教学的独立性,通过专门的美学理论和技能,向学生详细讲解,从而突出美育的特殊价值。②应保持高校美育教学的渗透性,确保美育原则贯穿于教学活动的每一个环节,让美育的理念在不同学科中得以体现,从而实现美育理念的普及和成果的收获。对于当代高校美育的教学,需要加大教改力度,不断优化教学方案和课程结构,精心设计教学目标,并将美学教育巧妙地融入各学科教学中。通过这种方式,当学生在学习其他学科内容时,能够自然而然地感受到其中的美学元素,并深入理解和认识这些元素,从而促进学生综合素质的全面提升。

（三）坚持共性与个性的辩证统一

在高校美育的教学实践中,教育者们通常依据社会普遍认同的标准以及学生们在不同成长阶段的生理和心理特征,制定出一个统一的教学目标。基于这一目标,教育者们进而规划出相应的教学内容和方法,以此对学生进行美育,培养他们树立正确的审美观,促使学生形成良好的审美情趣,并不断提高他们的审美素养和审美能力。但是,人与人之间存在着差异,即使是同年龄段的学生,他们的思想和观念也各不相同。每位学生都是独一无二的个体,具有自己独特的个性。为了确保每位学生都能积极地参与并从美育教学中受益,教育者必须尊重学生的个性,注重个性美的培养和引导,采用因材施教的方法。

美育的审美对象本身就极具多样性和个性。例如:艺术美包括音乐、书法和绘画等艺术形式;自然美包括壮丽的山水、奇特的石头、各式的花鸟虫鱼等;社会美包括各种建筑、公共空间等。此外,审美的主体(学生)的审美能力和审美观念也处于不断的发展和变化之中。随着时间的推移,大学生们的生理和心理日渐成熟,他们所接触的知识日益丰富,经验也越来越多,他们的审美能力在持续提升,审美观念也在不断演变,其审美心理显示出显著的动态性和可塑性。

在当代高校美育的教学中,要实现共性与个性的辩证统一,需要在两个方面下功夫:①进行美育教学时,教师需要根据不同学生的个性、兴趣爱好等特点,采用多元化的教学手段,提供多样的美育途径,引导学生更加主动地参与到美育学习中。这种教学方式既能满足学生的个性化需求,又能引发学生对美的深入感知和理解。②改革当前的考核评价方法,强调评价的个性化,建立一个既公正又能体现学生个性差异的学习评价体系。这种评价体系应能准确反映学生在美育学习中的进步与成就,激励他们在审美实践中不断探索和创新。通过这些措施,高校美育教学不仅能够培养学生的审美能力,还能够激发他们的创造力和独立思考能力,为他们的综合素质提升奠定坚实的基础。教育者和学生们在这一过程中的互动和合作,将进一步丰富和深化美育的内涵和影响,使得美育真正成为高校教育中不可或缺的一部分。

（四）坚持引导与体验的辩证统一

在高校美育的教学过程中,教师的引导作用是至关重要的。教师首先需要向学生明确传达什么是美,即引导学生认识美。作为导师,教师不仅要帮助学生认知美,还应逐步引导他们去探索美、感知美、创造美,从而培养学生良好的审美情趣。通过在课堂上分享丰富的美学知识并组织多样的审美实践活动,教师能有效地培养学生的审美习惯,不断强化他们的美学能力。结合课堂教学与课外活动,教师应全方位地进行美学引导,以实现学生的全面审美教育。如果教师未能承担起这一引导者的责任,仅仅让学生自行探索美的含义,可能会导致学生对美的理解出现偏差,这对美育的实施不利。

同样,学生的体验在美育教学中也占据了极其重要的位置。常言道,没有亲身经历,就难以深刻理解真实感受。每个人的审美体验都是独特的,不应被限制在单一的模式之中。因此,教师应鼓励学生亲自去感受和体验美,通过直接的体验来捕捉他们内心的真实反应。苏霍姆林斯基曾提倡让学生走进大自然,去亲身体验自然之美。自然界拥有丰富的美学资源,而人作为自然的一部分,通过亲近自然可以更深入地感受和理解美,增强与美的深层联系。

综上所述,在高校美育的教学中,教师的引导与学生的体验同等重要。缺一不可的这两个方面若不能很好地结合,都可能对美育教学的效果产生负面影响。因此,我们必须在教学实践中坚持引导与体验的辩证统一,以期达到最佳的教学效果。

(五)坚持时代性与高尚性的辩证统一

在当今信息化迅速发展的社会中,人们的生活节奏明显加快,各种信息纷繁复杂,不仅有低俗的文化信息,也有高雅的文化信息。面对这一现状,大学生应当学会辨识和区分这两者,追求高雅文化,淘汰低俗内容,不断提升自己的审美品位。当前,我们社会文化中普遍存在消费主义、享乐主义的盛行和悲观主义的弥漫,这些现象可能会对人们的道德观念产生负面影响。若长时间接触暴力、色情影视作品或沉溺于网络游戏,人们的道德意识可能会逐渐弱化,不利于健康成长。为了应对这些挑战,高校需要采取措施,引导学生发现并欣赏真正美好的事物,对学生进行美育,促使他们形成高尚的审美情趣。此外,学校还应深入挖掘和传承中华民族的传统艺术,如书法、绘画、诗词和音乐等,让学生体验到中华民族审美的精髓,进一步培育其高雅的审美情趣。

在高校美育的教学过程中,我们不仅需坚持高尚性,同时也应关注时代性。每个时代的审美观都有其独特性,反映了时代的特征。因此,在现代的高校美育课程中,审美教学应顺应时代发展,迎合当代大众的审美需求。所谓审美的时代性,主要是指其与大众文化的关联。大众文化是西方语境中的一个概念,包含很多方面,如衣食住行中的各种文化、音像制品、圣诞节等。聂振斌从马克思主义美学的视角,把大众文化看作是"文化工业制造的文化,主要指由电视、广播、广告、流行刊物等大众传播媒介传播的文化"。这种文化形式无处不在,从大型建筑到街边的小饰物,从公共空间到个人形象,无一不是审美观察和教育的对象。对于大学生而言,这些日常可见的文化现象不仅是美育的媒介,也是他们接受美的教育的重要渠道。这些普遍存在的美,成为高校美育中不可或缺的资源。在利用这些美育资源教育学生时,教师需要遵循两个基本原则:一是在选择美的对象时,必须保持其高尚性;二是要引导学生形成正确的审美观,帮助他们在日常生活中学会欣赏美。正如蒋孔阳所指出的,审美态度有助于学生与大众文化之间建立一种审美的联系,这种联系是实用、认知与审美三者的和谐统一。因此,高校美育不仅要追求高尚性,也要与时代同步,吸纳大众文化中的精华,以满足广泛的审美需求,实现时代性与高尚性的辩证统一。

(六)坚持课内与课外相结合

要有效进行学生的美育,高校不能单单依赖于课堂内的教学,还需要大力推广课外的美育活动,实现课内与课外的有机结合。近年来,国家对素质教育尤其是课内外结合的模式越来越重视。

课内教学是美育的主轴,许多美育的基本知识都是在课堂上进行讲授的,这是不可或缺的一环。然而,在高校的美育教学中,我们不应局限于艺术教育,还应该深入探索其他学科中的审美教育,例如历史和文学等。要实现这一点,需要对美育进行长期的规划和研究,确保它能够成为学校教学计划的一部分。

课内部分,高校应当选拔具有高水平教学能力的教师来开展美育教学,向学生传授相关的知识和技能。而在课外,学校应组织丰富多彩的美育相关活动,以此锻炼学生的美育实践能力。学生也可以利用课余时间,自主学习美育知识,积极参与社团和各种艺术实践活动。

通过将课内的系统教育和课外的实践活动紧密结合,不仅能够激发学生的兴趣,还能培养他们的审美情感,提升他们的审美鉴赏和创造能力。这种课内外结合的美育模式,将更加全面地促进学生的美学发展。

(七)坚持校内与校外相结合

在进行学生审美教育时,必须将校内与校外资源相结合,仅仅局限于校内的教学活动是不够的。教师应带领学生走出校园,深入社会和自然环境中,去直接感受和体验美的存在。社会是一个多元且复杂的环境,它提供了丰富的教学素材和实践机会。通过在社会环境中实践课堂所学,学生能够积累更多的实践经验,发展自己的才能,并在社会中体验生活的美好。

社会不仅是一个学习的场所，也是校外美育的重要组成部分。校外审美教育可以从以下几个方面展开：

①引导学生探索自然之美。自然是最纯粹的美的源泉，山川、奇石、花鸟等自然景观都是学生探索的对象。通过组织学生走出教室，亲身体验自然界的魅力，教师可以引导他们观察周围的美。例如，学生可以在春天的花海中了解不同植物的生长习性，在夏日的湖畔欣赏日落的迷人景色，或是在秋冬时节探寻自然中的变化。这样的活动不仅能使学生增长科学知识，理解自然法则，还能提升他们对美的感知力和欣赏力。

②在劳动中寻找美的体验。劳动不仅是一种生活技能，更是一种美德。通过劳动，学生能够感受到成就感和快乐，同时也能体会到劳动本身的美。无论是参加校园绿化活动、参与社会服务，还是在手工课上亲手制作工艺品，劳动过程中的每一步都蕴含着美的体验。在劳动中，学生不仅学习到实践技能，更重要的是培养了团队合作意识和责任感。劳动的美在于它的创造性和实践性，学生在亲手完成一项任务后，心中会涌起自豪感。这种成就感是任何书本知识无法给予的。教师可以鼓励学生分享自己的劳动经历，讨论在劳动中获得的美感和感悟，从而增强他们对劳动的认同感和热爱。

③将校外的美育资源引入校园，美育不应局限于校园内部，校外的艺术展览、文化活动、音乐会等都是丰富美育内容的重要资源。学校可以组织学生参观博物馆、艺术馆，参加地方文化活动，甚至邀请艺术家和文化工作者进校园举办讲座和互动。这样的活动不仅能让学生接触到更广泛的艺术形式，还能激发他们的学习兴趣。通过校外的美育资源，学生可以在真实的文化环境中感受艺术的魅力，拓宽视野，增强文化认同感。教师可以引导学生在参观后进行讨论、写观后感，鼓励他们思考和分享所见所闻，从而进一步深化对美的理解。

④利用现代信息技术。在信息时代，现代信息技术为美育教育提供了丰富的资源。教师可以利用网络平台、数字艺术软件、在线课程等丰富课堂教学内容，拓展学生的学习方式。例如，利用视频、音频等多媒体资料，展示不同文化和艺术形式，让学生在互动中学习和欣赏。此外，鼓励学生在课外时间自行探索网络中的美育资源，如观看艺术作品的纪录片、参加线上艺术课程等，可以有效地增强他们的自主学习能力和探索精神。现代信息技术的使用使得美育教育更加生动、形象，学生在虚拟环境中也能获得真实的美育体验。这种方式不仅增强了课堂的吸引力，还使得学生在数字时代中培养了对美的敏感性和创造力。

通过上述多元化的方式，可以更全面地进行高校美育，使学生在校内外都能得到良好的审美教育，从而全方位地提升他们的审美能力和创造力。

第三节　高校美育的目标和内容

美育作为一个独特的教育领域，与体育、德育、智育等其他教育领域不同，它既与多种学科存在交叉，同时也保持着自身的独立性。美育拥有完整的目标体系、内容体系、方法体系和载体体系，这些体系相互支撑，形成了美育教育的完整框架。下面，将对现代高校美育的目标与内容体系做一次简洁的分析和阐述。

一、美育目标的一般构成

在教育过程中，每个学科都设定了明确的教育目标，这些目标预设了学生学习的期望成果。通常，在教学活动开始之前，这些教学目标就已经被明确规划。制定教学目标主要考虑两个方面：一是基于社会对该学科的当前需求和普遍认知，即社会对学生所期待的基本技能和知识；二是考虑到不同年龄阶段学生的生理和心理发展特征。教育目标不仅是教学工作的起点，也是教育活动的最终目的。在日常的教学实践中，教师通过观察和评估学生的表现，进行必要的分类和总结，这些观察结果将作为实施教学和进行教学评价的重要依据。通过这种方式，教育目标指引着教育活动的方向，确保教学过程的科学性和有效性。

在现代高校的教育体系中，美育是其中一个重要部分。要进行有效的美育教学，首先需要设定明确的美育目标，这对于保证教学质量至关重要。美育的概念在我国具有悠久的历史，最早可追溯至先秦时代。美育的形成受到文化、政治和经济等多方面因素的影响，并反映了当时国家和教育者的需求。随着时间的推移，美育的思想和内容也随之变化。在 20 世纪 50 年代，我国主要采纳了蔡元培的美育观念，这种观念不仅承接了中国传统的美学思想，利用礼乐教化人们，还吸收了西方现代教育的哲学理念，实现了东西方教育思想的融合。到了 20 世纪 80 年代，随着教育领域深化改革的推进，美育受到了更广泛的重视，并被确立为一个独立的学科,从而开启了新的发展阶段。然而,尽管美育的重要性日益凸显,关于其目标的具体构成和内涵至今仍未有一个统一的标准确立。在学术界,许多学者从各自的研究视角对美育进行了深入探讨。曾繁仁在理论层面分析了美育的核心目标,他提出美育旨在培养"生活艺术家"的品质,鼓励广大民众,尤其是青少年,用审美的眼光看待自然、社会、他人以及自己,实现"诗意的生活"。杜卫则指出,审美主要关乎人的情感生活,因此美育的功能直接关联到提升人的生存质量和人格素质。在实践研究方面,赵伶俐从学校教育的实质出发,详尽分析了学校环境中的美育以及不同教育阶段的美育目标体系、内容体系和教材体系。她对高校美育目标进行了分类,从审美欣赏、审美表现和审美创造三个方面,提出了12个具体的分类标准。张燕和顾建华等学者则专门研究了大学美育课程的基本目标。张燕在其《大学美育教学模式和教材体系研究》中提出,普通高校美育应致力于提升大学生的思想道德素质、文化素质和心理素质,引导学生形成积极的人生观、科学的世界观和文明的道德观。她强调,培养学生成为有理想、有抱负、有事业心、有责任感、具备创造性思维、热爱生活、全面发展的个体,拥有高尚情操、健全人格的人,以及自尊且尊重他人、富有爱心的人是大学美育的根本目标。

总的来说,目前我国的学术界对美育的目标与内涵存在多种理解,并未达成一个共识,显示出我国在美育学科研究方面尚处于起步阶段。要全面把握美育的目标,必须对其他学科的教育目标有所了解,因为美育的目标与其他学科目标是相互联系、形成连续体的,它们之间存在诸多共通点。一般来说,学科教育目标可以分为三个层次:教学目标、教育目标和远景目标。然而,美育的目标具有其特殊性,它主要是根据社会对审美教育的需求来培养学生的审美能力。通常,美育的目标主要构成两个层次:价值目标和终极目标。以下将详细说明这两个层次的目标。

(一)价值目标

价值目标,是指在完成某项任务或学习之后能带来的实际价值。这种目标具有显著的实用性特征,主要是基于人类基本需求来确定,表现为一种具有明显功利性的目标定位。与长远而抽象的终极目标相比,价值目标具备更高的可操作性。它不仅能够为教育活动提供明确的方向和阶段性成果,还能有效地衔接不同教育阶段,实现从具体到抽象的过渡。这种目标的实现往往可以具体化为具体的教育活动和课程内容,例如在美育领域的应用。

美育,作为教育的一个重要分支,其价值目标强调通过艺术教育达成具体且实际的教育效果。在美育的过程中,我们可以观察到学生是否通过音乐、美术等艺术课程掌握了一门艺术技能;在完成美学专业课程后,学生是否系统掌握了美学知识体系;或者在鉴赏课程结束后,学生是否能对艺术作品做出个人的评价。这些都是通过具体成效来衡量的价值目标,显示了学生在美育课程中的具体成就和理解深度。

美育的价值目标的特点在于其易于理解和实现。通过精心设计的课程和阶段性的学习评估,学生不仅能在艺术技能上有所成长,更在审美和文化理解上得到提升。这种目标的实现不仅为学生未来的艺术实践提供了工具,也培养了他们欣赏和评价美的能力。

(二)终极目标

终极目标,是指那些最高层次、最终要达成的目标。这些目标通常具有一定的抽象性,它们超越了即刻的实际效益,更关注于长远的人类发展和精神追求。尤其在美育领域,终极目标的核心是促进人的全面发展,重视培养学生的生存意义和精神世界,以期培养出具有完整精神人格的个体。

随着社会的快速发展,人们的物质生活水平显著提升,科技进步也带来了前所未有的便利。然而,在信息爆炸和多元文化的冲击下,现代大学生显示出对人文精神的忽视,精神世界和情感状态变得异常脆弱,容易产生消极情绪。在这种背景下,一些悲剧性的事件在高校中时有发生,如自杀或恶性事件,这往往与学生长期处于压抑状态、精神贫瘠有关。这些问题的根源在于,高校教育过于侧重知识和理论的传授,而忽略了对学生人格的塑造和学生心理的成熟。正如席勒所言:"死的字母代替了活的知性。"在现代社会,人们倾向于用理性的方法来处理问题,但美育的价值在于它能够对抗纯粹的工具理性,引导人们超越现实,朝向更理想化的方向发展。在美育的过程中,学生的人格得到不断的完善和提升,这种教育不仅仅是对美的认识,更是一种深层次的自我和情感的培养。

美育作为一种重要的教育方式,其终极目标是通过审美教育的实施,不断深化学生的人格发展,促使学生在精神与情感上达到一种更加成熟和和谐的状态。这不仅能帮助学生超越物质的束缚,找到内心的宁静,还能促进其成为社会的有益成员,增强社会的和谐和稳定。因此,对学生进行美育,意味着不断追求这一终极目标,即不仅仅满足于传授艺术技能或知识,而是要通过艺术教育的全过程,帮助学生塑造和完善个人的精神世界。通过这样的教育,学生能在多方面得到发展,不仅在艺术上有所成就,更在人生观、价值观上有深刻的理解和建设,最终实现自我超越和社会贡献。

二、当代高校美育的目标

（一）高校美育目标

在当前的高等教育体系中，美育在高校的地位日益显著，它不仅包括艺术知识的传授，更包括对学生全面发展的深刻影响。中国高校美育的目标是以纯唯理性主义和物质主义为出发点，促进学生的全面成长。这一宏伟目标的实现需要通过激发学生的审美意识、指导审美实践活动及提升审美能力来具体操作。此外，美育还旨在完善学生的人格发展，这从一侧面表达了高校美育的终极追求，即围绕大学生的人格培养设计美育课程和活动，确保教育目标与人格完善相契合。在新时代的背景下，大学生的人格特征如人文关怀、积极向上、自主和谐、性格开朗和热情奔放等，为高校美育的目标设定提供了新的动向。高校美育应聚焦以下三个具体层面的子目标。

①提升学生的审美需求层次：审美需求层次与个人的性格、家庭和教育背景紧密相关。要提升学生的审美需求，首先需深入了解学生个人的具体情况和审美动机。美育教学不能简单地采用灌输式教育，这样易引起学生反感，不利于教学效果的实现。教师应重视引导学生自主探索和学习，促使他们能在自由的学习环境中自行形成审美观念和能力，从而提高内在的审美需求。

②促进学生的全面审美情感与审美判断力：在美育教学中，应注重培养学生的全面审美情感与判断力，这包括美感的感知、欣赏和批评等方面的能力。通过多样化的教学策略和实践活动，帮助学生在不断的学习和体验中，形成均衡发展的人格和高度的审美鉴赏力。

③引导学生人格向稳定化、普遍化方向发展：与前两个目标相比，这一目标在层次上更为高远。它不仅是学生审美能力提升的结果，也是审美判断和情感达到成熟阶段的标志。教师应通过连贯的课程设计和系统的教学方法，逐步引导学生的人格发展，使其更好地适应社会的需求和挑战。

总体而言，高校美育的目标旨在通过多方面的教育活动，全面提升学生的审美素养和人格发展。这种教育不仅能够丰富学生的艺术体验，更能够在更深层次上促进其思想、情感和价值观的全面成长。通过实施这些具体的教学目标和策略，我们可以期待培养出更多具有创造力和社会责任感的未来人才。

（二）高校美育目标的具体实施

教育目标的设计和执行需要遵循特定的原则和要求。在高校美育教学中,制定了教育目标后,就要根据这些原则和要求来具体开展教学,以期最终实现教育目标。在实施高校美育目标的过程中,必须选择合适的教学方法,不能单纯地向学生灌输美学知识和技能。我们需要了解学生的生理和心理特点,结合他们的审美心理,从学生的审美认知规律和接受规律出发,逐步进行审美教学。在高校美育教学过程中,美育目标的具体实施主要从以下几个方面着手。

1.培养大学生的审美感受力、判断力和创造力

教育者需引导学生认识美与丑,帮助他们感知和评判美,进而提升他们的审美感受力和判断力。此外,美育课程中还应注重培养学生的审美创造力。一般而言,美育具有鲜明的形象性和愉悦性,这些美的元素往往能激发学生的直觉和形象思维,推动他们的创造力发展。当学生在美的环境中接受教育,比如观赏优美的景致、阅读佳作、欣赏艺术品时,这些美的体验不仅培养他们的直觉和感性思维,还能激发其想象力和创造力。高校美育的实践中,教师应持续向学生展示各类美的事物,创造一个充满美感的学习环境。这样的教育方式,类似"春风化雨",不仅传授美学知识和技能,还引导学生发现美、感知美、欣赏美和创造美。

2.培养大学生的审美意识和审美价值追求

在高校美育教学中,除了传授美学知识和技能这些较为功利的目标之外,还应注重那些非功利性的价值追求。这意味着在提升大学生的审美能力和素养的同时,更重要的是培养他们的审美意识和审美价值追求。审美活动本身是超越日常利益的,学者们认为,在审美体验中应该突破常规的事物观察方式,实现对现实功利生活的精神超越,把实用主义转变为审美主义,从而达到一种超脱的审美境界。历史上,无论是在中国还是在外国,留给后人深刻印象的往往不是财富丰厚的商人或高官,而是那些创造了大量精神财富的文学家、科学家、思想家。因此,与追求功利性价值相比,培养大学生的审美意识和审美价值追求显得尤为重要。在高校美育的具体教学过程中,教师应该积极引导学生进行生命意义的探索和价值追求,帮助他们提升情感层次和心灵净化,建立一种新的、非功利的价值观,让学生体验到更持久和深远的生命价值。

3.培养大学生追求理想人格的自觉

审美教育不仅仅是关于美的认识和体验,更是一种深刻影响学生心灵和性格的教育形式。通过接触和体验美的艺术和文化,学生的内心世界得以和谐发展,

精神面貌也将得到提升。审美体验能极大丰富人的情感世界,通过美的事物激发出人们内心的积极向往,这种向往是追求理想人格的强大动力。美育的核心在于帮助学生建立一种积极探索自我与世界的态度,从而推动他们在追求理想人格的道路上不断前行。审美教育的实践不仅能够培养学生对美好事物的感知能力,更能促进他们在个性与人格上的全面发展,实现自我完善。因此,高校美育的目标之一就是引导学生通过审美体验来构建和完善自己的人格。通过系统的美育教学,学生能逐渐形成对美的深层理解和长久的追求,这种追求将转化为追求一种高尚、理想的人格。

三、当代高校美育的内容

在不断进步的社会中,高校美育的内容日渐丰富。当前信息化社会的特征明显,网络资源广泛,使得学生们不仅可以在课堂中接触到美育知识,还能在网络环境中自主学习和实践,极大地拓展了学习的自由度。在这种开放的学习氛围中,大学生的审美需求持续增长。因此,根据审美教育的目标,丰富和发展教学内容显得尤为关键。

(一)美育内容的基本类型

随着素质教育的推进,美育在高校教育体系中受到越来越多的重视,其内容也在不断扩展和深化。在高校美育教学过程中,为了促进学生的全面发展,我们需要针对学生的心理和生理特征,寻找并整合符合当代社会需求的美育内容。这些内容将被融入美育教材中,并通过教学实践不断地反思和优化。目前,这些美育内容按类别分,主要分为以下几个方面。

1. 按照教育范围分类

根据教育范围的不同,高校美育的内容可以划分为家庭美育、社会美育和学校美育三个主要类别。

家庭美育是指在家庭环境中进行的美育实践。家庭是孩子成长的第一课堂,家庭美育通常较早开始,并且在孩子的成长过程中发挥着基础且持续的影响。在日常生活中,家长通过饮食、居住、衣着选择等多方面向孩子传递美的感知和审美价值。家庭中的成员,特别是父母,扮演着教师的角色,引导孩子感受和认识美,帮助他们构建初步的美学观念。

社会美育是指在社会各个层面和场所进行的美育活动。这类美育不仅仅局限于教育机构,还包括博物馆、图书馆、音乐厅、商场等公共空间。社会美育通过这些环境的美化和文化活动的组织,让公众接触和理解美的多样性和深层意义。此外,社会美育还包括通过公众人物的道德行为和社会公德来影响人们的美感教育,强调精神世界的美感与内涵。

学校美育是指在学校教育系统中进行的美育。与家庭和社会美育相比,学校美育在教育系统中最为明显和直接。学校利用其教育资源,通过课程设置、专业讲座、艺术展览等多种形式,系统地向学生传授美学知识,培养学生的审美能力和美学思维。学校美育不仅提高学生的艺术鉴赏能力,也致力于通过美的教育培养学生的人格和道德观。

2. 按照性质分类

根据性质进行分类,高校美育内容主要包括自然美育、艺术美育和人生美育三大类。

自然美育是指通过接触和理解自然界的美来丰富和提升个人的审美能力的教育。自然美育的基础在于认识到人类与自然的密切关系,以及自然界所提供的丰富美感。大自然不仅满足人们的生存需求,还激发了人们的美学想象。山川、湖泊、奇妙的自然现象等都是自然美的组成部分。通过亲近自然、观察自然、体验自然中的壮观景象,人们能够感受到大自然的磅礴与美丽,这种美是直接的、原始的。自然美育要求我们不仅要学习如何欣赏这些自然景观,更要深入理解自然的本质,以增强我们对自然美的感知和欣赏。

艺术美育则是围绕艺术作品来展开的美育类型,它将艺术作为提炼和升华生活经验的一种方式。艺术源于生活,却在形式和内容上对生活进行了抽象和升华,因此艺术美育在高校美育中占据重要位置。无论是文学、音乐、影视还是其他艺术形式,都是艺术美育的内容。这种美育不仅仅是艺术技能的培养,更是通过艺术来照见生活的深度和广度,让学生能够更全面地理解和欣赏艺术作品所表达的美学价值和深层意义。

人生美育关注的是人的内在美和人际的美好关系。这种美育类型强调个人的内心世界和人际交往中的美好品质。人生美包括了个人的思想、情感、行为,乃至外貌和服饰等方面的美。人生美育在高校美育中的作用不仅仅是审美教育,更是人格和道德教育的一部分。它旨在培养学生的全面发展,不仅仅是外在的审美,更包括内在精神世界和社会交往能力的培养。

(二)构建高校美育内容的基本思路

目前,我国高校美育尚处于成长阶段,尚需解决许多实际问题。在制定和完善高校美育内容时,我们不能期望一蹴而就,而应基于当前的教育目标,挑选符合时代需求的美育教育内容,进行系统的总结和科学的分析,从而构建出一套完整的、科学的高校美育内容体系。

在高校美育内容的构建过程中,首先需要深入了解学生的身心发展特征。美育内容的设计和实施应始终遵循三大基本规律:尊重学生成长的规律、尊重审美教育的规律、尊重时代发展的规律。以下是对这三个规律的具体分析:

1. 尊重学生成长的规律

在高校中推进大学生的美育,应当始终尊重学生成长的规律。虽然大学生在生理层面已经成年,但在心理和社会适应能力上,他们还在不断成熟之中,尤其是性格上的冲动和未成熟的行为仍然明显。这就要求在构建高校美育内容时,必须考虑到这些特点,确保教育内容既符合他们的发展阶段,又能引导他们逐步成熟。

高校美育内容的构建,可以从以下两个方面着手:

①深入理解学生的人格形成和发展规律:大学生正处在人格快速形成和自我认识不断深化的关键期。因此,美育内容的选取和教学方法的设计应当贴近他们的成长需求,有助于他们理解和表达自己的内心世界。例如,通过多样化的艺术形式如音乐、绘画、戏剧等,可以为学生提供广阔的自我表达空间,帮助他们在探索和确认自身价值观的过程中,逐步建立起成熟稳定的人格。

②符合学生的思想、心理和行为成长规律:当代大学生在思想上渴望自由,心理上寻求认同,行为上倾向于尝试和冒险。因此,在设计高校美育内容时,应充分利用这些特点,引入能够激发创造性思考和自主学习的教育资源和活动。例如,组织主题性强、参与性高的艺术项目和社会实践,不仅能够丰富他们的校园生活,还能有效促进他们的社会适应能力和创新能力。

2. 尊重审美教育的规律

在构建高校美育内容的过程中,尊重审美教育的规律是至关重要的。审美教育旨在达到其设定的目标,通常在基础的审美活动中,这一目标通过审美接受和审美创造两个途径来实现。在高校的美育过程中,也应遵循这一模式。审美接受意味着大学生们需要接受并认同美育的内容。为了让学生认同这些内容,教育者需要设计符合学生审美需求的教育内容,激发他们内在的审美需求,并确保这些内容能与学生的内在审美标准相契合。审美创造指的是学生根据自己的审美理想,遵循美的规律进行的审美实践活动,这是一种自觉的创造性活动。为了促使学生自觉地进行审美创造,教育者需要帮助他们识别理想与现实中的审美差异,激发他们的创造欲望,并鼓励他们通过审美创造来改善现实生活的不足。此外,教师还应尽可能地指导学生的审美创造活动,帮助他们在审美过程中实现形象性与情感性的统一。

3.尊重时代发展的规律

在高校美育内容的构建过程中,尊重时代发展的规律是一项基本原则。每个时代的审美追求都有其独特性,随着社会的演进,这些审美标准也在不断地变化。例如,在唐朝丰满被视为美的标准,而在当代苗条往往更受青睐。随着我国经济的高速发展和社会的不断变革,人们的思想观念和生活方式也发生了显著的转变。在全球化和世界经济一体化的大背景下,人际交流日益频繁,网络互联通信成为21世纪初的一个显著特征,这些都深刻影响了人们的审美观念。在这样一个变化迅速的时代,高校美育教学内容的构建必须考虑到当下的时代特征,遵循时代的发展趋势。美育内容的搜集和整合需要不断地创新与改革,确保与时俱进,以满足当代大学生的审美需求和时代的发展要求。

构建高校美育内容,遵循时代发展规律主要包括两个层面:一是美育内容本身需要创新,如融入审美实践教育、加强传统文化的审美教育等,这些都是对美育内容进行时代更新的表现。二是传统的审美教育内容也应赋予新的时代内涵,使其更加贴合现代社会的需求。

尊重时代发展的规律,美育不仅要随时代变迁而进步,其内容也需不断丰富和创新。这样的内容更能激发当代青年学生的兴趣,使他们更愿意、更乐于接受美育。通过这种方式,美育的创新不仅是美育发展中的关键环节,也是满足时代需求的必然选择。这样的美育教育既遵循了美育发展的内在规律,也顺应了时代的发展潮流,能够有效地提升学生的审美能力和文化素养。

(三)高校美育的教育内容

在对高校学生进行审美教育时,要根据学生的生理与心理特点进行教育,选择适合他们的教育内容。高校美育的教育内容主要可分为三个方面,分别是审美认知教育、审美情感教育和审美实践教育等方面的内容设计和实施。

1.审美认知教育

要全面掌握审美认知教育的内涵,首先需要明确"认知"与"审美"这两个概念的含义及其相互作用。认知,通常被理解为人们了解与学习知识的心理过程。这一过程不仅涵盖了获取静态知识的行为,也包括了动态的、持续变化的心理活动。不同学者对于认知有着各种观点,其中代表性的有两种:一种观点认为认知的本质是结构的发展,是知识结构不断扩展和在实践中逐渐完善的过程(陈菊先)。另一种观点则将认知等同于个体通过心理活动对事物的理解与学习(张春兴)。认知活动涉及从简单的感知到复杂的言语理解及问题解决的全过程,它不仅是个体积累经验的基础,同时也是人格发展与个体差异形成的重要因素。审美这一概念起源于古希腊语,原本的含义是"感性"。18世纪德国哲学家鲍姆嘉通(Alexander Gottlieb Baumgarten)将其发展为美学的学术概念。关于审美的内涵,学术界存在不同解读。例如,李泽厚认为审美是人性情感的一种子结构,是指情感与感知的综合体验;而周燕则描述审美为人与事物之间的一种非功利性关系,它使人在直观感受中获得精神上的愉悦与满足。尽管观点不一,但普遍认为,审美既是一种情感活动,也是认知活动的一部分。审美认知指的是在特定的审美环境中,基于已有的审美结构,个体对美的对象进行感知、判断、推测和评价的心理过程。

通过前文的讨论,可以了解到审美认知教育实际上是一项涉及美的信息处理的活动。在审美过程中,一旦遇到美的事物,大脑便会开始对这些美的信息进行输入、编码、转换和存储等多个步骤。审美认知教育的核心在于教育实践中对受教育者认知和接收过程的引导与培养。其目的是帮助受教育者构建一种审美心理认知结构,这种结构在审美活动中发挥着关键的指导作用。审美认知教育是审美教育链条中不可或缺的一环,对于培养学生正确的审美感受和审美意识至关重要。要有效提升审美认知教育的质量,需要针对美育的内容进行精心设计和实施,主要包含以下几个方面。

(1)要注重系列性、层次性的审美基础知识教育

高校美育教育应当注重系统性和层次性,从审美基础知识的教育抓起。这意味着教育者需要构建一个全面的审美知识体系,让学生能够在系统的学习中形成对美的初步认知和理解。尽管当前高校中的美育课程已涵盖艺术教育的多个方面,但对于广义的审美教育,尤其是跨领域的审美实践,还需进一步加强。此外,美育课程的设计未能完全摆脱以往以艺术技能提升为核心的传统模式,仍需更多地融入审美理论与实践相结合的内容。

在高校美育教程中,通常将课程分为必修和选修两大类。必修课程多为艺术专业学生设置,着重专业技能和理论的学习;选修课程则面向非艺术专业的学生,更加注重审美素养的普及和提升。然而,美育的真正意义在于培养学生全面的审美视角和独立的美学思考能力。因此,审美基础教育的内容不应仅局限于美学理论的讲解,还应包括对日常生活中美的事物的审美鉴赏和理解,通过具体案例教学让学生理解和运用美学原理,使其能够将这些原理应用于日常生活和艺术欣赏

之中,进而深化对审美体系的理解,提升整体的审美素养。

具体而言,高校美育的实施可以从以下三个层次展开:①基础教育阶段,重点讲授审美基础知识,让学生对美有一个基本的定义和认识,理解审美的本质和功能,为后续的深入学习奠定基础。②感知提升阶段,通过展示和分析各种艺术门类中的作品,增强学生的审美感受和鉴赏能力,让学生不仅了解到不同艺术形式的美,也能够掌握各类艺术的审美特点。③跨学科融合阶段,将审美教育与其他学科教育相结合,将不同学科的学习内容转化为学生的审美对象,从而在不断的跨学科学习和实践中,提升学生的综合审美能力,最终达到美育与人格教育的高度融合。

(2)注重对于喜剧与悲剧、丑与荒诞等审美形式的辨明

历来,大学生们对于喜剧与悲剧中的"崇高"与"优美"展现出浓厚的兴趣和深刻的鉴赏力。然而,随着社会进步和西方文化思潮的逐渐渗透,现代大学生的审美趣味亦逐步转变,他们开始对"丑陋"和"荒诞"等新兴审美形式产生了关注。因此,在构建高校美育课程时,教师需指导学生准确识别和理解这些多样的审美形式。这不仅有助于激发学生的感官体验和情感反应,还对其人格发展产生深远影响。

当人们观赏喜剧作品时,通常会感受到一种身心的愉悦和放松。喜剧的核心在于引发观众的笑声,营造出一种轻松愉快的氛围。在这种气氛中,观众可以摆脱一天的疲劳,释放压力,从而获得精神上的休息。喜剧往往通过先制造紧张气氛,再迅速化解这种紧张,带来情绪上的快速转变。除了提供娱乐,喜剧还蕴含深刻的反思价值,观众在深入理解后能够洞察其中的深意,逐渐提升自己的审美和判断力。此外,喜剧还能激励人们以更加积极的态度面对生活,培养乐观和豁达的人生观,帮助人们勇敢面对困难,冷静应对生活中的挑战和不足。

与喜剧相较,悲剧提供了一种截然不同的审美体验。虽然悲剧常引发悲伤和痛苦等消极情绪,但它也具有净化心灵的独特能力。在悲剧中,主人公通常遭受重大痛苦,这些痛苦多半不是因为他们的恶行,而是由于过去的错误或失误,或是时代背景的限制造成的。这样的设定容易引发观众的同情和怜悯。主人公的平凡性和由小错误触发的悲剧命运,让观众在欣赏过程中不禁自问,如果自己犯了小错会怎样?从而引发一种不安和恐惧的情绪。悲剧的氛围通常是从压抑到激励,尽管充满不幸和死亡,但其核心是展现英雄的崇高精神,鼓励人们克服低俗,提升生活质量,不断追求理想。

"丑"通常是不悦目的,违背了人们对秩序和和谐的偏好,因而常引起人的厌恶。荒诞则是一种非理性和异化的审美形态,表现为无价值、扭曲的状态。现代派戏剧《等待戈多》就是这样的荒诞剧,讲述主人公们无尽的等待戈多,而戈多却从未出现。这种徒劳的等待,融合了丑陋与荒诞的审美,展示了人们在悲惨且无可奈何的生活境遇中的处境。观众在观看这部戏剧时,往往会联想到自己的生活状态,内心涌现出一种同情和感慨。

在通常情况下,丑和荒诞的审美形式常常能够带来深刻的思考和长远的意义。当我们抛开常规和和谐的审美选择,转而被非凡的、引人注目的审美所吸引时,就会发现这些激发美感的元素反映了内在的、有价值的精神生活。一般而言,当丑陋突兀地展现在我们面前时,往往蕴含着更深的意义。这种异化的审美艺术唤醒了人们对日常麻木生活的关注,使人们开始直面自己当前的处境,意识到现实生活中的荒诞。人们因此萌生出摆脱丑陋和荒诞的欲望,渴望改变现状,投身于审美创造,以塑造一个理想中的美好世界。

(3)加强对民族传统文化的审美引导

在世界历史中,四大古文明是人类文化的宝贵遗产,但只有中华文明从未间断,延续至今。这一点足以证明,中华民族的传统文化具有非常强大的生命力,能够在各种环境中不断地焕发活力。中华文化博大精深、历史悠久,其中蕴含了许多丰富而卓越的传统文化元素。这些文化不仅体现了中国各个历史时期的特征,也展现了不同时代人们的生活方式和理想追求。这些民族传统文化中包含了许多关乎社会美和人性美的核心元素,它们是中华民族智慧的精华,也是我们坚定信念的重要支撑。对于中华民族而言,这些文化价值不仅是历史的传承,更是民族精神的体现,至关重要。

在高校美育的教学过程中,强化民族传统文化的审美引导至关重要。民族传统文化不仅是中华民族悠久历史的体现,也是丰富的美育资源。如果学生对本国的传统文化缺乏基本的审美理解,他们如何能深入认识并领会其他的审美形式呢?学生天生对自己的民族文化较为熟悉,这使得相较于其他文化,传授本民族的传统文化相对简单。在美育中,只有根植于鲜明民族意识的审美教育才能称得上是真正的审美教育,只有融合了优秀传统文化元素的审美教育才真正具有深远的审美价值。此外,在学生的品格培养过程中,优秀的民族文化也发挥着不可或缺的作用。学者们曾概括中华民族的传统为八大精神,包括:"讲道德重教化的德为先精神;为民族重整体的国为本精神;行仁政重正民的民为重精神;尚志向重气节的人格精神;讲和谐重合群的和为贵精神;观其行重自律的修身精神;讲诚实守信用的诚信精神;尚礼让讲勤俭的节俭精神。"近年来,随着国家对民族传统文化认识的不断深化,大力推广民族传统文化的宣传工作也随之展开。因此,在高校美育中加入关于民族传统文化的教育,不仅有助于传承美学价值,还是大学生理想人格教育的重要组成部分。

2. 审美情感教育

审美情感是指人们在欣赏美的事物时,心底自然涌现的某种情感体验。这种情感体验是在参与审美活动时,自觉形成的内在心理感受。审美情感教育旨在教导学生如何在内心深处培养这种独特的情感。这种情感通常源自审美实践,它不仅引导也规范了参与者的审美行为。

在高校美育中,审美情感教育通常包括审美关爱教育、审美理想教育和审美修养教育等多个方面。下面将对这些内容进行简要的探讨和分析。

(1)审美关爱教育

审美关爱教育是一种特殊的教育方式,旨在教导学生学会关爱他人、真诚相待、与人为善,进而培养出良好的人格修养。这种教育方式与传统的审美认知教育不同,它更注重个体人格与审美情感的内在契合。

随着社会的快速发展和生活条件的显著改善,人们的生活质量有了大幅提升。然而,高等教育领域仍面临一些挑战和问题。目前,高等教育中实用性和功利性的内容较多,而对于关爱和真诚等情感教育的关注不足。特别是在当前大多数学生为独生子女的情况下,这些学生往往在父母的过度宠爱下长大,形成了自我中心的性格。这种性格特点在人际交往中可能导致许多问题。因此,高等教育中急需加强对学生的情感教育,特别是关爱与真诚的教育。

为了改变这一现状,高校美育应当重视并加强情感教育,特别是关爱和真诚等方面的培养。通过开展志愿服务和社区参与活动,如爱心募捐、社区服务、敬老助残等,不仅能够培养学生的审美情感,还能强化他们的道德观念。这些活动能够让学生在实践中体验和学习如何关心他人、尊重老师和与人和善相处。在这样丰富多彩的关爱教育活动中,学生在不断的实践和体验中学习如何关爱他人、真诚待人,并尊重教师、与人为善。这些行为最终会成为学生习惯的一部分,形成稳定的道德品质。在长期的教育过程中,学生将逐渐建立起关爱他人的意识,并能够发自内心地关心周围的人和事,这对于他们的人格完善极为有利。这样的教育不仅提升学生的审美能力,也为他们的全面发展打下坚实的基础。

（2）审美理想教育

审美理想教育代表了审美意识中最高层次的范畴，它是对审美经验的高度概括和提炼。审美理想不是凭空产生的，而是在社会实践中逐渐形成的。具体来说，审美理想的形成是一个动态的过程：人们基于对现实的持续认识，逐步构建理想，并努力将其实现。在这一过程中，个人的审美经验逐渐积累并得以升华。审美理想虽然属于较为抽象的概念，但它必须依托于现实社会才能得以具体化。实现审美理想，就需要将其"物质化"，即使人们能够接受并通过艺术的形式来反映现实，从而实现审美的价值。

在人的认知和创新活动中，审美理想发挥着不可或缺的作用。例如，它激发了许多重要的科学发明。在美学领域，将圆视为最完美的形态曾极大地影响了哥白尼的科学理论，尤其是他的"日心说"。这种追求，加之他精确的计算与逻辑推理，共同推动了科学的巨大进步。爱因斯坦也曾指出，他的科学探索基于对和谐完美结构的坚信，这种信仰也是审美理想的体现。审美理想根植于人的内心，是一种基于审美经验的艺术直觉。在任何审美活动中，审美理想都是一种基本的前提，它为审美判断提供了标准和方向。在审美活动开始之前，个体应已具备一定的审美理想。此外，作为审美认知活动中的评判标准，审美理想在个人的艺术感知和创作中具有重要影响。它不仅塑造了个人对美的感知，也影响了大学生的人格形成。因此，在高校美育中，教育者应当重视审美理想教育，鼓励学生树立积极的审美理想，这对于他们形成理想的人格具有重大意义。

总之，审美理想教育是高校美育的核心部分，它通过培养学生的审美观念和能力，帮助他们在艺术与生活中寻求和创造美。这种教育不仅提升学生的艺术修养，也激发了他们对美好生活的追求，对学生的全面发展和个性完善起到了关键作用。

（3）审美修养教育

在普遍意义上，修养代表了个人的综合素质，这种素质是人们通过内心思维与外在行为的持续改善而逐渐培养出来的。审美修养教育强调的是，在开展美育的同时，有意识地促进学生心理素质的提升和成长，目标是使他们在心理层面达到较高的品质和素养。这种教育是美育过程中极为重要的一环。我国古代的审美教育便已涉及审美修养的培养，孔子的"修己以安人""文质彬彬，然后君子"等思想即体现了以美育为引导的教育理念，旨在帮助人们全面提升个人修养。历代学者亦多次强调审美修养教育的重要性。在对学生进行审美情感的教育时，应从他们的外在行为和内在气质两方面着手,引导他们建立正确的审美标准,并以此为依据严格自律,逐步形成理想人格。与道德教育不同,审美修养教育更多是通过潜移默化的方式,利用环境熏陶影响学生,并尊重学生的个性发展,激发学生自我提升审美修养的主动性。通过这种教育,学生可以达到和谐的心理状态,更好地追寻并回归到人的本性。

3.审美实践教育

(1)审美实践教育的含义

所谓审美实践,是指人们通过主动的参与和实践,逐步领悟和体验美的深层含义的过程。因此,审美实践教育便是在各种审美活动中对学生进行指导和教育的过程。这种教育不仅有助于促进学生感性认识的发展,还能够实现审美情感的教育,进而有助于形成完善的个人品格。

在当代社会,科技的迅猛发展使人际交流日益频繁。然而,人们越来越多地被数字和图像环绕,这导致我们的审美感受能力逐渐减弱,对现实中美的事物的感知力也在下降,这种趋势不利于人们审美观念的形成。因此,在审美教育中,首要任务是培养人们对外部世界的感知能力,这是实施审美教育的基础。审美实践教育包括审美体验和审美创造等环节。审美实践教育是功利与超功利的统一与结合,它既内合于美的无功利性,又指向人格养成这一功利性目标。

(2)审美实践教育的意义

审美实践教育的主要目的是培养学生的感性能力。在这一教育过程中,尊重学生的个性至关重要,因为感性能力的培养深植于个性之中。如果忽视了学生的个性,他们的感性表达也将受到限制。因此,在开展审美实践活动时,教育者需要向学生展示直观且感性的审美形式,这样的形式有助于学生感性因素的自由表达。为了有效促进学生感性能力的发展,审美实践教育应聚焦于以下三个关键方面:

①尊重和培育学生的个性非常重要。感性是个性的一部分,要促进学生感性的成长,首先要尊重并培育他们的个性。通常,在各类教育活动中,真正能尊重并塑造个性进而加强个体的自我意识的,是审美教育。虽然智育和德育等教育领域也强调个性化的教学,但与审美教育相比,它们在个性化教学上还存在较大的差异。在智育中,尽管鼓励采用个性化的视角来理解世界,最终这些知识还是要被概括为具体的真理。而在德育中,个性化教育更多的是一种方法论的应用,其根本目的是树立普遍的道德伦理标准。相反,在审美实践教育中,个性化教育体现

在多个层面,例如个性的直觉与洞察力、视角以及体验等。如果没有了个性,审美也就无从谈起,相应的审美教育也将不复存在。

②应尊重学生的感性需求,完善他们的感性机能。感性涵盖了生理和心理两个维度,它是连通精神与身体的个体性概念。所谓的感性机能,指的是人体内生成的想象力、情感和感知等功能。感性机能通常包含两个方面:感官功能和情感体验。进行感性教育,就是要同时促进学生生理功能和心理功能的发展。在开展审美教育活动时,应始终重视学生的感性需求,关注他们的生理和心理功能,全面考虑个体的人格和人性。

③需要通过直观的审美活动来影响学生的观念意识,帮助他们形成良好的审美趣味和理念。审美实践教育是一种侧重于感性认知的教育方式,在开展审美实践教育时,我们不应仅依赖逻辑推导,而应深入挖掘审美对象所蕴含的深层信息,用感性的视角去理解和感知美。然而,在现有的教育体系中,大多数人习惯了通过定义和逻辑推理等理性方法来认识和解释世界,从而忽视了更直接的体验和实践方式。事实上,相比于理性的方法,这种直观方式往往能给人留下更深刻的印象,并能提供更丰富的内容和理念。因此,在高校美育中,我们应更频繁地采用这种直观方式进行审美实践教育,不仅能更直观地表现美,还能帮助学生在当前的理性单一视角下,以一种全新的方式来观察和理解世界。从这个层面说,审美教育确实是一种注重感性的教育。

第四节　高校美育的功能与原则

一、当代高校美育的功能

(一)美育的教育功能

1. 美育是感性与理性的统一教育

美育是一种融合感性与理性的教育方式。在这里,"感性"指的是基于个人情感对事物的主观理解;而"理性"则是去除个人情感影响,基于现有知识和经验对情况进行冷静且客观的分析:一是美育注重完整性和和谐性,它旨在通过培养人的内心和谐与自由来促进个性的全面发展;二是美育结合了感性与理性两个方面。面对美的事物时,美育不仅能够引发人们直接的美感体验,增强其创造力,还能够丰富其理性思维,进而将人文和科学的精神完美地结合起来。这种教育方式能够有效地促进人的美感和智慧的双向成长。要实现感性与理性相统一的美育,可采取以下策略:

(1)以形象感化人,善在其中

高校美育的首要任务是帮助学生建立美与丑的标准,并学会辨识之。这一过程需要教师通过丰富多彩的美的形象来引导学生。美的象征无处不在,它们不仅存在于艺术作品中,也体现在生活的方方面面,比如商场内的精美工艺品、艺术馆的深邃艺术作品,甚至是在日常生活中可以看到的和谐美好的自然景观。这些美的元素不仅能激发学生的视觉感受,更能在潜移默化中影响他们的道德认知。例如,教师可以组织学生参观当地的博物馆或美术馆,让他们亲身感受艺术作品所传达的情感与价值。在这种过程中,学生不仅能欣赏到作品的美,更能体会到艺术家在创作时所注入的情感和思想,从而引发对美的深入思考。通过这样的美育实践,学生在欣赏美的过程中,也学习到善的本质,培养出对美好事物的认同感和向往。在此基础上,教师可以引导学生进行讨论,让他们表达自己对美与丑的看法,逐步形成独立的审美标准和道德判断。

(2)以情感打动人,理在情中

审美活动不仅仅是欣赏外在的美,更是理解和感受其中所包含的内在情感和道德价值。因此,美育本质上是一种情感丰富的活动,带有明显的主观色彩。教师在美育中应强调情感的重要性,引导学生将个人的情感融入作品鉴赏中,帮助他们在感性的体验中理解理性。在具体实践中,教师可以选择一些经典的文学作品、音乐作品或影视作品进行分析,通过讨论和互动的方式让学生分享他们的情感体验。例如,当讨论一首感人的歌曲时,教师可以引导学生回忆他们生活中与这首歌相关的情感经历,帮助他们在共鸣中理解歌曲所传达的情感。在这个过程中,学生不仅能深化对艺术作品的理解,还能通过情感的交流增进彼此之间的联系,从而在互动中实现情感的升华和道德的教化。

(3)以情趣娱乐人,教在乐中

人们天生对美好事物有一种欣赏的天性,面对美的事物时通常会感到愉悦。因此,美育的强大吸引力促使人们以积极主动的态度参与其中。在高校美育中,教师应注重通过趣味性的活动来提升学生的参与感和兴趣,使他们在愉悦的氛围中接受美育的熏陶。例如,教师可以组织一些美育活动,如艺术创作比赛、音乐会或戏剧表演等,让学生在轻松愉快的环境中进行创造性表达。在这样的活动中,学生不仅能享受到参与的乐趣,更能在过程中提高审美能力,培养团队协作精神和人际沟通能力。此外,教师还可以通过利用现代技术手段,如虚拟现实(VR)或增强现实(AR),为学生提供身临其境的美育体验,增强他们的感知和理解能力。在美育的过程中,乐趣不仅仅体现在活动本身,更在于学生在活动中所感受到的情感共鸣和心灵触动。当学生在愉悦中体会到美的力量时,他们将更加自觉地接受美育带来的教育和提升,从而在心灵深处建立起对美与善的认同。

2. 美育是全面教育的重要组成部分

美育作为全面教育不可或缺的一环,对于促进人的全面发展和身心的和谐发展具有重要作用。这种教育方式独树一帜,能有效地促进思想道德素质的提升,同时增强个人在科学文化、身体健康和心理平衡等多个层面的综合素质。

①美育有助于培养人的思想道德素质,能陶冶情操、净化心灵,并培育高尚的灵魂。我们需要明白,作为一种艺术审美活动的审美教育,天生具有表达情感的美学特质,它本质上是一种情感活动。艺术随着人类社会的发展而进步,实际上是人们利用外部符号,主动地表达和传递自己的情感,进而感染他人,使他人产生共鸣,感受到艺术的深层内涵和情感。《礼记·乐记》中也明确记载了这一观点:"乐也者,情之不可变者也。……夫乐者乐也,人情之所不能免也。"这说明艺术是对情感的一种表达,它能带给人们愉悦,是一种不可或缺的情感表达形式。正因为艺术具有这种表达情感的美学属性,人们在参与审美教育活动时,可以被情感所感染,从中感知并吸收艺术之美。学生通过参与这些活动,可以培养和提升自己的情感素质。

美育在培育情感方面具有自然而然的净化作用,它能触动人的心灵和灵魂,从而实现心灵的深度净化。正如《礼记·乐记》所述,"致乐以治心",表明"乐"源于内心深处,并能够疗愈心灵。艺术之美就在于能够触动人的内心世界。《礼记·乐记》中的这些论述,揭示了美育在净化心灵上的独特作用。这种净化始于情感的传递,一旦情感共鸣发生,便能深入心灵,产生影响,从而净化人的心灵,培养高尚的灵魂。著名钢琴家李斯特曾说:"音乐不仅能传达情感的内容和强度,还能深入我们的心灵,如箭般直达,如朝露般润泽,像大气一样渗透进我们的内心,充实我们的灵魂。"同样,其他艺术形式也通过美感激发情感,进而触动心灵。关于文学之美,朗吉弩斯(Longinus)曾这样描述:"通过文字的声音和复杂的结构,将作者的情感传递给听众,引发作者与听众之间的情感共鸣,让我们被文章中的崇高、庄严和雄伟等品质所深深吸引。"这种审美体验不仅丰富了我们的思想道德素质,也提升了我们的美育水平。

②美育是培养人的科学文化素养的教育,有助于提升人的创造性,促进人的智力开发。这种教育形式能有效提升个体的创造力,进而促进智力的全面发展。美育的核心内容是艺术教育,其重要性可通过心理学的实验研究得到充分证明。研究显示,艺术活动能够激发人的神经系统,使之进入一种兴奋状态,这种状态能显著提高人的思维活跃度。具体来说,在艺术教育的过程中,人们接触到的艺术信息会激发大脑中的形象思维。形象思维的活跃,使人们能够在心中构建和重构图像或场景,从而激发丰富的想象力。这种想象不仅仅是随意的幻想,而是在大脑皮质中产生具体的兴奋点,这些兴奋点会随着想象活动的持续而逐渐扩散。当这些兴奋点扩散的同时,大脑会自动启动抑制机制,以保持思维的清晰和逻辑性,这一过程促使思维信号系统变得更加活跃。通过这样的机制,艺术教育不仅激发了形象思维,还间接地活化了逻辑思维。这种从形象到逻辑的思维激活,为个体带来了灵感和新思维的可能性。因此,我们可以看到,艺术教育在美育中的作用是多方面的,它不仅提高了人们的审美能力,也促进了思维方式的多样化。

③美育有助于提升学生在想象和理解方面的能力,有增强智力的作用。从科学家的角度看,艺术往往是他们发明和创造的重要动力。例如,爱因斯坦对音乐艺术的热爱,极大地促进了他的科学思维,他的相对论理论的构想中也显露出音乐艺术的影响。艺术家的经历更是证明了艺术对灵感的巨大促进作用。例如,著名诗人路德维希·莱尔斯塔勃的诗歌为舒伯特的《小夜曲》提供了灵感,这首美妙的音乐作品便是在诗歌激发的灵感下创作出来的。这两个例子都生动地展示了艺术与科学创造之间的深刻联系,说明了美育在培养创新思维和灵感中的不可替代性。

3. 美育是创新教育的重要体现

在这个不断变革的时代,创新成为国家发展的关键驱动力。根据全球的发展动态与国内的实际情况,坚持创新的发展战略具有深远的战略意义。在这一战略中,培养具备创新思维和能力的人才尤为关键,这对高校的教育模式提出了更高的要求。高校在推进创新教育的过程中,需要将创新精神贯穿于各种教学活动和环节之中,其中自然包括美育活动。美育不仅丰富了教育的形式和内容,而且还展现了创新精神的内在要求。美育的重要性在于它在培养创新意识和能力方面独具匠心。美育能够显著提升学生的想象力和审美能力,这些能力不仅仅局限于传统的艺术感知,更关系到学生的综合素质,包括智力、想象和创造力等多个方面。历史上无数的科学发现,如牛顿的万有引力定律和瓦特的蒸汽机,都与科学家们的诗意般的想象力息息相关。这些简单而又富有诗意的想象不仅激发了科学家的灵感,更推动了他们在科学领域中的突破,从而打破了旧有的理论限制,开辟了新的科学领域。因此,美育的独特功能不仅在于美感的提升,更在于它激发学生的创造冲动,活跃其审美相关的心理活动,从而促进创新意识和能力的发展。高校应当充分利用美育这一工具,以提升学生的想象力和创造力,从而为社会培养出更多具有创新精神的人才。

美育与智力开发教育之间存在着不可分割的联系。在我国现行的教育体系中,智力开发教育主要侧重于探求真理,其核心内容包括了前人的科学发现与理论,这些内容多为总结性质,主要培养学生的理解能力和基本的操作技能。但是,在追求"真"的同时,"美"的教育同样重要。尤其是从教师的视角来看,高校美育不仅贯穿了教学的各个环节,还深刻影响了教育理念与教学成效。美育是一种极具创造性的教育形式,对于学生创造力的培养具有独到的价值。著名化学家范特霍夫曾经对多位科学家进行调研,发现伟大的科学家们普遍拥有出众的想象力。与此同时,美育与智力开发教育不同,其对智力的促进作用虽间接,却深远而难以直接衡量。因此,教育者们常常忽视美育的这一功能,误以为它不切实际或仅仅是为了娱乐。这种看法是极为片面的。实际上,美育以其形式的多样性、灵活性和趣味性,深受学生的喜爱和接受。因此,我们应当从新的角度重新认识并重视美育的重要性,积极有序地构建和完善高校美育体系,通过这种方式潜移默化地提升学生的思维和创新能力。

(二)美育的社会功能

审美的教育有巨大的社会功能,表现为可以激发爱国激情,可以使人开启智慧、追求真理,还可以使人心理健康、道德高尚、身心健美。

1.美育使人激发爱国激情

正如《旧唐书·魏徵传》所言:"以铜为镜,可以正衣冠;以古为镜,可以知兴替。"这句话深刻地揭示了从历史中汲取智慧的重要性,而美育则是连接过去和现在、启发未来的一座桥梁。美育的教学不仅仅是艺术技能的传授,它更是一种文化和精神的培养。通过欣赏和学习中华文化的瑰宝,无论是诗歌、戏剧,还是绘画、音乐,学生们可以深入理解中华民族的文化底蕴和历史变迁。这种教学方式从多个角度展现了文化的灿烂、自然的壮丽以及人格的善与恶,从而自然而然地激发出人们的爱国激情,这是美育的一个重要社会功能。例如,当我们在高校美育课程中学习古诗词,如屈原的《离骚》、陆游的《书愤》、李白的《将进酒》、杜甫的《春望》以及辛弃疾的《破阵子》时,这些诗人激昂的文字不仅让我们赏析到诗词的艺术美,更让我们感受到了他们满腔的爱国热情。这些历史人物及其作品,让我们在欣赏的同时,也在无形中培养了自己对祖国的热爱。此外,美育还包括对自然景观和人文遗产的欣赏。当我们站在黄山之巅、面对波澜壮阔的长江,或是在故宫的深宫大院中漫步时,这些美的体验都极大地增强了我们的民族自豪感和归属感。郑板桥的竹画中,"衙斋卧听萧萧竹,疑是民间疾苦声。些小吾曹州县吏,一枝一叶总关情"这样的诗句,不仅展示了画家对美的追求,更表达了深刻的人文关怀和对百姓疾苦的同感。通过这种形式的美育,我们不仅学会了欣赏艺术,更通过艺术来感知生活、理解历史、思考人生,最终形成了一种对祖国、对人民的深厚情感。因此,高校美育的推广和深化,对于培养大学生的爱国心,对于激发他们的爱国激情,具有无可替代的作用。

2.美育使人追求真理,开启智慧

美育不仅能够激发爱国激情,更能助人追求真理与开启智慧。在高校美育的实践中,我们发现,美与真之间有着密不可分的联系。通过美的形象,我们能够感知到客观世界的真相。这种感知建立在辩证唯物主义的自然观之上,要求我们以辩证的眼光来观察和反映世界,展现其真实面貌,这正是科学精神的核心所在,也体现了社会科学与自然科学的深刻真理。

为了帮助大学生建立正确的世界观,高校美育成为一种十分重要的教育方式。这种教育方式深知追求真理是永恒的时代精神。在具体的美育教学活动中,我们注重激发学生的形象思维,这并不是起始于抽象思维,而是直接触及智力潜能的开发。现代脑科学研究表明,抽象思维和形象思维分别关联大脑的左、右半球。研究还发现,右半球的形象思维能力是开发智力潜能的关键。形象思维的力量,可以通过一些伟人的言论得到体现。爱因斯坦曾提到,解决问题的思维往往是形象的、跳跃式的,随后才通过逻辑语言进行表达。量子物理的创始人之一,罗杰教授也曾经描述过,从量子的极微观角度观察,人的行为就像在同一个房间内能够同时进行写作、唱歌、跑步等多种活动,这种描述反映了人脑巨大的潜在能力。科学家们一直在探索开发这种潜能的方法,认为右半球尤其关键。审美教育,作为一种强调形象思维的教育形式,直接作用于人脑的右半球,发挥其开发智力的潜能。这种教育包括直觉思维、顿悟思维、灵感思维及多向思维等多种形式。我国著名数学家苏步青教授也认为，形象思维不仅能够提升思维能力，还能开发新的思路。真理的追求与美的追求是相辅相成的，都是创造性的过程。在开展社会主义现代化建设的今天，加强审美教育，创新思维方式与思路，对促进社会的开拓与创新具有重要意义。

3.美育使人调控情感，心理健康

近年来，中央音乐学院创办了国内首个音乐治疗室，引起了广泛关注。有份杂志的报道用"音乐是旗，爱是风"作为题目，生动描述了音乐治疗给多名患者带来的积极变化，许多人在悠扬的音乐声中找回了健康与心灵的平和。常言道，"笑一笑十年少，愁一愁白了头"，这句话在现代高校学生身上同样适用。大学生在面对激烈的学术竞争和生活压力，如就业困难、婚恋问题和学业负担时，常常感到心力交瘁。美育在其中扮演着极为重要的角色，它通过调节心理状态，振奋精神，帮助学生释放压力，增强面对困难的心理承受能力。不仅是音乐，其他形式的美育活动也展现出同样的功效。例如，古人观赏山水画会有"卧游"的体验，书法练习则能使人静心，这些都是美育的具体表现。

在自然风光中沉浸，人们往往能够体验到心旷神怡的感觉，忧愁与烦恼也随之烟消云散。徐志摩在其诗作《再别康桥》中写道："那榆荫下的一潭，不是清泉，是天上虹；揉碎在浮藻间，沉淀着彩虹似的梦。寻梦？撑一支长篙，向青草更青处漫溯；满载一船星辉，在星辉斑斓里放歌。"这样的诗句不仅令人心生向往，更能激发出内心的力量与希望。总而言之，美育不只是情感的调节剂，更是心灵的滋养品。它通过美的体验，让人们在复杂的社会环境中找到平衡，维护心理健康，尤其对于处于青春发展期的大学生而言，美育是其健康成长不可或缺的一部分。通过广泛推广和深化美育的实践，高校不仅能培养学生的审美能力，更能帮助他们构建一个更加和谐的心理状态，为未来的社会生活打下坚实的基础。

4.美育使人修身养性，身体健美

我国医学心理学家指出，许多健康问题，如高血压、胃溃疡以及神经系统的相关疾病，往往与人际交往中的紧张与不和有关。生活中的压力、悲伤和抑郁不只是影响心理健康，同样也会对身体造成极大的负担，导致各种病态的出现。传统中医学中提到，情绪的极端变化能对人体的五脏造成影响，例如愤怒会损害肝脏，过度快乐会影响心脏功能，深思远虑则伤害脾脏，忧郁伤害肺，而恐惧则会牵动肾脏。这种身心联系的古老智慧在今天依然适用。比如春秋时期伍子胥在一夜之间白头的故事,就生动地说明了极度心理压力的直接身体反应。

在这样的背景下,高校美育的推广显得尤为重要。通过各种社会美育活动的积极开展,如艺术展览、音乐会、戏剧演出等,不仅可以提供释放情绪的渠道,也能极大地丰富人们的精神生活,使社会氛围更加和谐。在高校环境中,学生社团和艺术节等活动的举办,为学生提供了展示自我、发展兴趣的平台,使得校园生活更加多彩,也更富浪漫情调。此外,将美育与身体锻炼结合起来,是提升学生整体素质的一种创新方式。例如,舞蹈和体育运动的结合,不仅能够锻炼身体,增强体质,还能在美的享受中提升情感和审美能力。这种教育模式不仅有助于学生的身体健康,更是精神层面的一次升华。

二、高校美育的原则
(一)制定高校美育原则的重要性

原则是人们对问题观察和处理的基准。由于每个人的立场、观点和方法可能不同,对同一问题的看法和处理方式也可能有所差异。虽然原则本身较为抽象,但它应基于自然规律和人类历史的智慧。为了确保一个原则的正确性,我们必须使其准确地反映客观规律。

教育原则是从教学实践中提炼出来的。如果离开了教学实践,教育原则就会失去根基,如同无源之水、无本之木。只有依托于教学实践,教育原则才能清晰可见,才能不断更新与发展。教学活动一旦展开,基于这些实践,经过长时间的讨论和研究,人们渐渐发现了教学成功的规律,并从中吸取了失败的教训。由此,历代思想家和教育家汇总这些规律和教训,加以提炼和概括,形成了坚实的教育理论原则,为教学实践提供了重要的指导法则。

人是感性、理性与非理性的复合体,因此只有在感性、理性及非理性层面都能得到发展和完善的教育才能称之为全面的教育。然而,当前很多高校的大学生在欣赏文学艺术作品时,往往未能深刻理解作品中作者的情感和思想,因此难以在心灵和审美上得到真正的满足。无论是经典的绘画、音乐作品还是自然景观,似乎都难以触动他们的心灵。这一现象显示了高校中普遍存在的大学生审美能力不足的问题,他们难以识别、欣赏和表现美,更不用说创造美了。这背后反映出美育的缺失。美育作为教育的一个重要分支,旨在培养学生的审美能力、兴趣和修养,进一步促进学生人格的全面发展和完善。美育不同于普通的知识教育、艺术教育或技术教育,它是一种全面的审美素质教育,目标是培养学生的完整人格。

美育的培养不仅仅限于美的欣赏和创造的技能,更重要的是帮助大学生在理想、品格和情操上达到美的境界,最终培育出完美的人格。

(二)高校美育原则存在的问题

如今,随着教育改革的不断深入,学校美育逐渐受到社会的广泛重视。与此同时,相关的理论和实践也在不断发展。然而,美育在高校教育中的现状仍有待改善。尽管高校正在努力推进全面教育,但与德育、智育、体育相比,美育的完善程度显然还远远不够,其在教育活动中的实际问题尤为突出,特别是教学方向的不明确和教学原则的缺失。这些问题主要表现在以下几个方面:

①一部分教师和学生仍然持有"唯分数论"的观点,认为考试分数是衡量学生学习效果的唯一标准。这种观点导致学生将通过考试视为主要的学习目标,因而产生普遍的厌学现象。学生在追求高分的过程中,往往忽视了知识的真正内涵与价值,学习变得机械而单调。他们在学习中未能形成一个轻松和谐的环境,而这种环境恰恰是培养科学素质和创新思维所必需的。

②当前高校教育中主流的教育模式为理性主义教育,这种模式片面强调了理性,过于注重逻辑思维与科学知识的传授,忽视了感性和非理性的重要性。在这种教育方式中,教师通常通过讲授理性知识,试图提升学生的理性能力,但这往往导致学生感受力的发展受到抑制。学生在应对复杂的社会和生活情境时,需要的不仅是理性的分析能力,更需要具备感性的理解和情感的共鸣。然而,过于理性的教育模式,使得许多学生逐渐失去了对新鲜事物的好奇心,精神生活变得贫乏,在严重的情况下甚至还会出现情感冷漠。

③在高校教育中,美育与学生的思想行为之间普遍存在着脱节现象。无论是教师还是学生,大多数人将美育视为一项课程任务,而不是将其融入日常学习和生活之中,更遑论将其内化为个人的价值观。这种情况的根源在于高校美育的实施往往缺乏审美过程,更多地依赖于枯燥、抽象的理论知识,而非通过实践和体验来引发学生的兴趣和共鸣。

④目前高校的美育过程存在明显的模式化问题,这阻碍了学生的个性发展,忽视了学生作为教学主体的差异性。教育过程中过分强调共同目标,而没有尊重学生的个性。让来自不同生活环境、有着不同文化修养的学生使用相同的教材,对基础素质和兴趣、能力有显著差异的学生采用相同的考核方式。这种一刀切的教学方法忽略了学生学习和发展轨迹的差异。

当学生个性化的学习和发展需求未得到足够关注,当学生自身的观点被忽略,当公平只是形式上的"教"而非实际的"学",就会出现违背"因材施教"的情况。更严重的后果是剥夺学生自由发展的权利,禁锢学生的个性,浪费学生的天赋。这样的美育只会磨灭学生的灵性,使他们成为没有个性和特点的标准化产物。持续这样的教育模式,不仅会损害学生的发展,也将对中华民族的精神性造成伤害。从多个角度来看,这些现象反映出当前高校美育原则的缺失,也严重阻碍了学生完美人格的培养。

（三）高校美育实施的主要原则

考虑到美育的基本定位,以及当前大学美育原则存在的不足,高校在开展美育时应当遵循以下四个基本原则。

1. 乐中施教的原则

美育是一种情感教育,是让人感到"乐"的教育。正如孔子所说:"知之者不如好之者,好之者不如乐之者。"在"乐在其中"的状态下,人们更容易接受教育。古罗马诗人兼文艺理论家贺拉斯在《诗艺》中亦强调了"寓教于乐"的美育原则,他认为诗歌不仅能够带来快乐和益处,还能启发和劝导。美的体验无疑能让人的感官得到满足,并触动人的情感,使人们在美的沉浸中愿意接受教育。我们应当意识到,审美的愉悦不仅来源于审美对象本身,还源自个人内在的智慧与力量。因此,在参与美育活动时,学生不仅心理愉快,精神状态也极佳,从而体验到强烈的情感反响和深刻的审美享受。这种愉悦的力量能够感染和启发人心,吸引人们投入审美和美育中。

在高校美育中实施乐中施教原则,就是要在教育活动中,针对学生的审美特点进行深入分析,确保美育活动针对性强,不仅仅追求生理上的愉悦,更要引导学生形成包含理性元素的高尚情操。乐中施教原则的特点是寓教于乐、以乐促教,这也是它的显著优势。高校美育应当坚持这一原则,确保在美育的整个过程中,始终保持教育的愉悦性和形象性。

（1）保持教育的愉悦性

要确保愉悦性在高校学生的人格发展和教育完善过程中得到全面体现,应当注意以下两个方面。

①无论是在教材编写还是在教学过程中,包括教师的语言行为和教学环境的设计,都应注重愉悦与趣味性的融入。因此,在教材的编写过程中,除了要凸显思想的深度外,还应结合高校学生的实际情况,避免空洞的说教。在美育的教学方式上,应采用多样化的方法,如组织演讲、话剧等形式,并利用现代化的教学技术,

融入学生感兴趣的热门话题。教师应发挥启发和引导的作用,注重因材施教,尊重学生的个性并提倡教学民主。

②要组织高校学生普遍感兴趣的活动。例如:安排学生观看富含美好品德的电影;鼓励学生参与校内表演,利用自己的生活经验编排小品;举办主题健康向上的歌曲和绘画比赛。通过这些活动,学生不仅能够参与到美的欣赏和创作中,而且能够深入体验其中,通过这一过程,学生可以获得丰富的情感体验,培养对美的自觉追求,进而实现人格的全面发展和完善。

(2)保持教育系统的形象性

形象教育是高校美育应遵守的核心原则之一。美学家蒋孔阳教授曾言:"美即形象。在面对形象时,我们不能仅凭理性进行认识,而应通过感性的方式,依靠情感与想象来感知和体会。"例如,大卫雕像所表达的顽强、坚定和正义不仅让人感受到力量,还使其成为保家卫国的象征。维纳斯的雕像,则通过其精妙的雕刻技巧展现了艺术的完美形象,让人们体会到诗意般的魅力和一种崇高的精神美感。从古至今,美育依靠美的形象让人们获得情感与心灵的愉悦,引导人们感知自然与人文的美,学习通过多种美的形态来创造新的美,进而丰富人的情感生活和提升品德修养。美育之所以能感动人心,是因为它利用审美的形象触及人的情感深处。这种形象教育不仅关注外在的感性形象,也深化了对形象背后情感的理解和感悟。情感的激发与深化,与感性形象的呈现和流动密切相关。将形象教育贯穿于美育的全过程,可以借助美引领善,使人在不知不觉中实现人格的升华和完善。

美育在形象与直观性上具有显著优势,特别是在高校学生的人格培养方面,它为学生提供了广阔的创造性思维空间。通过美育,学生可以借助诗意画面的启发,激发想象力和联想能力。在外在形象与内在情感交融的艺术意境中,学生可以跨越时间与空间,感知历史画面与深远情感,从而增强学习的热情并触发创作灵感。这种过程不仅促使学生的想象力更加活跃丰富,也有助于智力开发和人格的完善。因此,在高校美育的实践中,教育者应当为学生提供亲近自然、欣赏自然美的机会。通过组织远足、登山等活动,学生可以直接体验自然景观与人文古迹的美,唤起对美的感受和审美兴趣。同时,学生也应有机会阅读和赏析著名的文学、绘画和雕塑作品,体会其中蕴含的美的情感和深意。艺术作品反映了创作者对人性的深思及对真善美的追求,它们是人类文明的珍贵成果。将这些经典作品融入美育教学,对于培养学生的完美人格具有至关重要的作用。

无论是艺术还是科学,它们的共同基础都在于人类的想象力与创造力。美育则是连接想象与现实、精神与物质的桥梁。从这个角度看,美育对学生而言,不仅是教育的一部分,更是一种享受,它能净化学生的心灵,并培养他们的创新思维,助力学生达到人性的美好境界。

2.潜移默化的原则

人格的成长与完善,不是一蹴而就的过程,而是伴随个体一生的持续发展过程。同样,美育的作用也不是立竿见影的,它需要较长时间的培养和耐心。有句话说得好:"学校无小事,事事皆育人。"因此,高校教育必须重视美育,把它作为学生全面发展的重要部分,全方位、全过程地实施美育。这就要求高校美育避免急功近利的做法和拔苗助长的方法,而应恪守潜移默化的原则。此原则要求高校将美育融入教学和生活的各个层面,无时无刻不在影响学生,通过耳濡目染使学生在学习与生活中受到美育的熏陶,逐渐形成良好的行为习惯和高尚的思想道德。遵循潜移默化的原则进行美育,要着重考虑以下两个方面。

(1)让美育充分融入教育的各个环节、全部过程

在高校的教育教学过程中,美育的理念和审美意识应当深入每一个环节,无论是学校的整体环境布置还是教师的日常行为,无论是教育的理念还是教学的方法,无论是行政管理还是后勤服务,乃至教育活动的总体设计及其具体细节,美育的元素都应当贯穿始终。突出审美意识,旨在使教育目标和教育活动的实施更加有效,助力学生实现全面成长,特别是在人格发展方面,帮助学生发挥各种潜能。这不仅要求通过教育活动促进学生的知识技能掌握,提升身体素质、智力及审美能力,还强调培养学生形成完善的人格和良好的素养。将美育融入教育的每个过程,可以激发学生的活力,让他们在自由创造的愉悦中成长,组织的各类活动也会成为学生喜欢并愿意参与的。美育以其感人的力量,创造和谐愉快的学习环境和氛围,让学生在不知不觉中受到美的熏陶和影响,从而获得知识,完善人格,实现潜移默化地全面成长。

高校美育是全方位、全流程的教育模式,并非仅限于艺术、知识和技能等层面,同样渗透在所有教育方式和教育艺术之中。教育工作者在其生活和情感表达中也体现出美育的元素,这超越了常规的教育技巧。美育不仅应用于艺术学科,而应在所有学科的教学活动中展现美的元素。这种做法可以激发学生自主和热情地参与学习,使得教学过程本身变成一场独特的审美活动。这种审美性质的活动,不论是教师还是学生,都能在其中感受到美和愉悦,从而在潜移默化中实现人

格的提升和完善。

同时,美育作为全面教育的重要组成部分,与德育、智育和体育等其他教育领域相融合。在德育中,可通过文艺活动、艺术鉴赏等多样的方式加以实施,这样不仅打破了传统教育的枯燥,还能增加审美的愉悦,更易于吸引学生的参与。智育方面,应明白它和美育是相辅相成的关系,具备了充足的知识和智慧后,学生能更深入地欣赏和创造美,从而提升艺术修养。智育还有助于培养学生的想象力和形象思维,使学生在学习过程中感受到审美的愉悦和创造的乐趣。在体育教育中,应重视健康和体型的兼顾,结合运动锻炼和形体训练,体现科学与艺术的结合,并通过体育活动增强学生的审美能力。体育活动应强调精彩性和互助合作的精神,外在体现健美的形态和协调的动作,内在培养坚韧不拔和积极竞争的品质。此外,劳动技能教育也应与美育结合,让学生学习实用的技能,并在此基础上形成正确的劳动观念和习惯。创造本身就是美的体现,通过劳动创造,学生能感受到美,这将促使他们更好地追求美的生活和创造美,从而树立美的理想和形成美的心灵。

总体来看,高校在培养人才时,不仅要重视美育的独立性和学科特色,还要注重其全面性和过程性,使美育全程融入教育和管理中,发挥其潜移默化的作用。

(2)让美育与校园文化有机融合

校园文化具有其独特性,是社会文化不可分割的一部分。它包括校园文化教育、生活、环境、队伍、制度、政策以及组织和设施等多个方面,构成了一个复杂的体系。我们应当鼓励学生直接参与到这一体系中,通过完善的文化组织结构,利用现有的文化设施和政策,积极开展形式多样的校园文化活动。这种做法能够营造出一种特定的文化环境,并逐步培养出相应的文化观念。在科学的思维理念指导下,校园文化也特别强调培育一种特有的校园精神和风气。

在美育进程中,校园文化作为一条重要路径,它拥有丰富的内涵和明显的特性,对高等教育的多元发展起到了至关重要的作用,尤其在学生人格培养和完善方面表现突出。

一方面,高校美育应注重对校园环境的持续维护与改善,打造美观的校园景观,提供丰富多彩的审美体验,使学生在校园中随处可感受到美的氛围。校园环境作为校园文化的物质基础,对学生具有重要影响,如明亮宁静的图书馆、温馨舒适的宿舍、宽敞整洁的教室、清幽雅致的小树林及充满人文精神的雕塑等,都让学生的心情愉悦。一个优美的校园环境不仅有利于学生的学习和活动参与,更是他们日常生活的主要场所,具有"家"的温馨。若此"家"环境杂乱无章,学生易生焦虑抑郁等负面情绪;反之,若环境优美,学生则能在美的熏陶中获得愉悦,逐渐塑造出良好的品格。

另一方面,校园文化的审美特质可以潜移默化地激发学生追求和培养完美的人格,这种影响犹如细雨般润物无声。因此,高校应积极发挥校园文化的审美功能,努力营造一个尊重科学、追求创新、团结向上、积极向阳的校园文化氛围,通过模范表扬等方式,以优秀个人和集体为榜样,引导和鼓励学生,让校园文化美学深入学生心灵,从而满足他们在学习、科研及生活上的需求,提升情感品质,净化心灵。

3.因材施教的原则

关于美的认知,每个人都有其独特的标准、偏好和体验,审美具有很强的主观性。由于个体在生理和心理感受上的差异,导致了对美有不同的需求、能力和兴趣,因此每个人对美有着独特的理解和解读。所以,在高校美育过程中,要特别重视这些差异,遵循因材施教的原则,以尊重客观规律。该原则要求,高校美育应根据学生的个体能力、性格和兴趣,采用适合他们的美育方法、形式和内容,以帮助学生发展独特个性,实现全面与自由的发展。

就个人人格的完善和成长而言,尊重学生的审美个性具有重要意义。教育学理论认为,因材施教原则反映了对学生主体性的重视,以及科学面对个体在生理、心理和智力上的不同,进而为其后续发展提供空间。从教学角度看,依据学生个体的具体情况和特点,实施针对性的教学,能够使教育更具针对性,有助于学生通过适合的方法参与学习,从而优化教学效果。因此,教育教学必须尊重个体的身心发展规律,坚持因材施教原则,才能有效践行这些发展规律。对于美育中因材施教的原则,我们可以从以下几个方面来贯彻。

①要对定位进行明确,做到从实际出发。高校美育的开展必须基于对学生实际情况的深入了解。每个学生都是独特的,拥有不同的兴趣、优势以及在审美方面的基本能力。因此,教师需先掌握学生的个性特征,这样才能进行科学的定位。对学生的了解不仅包括学业成绩,还应涉及他们的兴趣爱好、生活背景和审美经历。通过问卷调查、个别访谈等形式,教师能够更全面地掌握学生的需求和发展潜力。这种"掌脉诊断"的方式,不仅有助于教师明确教育目标,还能让学生加深对自我审美能力的认识,认清自身的优势。这样的自我认知会促使学生在学习过程中保持热情和自信,使美育真正成为他们成长的重要助力。

②美育教学应"对症下药",根据学生的个性特点制定教育方案。这要求教师深入分析每位学生的知识水平、学习能力和个人爱好,设计个性化的教学计划。这样的计划不仅能帮助学生发挥他们的长处,还能有效避免他们的短板。比如:对于一名对绘画感兴趣的学生,教师可以设计更多与绘画相关的活动,让其在实践中不断提升技艺;而对于音乐方面有特长的学生,教师可以安排更多音乐欣赏和创作的机会,激发其潜能。个性化的美育方案还应注重学生在学习过程中的反馈。教师需要定期与学生沟通,了解他们对美育课程的感受和期望,以便及时调整教学内容和方法。这样的灵活性不仅能提高教学的有效性,还能增强学生的参与感和归属感,使他们更积极地投入美育活动中。

③正确处理学生个体差异,提升学习动力。每位学生都有自己独特的审美需求和天赋,教师在教学中应充分尊重这些差异,鼓励他们发展个人特长和兴趣。具体来说,教师应详细了解每位学生的具体情况,广泛掌握其兴趣,以便在适当时机提供必要的支持和激励。比如,在美术课程中,某些学生可能对抽象艺术感兴趣,而另一些则偏好写实风格。教师可以在课程中设置不同的创作任务,让学生自由选择,充分发挥他们的个性。这样的教育策略不仅能帮助学生树立自信,还能激发他们对美育的积极性和主动性。通过坚持因材施教的原则,教师能够更好地激发学生的审美兴趣和积极性,促进其审美能力的提升,实现个性的和谐发展。教育的真正目的在于引导学生自我教育,使他们在美育活动中发现自我、完善自我。

4.循序渐进的原则

在高校美育过程中,必须贯彻循序渐进的原则,目的是通过美育活动推动学生人格的成长与完善。这意味着教育的过程应该遵循学生认知发展的自然顺序,实现从浅入深、从易到难的教学步骤。学生对知识的认识通常是从直观的感知开始,逐渐过渡到深入的理解,这是人类认知发展的普遍规律。在高校美育实践中,教育者应当依据这一规律,有序地从表层向深层引导,从简单到复杂逐步推进教学活动。

学生从高中升入大学,面对全新的生活与学习环境,他们在这个阶段大多数时间生活在象牙塔中,缺少足够的社会实践。学生不仅在思想、心理状态,连在行为方式和处理事务上也多表现出不成熟。学生的审美观念亦是复杂多变的,其中既包括正面和健康的观点,也混杂着误区和不良的态度,这些不良观念可能会阻碍他们对美的正确理解和欣赏,甚至可能导致对美的误解和扭曲,对学生的整体健康成长造成负面影响。因此,在开展美育教育时,首要目标是帮助学生树立健康的审美观,接着培养他们的审美想象力和创造力,最终引导学生实现个性的全面发展。这整个教育培养过程,正是体现了循序渐进的教育原则。

(1)促使大学生形成正确、健康的审美态度

审美态度是人们对美的认知与体验,它不仅影响个人的情感与思想,还深刻地影响着一个人的人生观、价值观和世界观。一个正确且健康的审美态度要求我们在认知和分析世界时,始终从美的角度出发,学会欣赏生活中的美好事物,从而摆脱对名利与物质的追逐,保持愉悦的心情,实现精神上的自由与沉浸。

①大学生在面对快节奏和压力巨大的生活时,容易陷入对名利和物质的追求,甚至形成消极的生活态度。通过美育的引导,学生可以学会以美的视角来看待生活,培养出欣赏美的能力。当他们开始关注周围的美好事物时,无论是自然景观、艺术作品,还是人与人之间的真诚互动,都会使他们的内心获得宁静与满足。这样的审美态度使他们能够更轻松地应对生活中的挑战,减少对物质的过度依赖,增强心理韧性。

②拥有健康审美态度的大学生,能够用欣赏之眼去发现生活中的美,以美的体验来解决生活中遇到的问题与冲突。他们不再在困境中犹豫不决,而是能以积极的心态去面对问题,寻找解决方案。这种能力的培养不仅能帮助他们在学业上取得成功,还能提升其人际交往能力和解决冲突的智慧。当学生面对学习和生活中的挑战时,他们能够以乐观的态度去迎接,并从中寻找成长的机会,而不是沉溺于眼前的得失和困扰。

③正确的审美态度还能帮助大学生树立积极向上的人生观和价值观。他们能够对人生的艰难与挑战保持平和的心态,在逆境中找到积极的意义,展现出坚韧不拔的精神。这样的态度不仅使他们能够把竞争压力转化为前进的动力,还能在未来的工作和生活中,以积极的姿态去迎接各种挑战,推动自我实现和自我超越。

(2)使大学生强化审美欣赏和判断能力

审美欣赏和判断能力是指个体在参与审美活动时,能够感知、辨识和欣赏美的综合能力。具备良好的审美欣赏和判断能力,不仅使学生能够明确区分美丑、善恶,还能为他们批评虚假、恶劣、丑陋的现象及赞扬真实、善良、美好的事物提供基础。因此,培养这一能力对于大学生的全面发展至关重要。要实现这一目标,首先必须重视审美知识的传授,其次要积极开展审美实践活动。

①审美欣赏能力的培养首先离不开对审美知识的系统学习。通过课堂教学，大学生可以获得关于审美的理论基础，包括美的定义、特征和不同表现形式的知识。这一阶段的教育不仅仅是知识的传授，更是对学生审美视野的开拓。在学习过程中，学生能够接触到不同文化背景下的艺术作品，从而形成对美的多元理解。例如，在美术、音乐和文学课程中，教师可以通过具体作品的分析，引导学生探讨艺术作品中所传达的情感与价值观。这种教学方式有助于学生掌握分析和欣赏艺术作品的基本方法，使他们在欣赏艺术时不仅停留在表面，而是能深入理解作品的内涵和作者的意图。此外，审美教育应当结合时代的发展，介绍现代艺术、流行文化以及新兴媒介艺术，让学生在全面的视角下学习审美知识，培养其独立判断的能力。

②仅仅依靠理论知识是不够的，实践活动是强化审美欣赏和判断能力的重要环节。通过多样的艺术实践，学生能够在自然、社会活动和艺术创作中亲身体验美，增强他们对美的感知能力。例如，学校可以组织户外写生、音乐会、话剧演出等活动，鼓励学生走出课堂，参与到真实的艺术体验中。在这样的过程中，学生不仅能观察到美的存在，还能够在实践中探索自己的审美偏好与个性。在艺术创作中，学生可以将所学的审美知识运用到实际创作中，从而增强对美的理解和表达能力。比如，在绘画课程中，学生可以尝试用不同的技法和材料表达自己的情感；在音乐课程中，学生可以进行编曲和演奏，探索音符与情感之间的联系。这种沉浸式的体验能够提升学生的审美能力，促进他们情感的升华和人格的完善。

（3）帮助大学生提升审美创造能力

在人才培养中，创造性的培养对于人格的完整发展具有重要作用。审美创造能力是指在审美实践中，根据美的规律和原则，自主创造美的事物的能力。这种能力的发展需要个体的心理解放、丰富的想象力及强大的实践技能。高校学生正处于充满活力的青春期，对新奇事物具有极高的热情，高校美育应激发他们的创作激情，并引导他们在生活中遵循美的尺度和标准，坚持在世界的建设和改造中遵循美的规律。为了培养学生的审美创造热情，高校应提供足够的资源和平台，让学生有更多机会进行美的创造和展示，从而增强他们创造美好生活和世界的勇气、信心和能力。通过美育，学生的创作意愿和创造能力将得到提升，同时也促进了人格的成长和完善。

（4）促使大学生形成用美来修养身心的自觉

高校学生正处于热情洋溢、思维活跃的青春阶段，具备丰富的知识和才能。然而，这并不意味着他们自然而然地具备高尚的情操和道德，拥有知识和才能并不必然带来事业的成功。高尚的情操和道德修养离不开美的熏陶。高校美育应引导学生用美来修养身心，使其能够通过美的标准来塑造自身的外在和内在形象。除了个人努力，良好的审美素养还需要适宜的成长环境和方向。因此，高校在推动美育工作、促进学生整体素质发展的过程中，需要进行长期的、系统的建设。不仅要开设相关的艺术鉴赏课程，还需积极组织丰富多样的课外活动，将其作为美育的扩展课堂，同时完善校园文化建设，营造一个美好的校园环境。此外，积极向上的艺术实践不可忽视，它能挖掘学生潜力，促进人格的全面发展，使人保持积极的精神状态。美育的持续推进，将帮助大学生实现身心的协调发展。

此外，循序渐进的原则在美育过程中也同样重要。美的熏陶需要时间的积累，优秀的文艺作品经得起时间的检验，值得反复欣赏，并常常带给人新的感受和领悟。因此，在美育的过程中，学生的理解和感受是逐步加深的，想象力也在不断发展。这意味着美育需要在不断的重复和深化中逐步完善人格。

第三章　中国传统美学与审美教育

第一节　中国传统生活审美论

中国人的生活情调使其既能够在忙碌中从容应对，又能在困境中释然放下，这种独特的心态展现了中华文化中独特的审美智慧和生活哲学。他们追求一种自然平和、舒适悠闲的生活方式，这种哲学思想不仅仅体现在生活的细节中，更融入了人与自然和谐共处的宇宙观念中。这种对生命的情感关注，使得中国人特别重视人与人之间的情感联结和世间冷暖，这种生命情怀深深扎根于传统文化中。

中国古代的审美理念与日常生活密不可分，人们在平凡无奇的日常琐事中，体味万物之情，感悟生活之美。这种审美生活方式，不是依赖物质的奢华，而是注重精神的充实与心灵的安宁。它强调在平凡中发现不平凡，在细微之处体悟生命的意义。比如，中国古代文人常常通过吟诗作画、品茗赏花来表达对自然的热爱和对生命的敬畏。他们善于从花开花落、云卷云舒中感悟时间的流逝与生命的律动，从而在不经意中追寻内心的平静与超然。因此，这种生活态度和审美方式，既是一种对生活本真的探寻，也是对生命价值的深刻理解。它让人们在忙碌的现实中不迷失方向，在困境中不失从容，在平凡的生活中找到属于自己的独特美感和人生意义。正是这种对生命、自然与情感的高度关注，构筑了中国人独特的审美观念和生活方式。

一、秩序规范性

儒家文化的核心可以说是一种对"秩序"的探究与维护。秩序不仅仅是社会规范，更是一种生活美学的体现。早在章太炎的《原儒》中，他通过考察发现，"儒"最初写作"需"，其含义是求雨的巫师；胡适在《说儒》中也提出，"儒"是殷民族的教士，负责处理丧礼等事务；在马王堆汉帛书《易传·要篇》中，孔子提到"吾与史、巫同涂而殊归也"；《说文解字》则解释"儒"为"术士之称"。这些文献共同揭示了儒家文化与巫术文化之间的密切联系，特别是在对秩序和仪式的重视上。

巫师崇尚秩序感。他们主导着如祈雨、治丧等仪式活动，这些活动中的各种仪式化的行为、语言、服饰和动作，皆是为了维持神圣的秩序感。这种仪式感逐渐强化了巫师对秩序之美的追求，仪式本身就是秩序的象征，无论是色彩、方位、次序，还是服饰、音乐、舞蹈、牺牲等，这些"物"的有序安排将参与者带入了一个超越现实的、井然有序的世界。神话传说中的巫师转变为部族首领之后，他们有意识地强调秩序的美感。在中国古代的黄河、长江流域，众多部落因争夺资源而战乱频繁，长年的征战使人们渴望安定的生活。而这种安稳的生活需要依赖规则和秩序的维系，因而"有序为美"成为当时人们普遍的审美意识。

随着社会的发展，秩序的美逐渐渗透进了等级制度之中。在中国古代的宗法制社会中，秩序不仅维系着家庭与国家的运转，也体现在审美中。宗法制度以血缘为核心，按亲疏远近划分名分、地位。这种制度的存在，使得社会中的个人都被置于一个秩序化的结构之中，而这种结构在生活的方方面面都有所体现。从建筑、服饰到语言、礼仪，都严格遵循秩序的规范，呈现出一种独特的审美层次。举例来说，在建筑方面，礼制明确规定了不同身份的人可居住的房屋规格：帝王可使用九间殿堂，而公侯的厅堂为七间或五间，一品至九品的官员则依次递减。从中可以看到，建筑规格的不同体现了社会地位的差异，这种差异本身便构成了审美的一部分。同样，在服饰方面，黄色、龙纹是天子的专属，而红色、紫色、蓝色则属于尊贵的象征，青色、绿色则被视为卑贱之色。这些颜色和纹饰的规定，强化了社会等级的秩序，同时也为生活带来了视觉上的美感。此外，礼仪、言语方面的规范也体现出这种秩序审美的延伸。中国古代的亲族称谓繁多、细致，目的在于明确身份关系与等级秩序。父系亲属高于母系亲属，嫡出优于庶出，这些都是通过语言规范所表现出来的秩序。而在丧葬礼仪中，身份地位的不同也决定了死后仪式的规格。吊唁、服饰、祭品、安葬方式、服丧时间等都有严格的等级区分。通过这些丧葬礼仪，生者从中感受到秩序的教育与教化作用。这种秩序不仅存在于生者的生活中，也延续到了与神灵、祖先的沟通上。在祭天、敬祖、国家盟约、诸侯会盟、外交活动等方面，所有的参与者都必须严格遵守秩序规范。无论是天子还是诸侯，无论是军队统帅还是普通百姓，他们的行为、语言、仪表都必须符合既定的礼制规范。这种规范不仅是权力和地位的象征，更是一种审美追求。总的来说，这种秩序的规范性，主要服务于封建等级制度，它在很大程度上将社会地位与生活审美挂钩。地位越高的人，其生活中的审美规格也就越高，反之亦然。尽管这种秩序带有严格的限制性，但也正是在这些规范中，人们感受到了一种齐整、有序的美感。正是这种对秩序的强调和追求，构成了中国古代生活审美的一个重要方面。

因此，儒家文化所提倡的秩序规范性，不仅维持了社会的稳定，也通过生活的方方面面渗透到审美领域之中。这种秩序美的追求，使得中国古代社会不仅在物质层面达到了高度的文明，也在精神层面实现了审美的统一。秩序规范性，成为生活中的一种审美价值，它既规范了人们的行为，也塑造了生活的美感，成为中国古代社会独特的文化标志。

（一）日常器物美

日常生活中的器物美感不仅展现了审美的多样性，也反映了不同身份、地位的区别。以古代的笏板为例，天子所用的笏板选用质地最为珍贵的玉石制成，晶莹剔透，象征着最高权力的纯洁与庄严。诸侯的笏板则用象牙制成，质地坚硬，色泽温润，展现了高贵和稳重的特质。而大夫的笏板则是用竹子制成的，竹材本身虽不如玉石与象牙珍贵，却经过工匠的精心制作，加以蛟须装饰，使其更具独特美感。士阶层的笏板同样是用竹子制成的，但不加任何装饰，保持了其质朴的本色，这种简洁无华的设计也正与其身份相符，传达出一种低调与务实的美。

在形制上，不同阶层的笏板同样有细微的差异。天子的笏板被称为"挺"，为方形，象征着稳定与威严。诸侯的笏板名为"荼"，形制为前圆后方，意在提醒诸侯保持对天子的敬畏与忠诚。而大夫的笏板形制为前圆后圆，寓意谦逊与礼让。这些设计上的差异，不仅体现了不同阶层的礼仪规范，还通过器物的形式美传递了深层次的文化内涵。

除了笏板，古代不同阶层在射礼中所使用的箭靶也展现了丰富的象征意义。天子使用的箭靶是用皮革制成的，其上绘有白色熊的图案。熊在古人的精神世界中象征着强大的生命力，能够起死回生，这种图案自然也象征了天子的至高无上与神圣。诸侯的箭靶上则画着朱红色的麋鹿，代表着敏捷与高贵。大夫的箭靶上绘有红色的虎或豹，这些猛兽象征着力量与勇猛。士的箭靶则绘有红色的鹿或猪，寓意着朴实与勤勉。通过箭靶的材质与图案，不同身份的人展现了各自的审美情趣与精神追求。

这些日常器物不仅具有实用功能，更承载了丰富的文化象征和审美意义。从器物的制作材料、形制设计到图案装饰，每一个细节都反映出古人对美的理解和对生活的深刻体悟。通过这些看似寻常的器物，我们可以窥见古代社会中人与物之间的深厚关系，以及器物在日常生活中所传达出的美学思想。

（二）衣着服饰美

在古代社会中,衣着服饰不仅是个人身份的象征,更是体现审美与礼制的重要媒介。无论是日常生活还是礼仪场合,服饰的选择和搭配都受到严格的阶层约束。这种约束不仅体现在材料的选择上,还体现在色彩、纹饰、佩饰等多个方面。服饰的等级制度不仅维系了社会的秩序,也传达出古人对美的深刻理解与独特追求。在古代社会,衣着服饰不仅是一种外在的装饰,更是一种文化的表达,反映了人们对生活、礼仪和社会秩序的深刻认知。

①冠带是体现等级的重要元素之一。天子的冠带采用朱红色的丝织物,象征着尊贵和权威。诸侯则使用带有穗子的彩色丝织冠带,以示与天子有所区分。诸侯在斋戒时,冠带换成丹红色,以示庄重和肃穆。士人斋戒时则配以青黑色的丝织冠带,表示其身份的低调和内敛。冠带的不同颜色,不仅是身份的象征,更是在特定场合下表现出相应的礼仪需求,展现了古代社会对等级秩序的严格要求。

②佩玉也是古代服饰美的重要组成部分。玉石自古以来被视为高贵纯洁的象征,因此在佩戴上也有严格的等级划分。天子佩戴纯白色的美玉,并用黑青色的组绶与之搭配,展现出天子的至高无上和庄重。诸侯佩戴山青色的美玉,配以朱红色的组绶,象征着其高贵但又次于天子的地位。大夫的佩玉为水苍色,配黑色组绶,体现出其身份的中庸与稳重。而士人则佩戴较为普通的美石,用赤黄色的组绶相配,象征着质朴与实用。通过佩玉的颜色、质地和搭配的不同,不同阶层的审美趣味和社会地位得以清晰展现。

③在正式场合,穿着玄端服饰时,天子、大夫和士的蔽膝颜色也有不同的规定。天子的蔽膝是朱红色的,象征着权威与威严;大夫的蔽膝为素白色,体现了中立与庄重;士的蔽膝则是微黑色,显得更加朴实低调。蔽膝的颜色变化,既是身份的象征,也传达出古人对服饰美学的严谨追求。

④补服作为服饰秩序的典型代表,是身份象征最为明显的服饰之一。补服的设计是在前胸和后背绣有用金线和彩丝制成的"补子",这些补子上的图案代表了佩戴者的官职和等级。明清时期的补服设计尤为典型,不同官员的补子图案严格区分,形成了服饰美学与权力象征的结合。

⑤吉服和凶服是古代服饰中最受重视的两大类别。吉服是在隆重祭祀等重要场合穿的用以区分尊卑等级的服饰,分为五个等级,即五服,是天子、诸侯、卿、大夫、士在隆重的祭祀场合所穿的用以区分尊卑等级的五种服饰。

⑥服饰上的纹饰也是区分尊卑的重要标志。天子的衣裳可以使用象征天地、

日月、山川、草木等自然元素的"十二章纹",这些纹饰代表着天子的权威和对自然界的掌控。诸侯的衣服则只能使用九章纹,象征其次于天子的地位。侯伯以下的官员只能在衣服上使用更少的章纹,例如七章、五章,甚至只能在下裳绣制简单的纹饰。通过这些纹饰的差异,陌生人一见其服饰便可知其身份高低,因此《周易·系辞下》中的"黄帝、尧、舜垂衣裳而治天下",即通过服饰的秩序来维持社会的安定。

⑦礼制对天子服饰的规定尤为详细。周天子的冕冠前后各有十二旒,玉珠数量多达二百八十八颗,象征着天子的尊贵与神圣。天子穿戴朱红色丝织冠带与玄冠相配,佩戴白玉,腰带为天青色丝织物,脚踏赤舄,整体服饰的色彩与质地共同营造出天子的威严和豪华。相比之下,低等级的贵族士人,其服饰则简单得多,玄冠前后仅有三旒,佩戴的腰带为赤黄色丝织物,装饰相对朴素,体现出其低阶身份的简洁与低调。

(三)房屋美

房屋的美感,在中国古代文化中占据着极为重要的地位。这种美感并不仅仅体现在房屋外观的华丽和奢侈上,更在于房屋布局和建筑形式所承载的秩序、等级与社会规范。房屋作为生活的重要组成部分,其审美观念深深根植于社会结构和文化背景之中。

房屋的审美秩序在中国古代的宫殿建筑中体现得尤为明显。房屋的大小、高度、数量都严格遵循着等级制度的要求。正如《礼记·礼器》卷十所言:"天子七庙,诸侯五,大夫三,士一……此以多为贵也。"这里"多"代表着尊贵的象征,即建筑数量越多、规模越大,就越能体现出建筑主人的尊贵地位。因此,历代皇宫中,位于中轴线上的建筑永远是天子所居之所,且这些建筑通常是整个建筑群中最高大、最宏伟的部分。三宫六院的庞大规模,突显了皇帝至高无上的地位。从建筑材料与装饰风格来看,皇宫建筑往往使用厚重的梁柱与斗拱,朱红色的宫门配以金色琉璃瓦,屋檐上雕刻着的九兽,也都是为了显示天子的尊贵与威严。杜牧在《阿房宫赋》中对帝王宫室的描绘也充满了浓厚的审美意味:"五步一楼,十步一阁,廊腰缦回,檐牙高啄,各抱地势,钩心斗角。"虽然这是文学中的夸张之笔,但从中依然可以感受到古代宫殿建筑的宏伟与华美。

不仅是宫殿,民居中的房屋布局和建筑形式同样讲求秩序。中国传统的四合院建筑,便是民居审美的典型代表。四合院的布局无论几进几出,正中间的堂屋必定是坐北朝南,具有庄严的气势,象征着一家之主的地位。堂屋通常有高大的屋檐,显得气派非凡,象征着尊者、长者不可撼动的地位。相比之下,东西厢房和耳房则相对简陋,屋檐较矮,甚至没有屋檐,给人以谦逊顺从的感觉。这种建筑上的差异正是封建社会中尊卑有序观念的反映。

在房屋的设计上,不仅房屋的大小和数量体现出严格的秩序观念,屋顶的形式也具有深刻的审美内涵。中国古代建筑中,屋顶的形式主要有庑殿式、歇山式、悬山式和硬山式等不同样式。庑殿式的屋顶由四面坡檐组成,歇山式的屋顶则是由坡檐与直三角组合而成,这两种建筑形式往往用于皇室贵族和官府衙门的建筑,显得气势恢宏,体现出皇权和官府的威严。悬山式和硬山式的屋顶多用于普通百姓的住宅,这些建筑简朴实用,反映了民间的审美需求。这种建筑形式的差异不仅是一种实用上的选择,更是社会秩序和等级观念的物质化体现。

房屋的大小、屋顶的款式、房屋的数量、院落的封闭性等都在严格遵循着一定的社会规范。左右对称的建筑布局,院落式的封闭空间,不仅构建了一个井然有序、尊卑分明的生活环境,还给人以安全感和稳定感。这种封闭而有秩序的空间安排,虽然在某种程度上会给人以窒息感,但同时也满足了古代中国人对于安全、稳定与踏实的生活需求。

因此,房屋审美在中国古代不仅仅是视觉上的享受,更是一种与社会规范、等级制度紧密相关的文化表达。无论是皇宫的奢华壮丽,还是民居的简朴有序,房屋建筑中的审美始终与社会秩序和生活方式息息相关。在这种审美观念下,建筑成为社会等级、权力结构和生活方式的物质化体现,也折射出了古代人对生活的深刻理解和追求。在古代中国人的观念中,房屋不仅是居住的空间,更是身份与地位的象征,是文化与价值观的载体。房屋审美秩序感的体现,折射出人们对生活的追求与向往,同时也展现了古代社会复杂的阶级关系和文化体系。

(四)乐舞美

乐舞具有独特的审美魅力,自古以来便是人们生活中不可或缺的一部分。在上古时期,人们在祭祀以及日常的生产、生活活动中,常伴随着歌舞的出现。这种现象可以通过考古发现得到印证。例如:在河南舞阳贾湖遗址的墓葬中,考古学家发掘出一支距今约 8000 年的骨笛;在浙江余姚河姆渡遗址中,发现了距今约 7000—5000 年的骨哨;在山东莒县,出土了距今约 5000 年的陶制号角;而在青海民和阳山,则发现了一面距今约 4500 年的彩陶鼓。这些珍贵的文物无不表明,音乐在我国上古时期的社会生活中占有重要地位。

从夏朝开始,音乐与舞蹈的结合更加显著。历史记载显示,夏启曾操翳持环,驾驭神龙,腾云驾雾表演了《九代》《九歌》《九韶》等乐舞,展现了高超的艺术与精神境界。到了夏桀时期,他更是拥有多达三万名女乐伎,并且配有大鼓、钟磬、管箫等多种乐器的伴奏,呈现出华美而壮观的乐舞场面。进入商朝后,人们对音乐的重视进一步加深,出现了"殷人尚声"的风尚。管箫的悠扬与鼓号的铿锵相互交织,音乐成为人们生活中不可分割的一部分,始终与人们的生产、生活紧密相连。

通过这些考古遗迹和文献记载,可以看出,音乐和舞蹈不仅仅是娱乐活动,更是古代社会文化和祭祀仪式的重要组成部分。乐舞美作为一种独特的审美形式,不仅反映了古代人的艺术追求,也体现了他们对生活与自然的深刻理解。

二、伦理道德性

(一)"以善为美"

康德曾说过:"美是道德的象征。"从这个角度出发,美的伦理道德性与美的政治性不仅不会削弱美的独立性和纯粹性,反而通过道德和政治的维度,赋予了美更强的现实介入性。这种介入性在生活和艺术中表现得尤为突出。艺术中的审美更注重纯粹的审美体验,而生活中的审美则兼具审美性和实用性。这种区别正是生活审美与艺术审美的差异所在,也反映了生活审美更为现实的特点。

在中国古代文化中,道德与美有着密不可分的联系。无论是"善"还是"美",都与"道"紧密相关。行道为善,而道则具有现实的功利性;乐道为美,尽管美有某种超越现实的性质,但它依然以现实的功利为基础。这种"道"的现实功利性,促使中国传统思想中,"善"始终处于高于"道"和"美"的位置。在许慎的《说文解字》中,"美"被解释为"美与善同意"。五代宋初学者徐铉进一步解释道:"羊大为美。"大羊、肥羊为何被视为美呢?这是因为它们能够为人们提供更多肥嫩的肉食。在先秦时期,食肉是非常奢侈的事,尤其是中小贵族,日常能够享用的肉类多为狗肉、飞禽等,只有在节庆或重大场合时,才能品尝到猪肉。猪在那个年代是一个家庭的重要财产,古人对猪极为重视,甚至专门为猪建造住所进行饲养。在中国文化中,"家"字的构成即为"宝"字下方盖着一头猪,象征着家有财富和安定。这足以说明在古代中国猪对普通家庭的重要性。

羊则是比猪更为珍贵的肉食。中小贵族只有在特殊的日子里才有机会享用羊肉。相比于地处热带、亚热带的其他地区居民,主要生活在温带的中国先民在远古时期的生存条件更加艰苦,能吃到羊肉是一件极为美好的事。拥有大羊、肥羊意味着能享受到更多美味的羊肉,这种以食物的实用性为美的观念正是生活审美的典型体现。因此，早期中国的美与人类基本的生理需求如味觉和嗅觉紧密相连，这种美感很大程度上源自对物质生活的满足。可以说，伦理之善虽然不同于实用的善，但其根基却深植于实用性。简而言之，中国文化中的"善"往往意味着对生活有益，这种观念也影响了对"美"的理解与判断。

从文化的深层机制来看，中国古代文化推崇"唯善为大"的观念，认为善可以赋予生活和世界以和谐、秩序与真实感。没有善的支撑，美与真则失去根基，显得漂浮而无所依托。与康德的观念类似，儒家学说也是中国传统文化的主流之一，强调道德具有先验性。所谓"先验"，就是先于经验而存在的意思。这意味着道德的原则无须通过经验来证明。孔子的"仁"和孟子的"善"都体现了这种先验的德性原理。而这种德性原理的实现，完全依赖于个体的内在觉悟，因为"仁"与"善"均是与生俱来的道德本能。孔子曾说："我欲仁，斯仁至矣。"意思是只要我们内心渴望行善，善就会自然而然地显现。孟子也指出："不学而能，不虑而知。"这表明，人的道德判断并不依赖外在的学习或深思熟虑，而是源于内心的本性直觉。

综上所述，中国文化中"以善为美"的观念，不仅体现了对道德的高度重视，也反映出对生活中美与善密切联系的深刻理解。伦理道德性贯穿于美的追求中，善作为美的核心，使美不仅仅停留在感官的愉悦层面，更升华为生活的和谐与秩序。这种对善与美的结合，揭示了中国传统文化中审美与道德并行不悖的深层次逻辑。

（二）人格美

"君子"这一称谓最初是用于指称那些身份地位尊贵之人，主要强调其社会角色的尊崇。然而，自西周开始，人们对君子的要求不仅局限于身份高贵，还认为地位与德行应当并重。因此，"君子"逐渐成为德行高尚之人的代名词，而原本单纯指地位的含义被淡化了。在历史长河中，虽然有不少身居高位但德行低劣的人出现，但真正能够称得上"君子"的，必然是那些品德高尚的人。君子的人格美体现在多个方面，主要可以从三个角度进行分析。

①从内在品质来看，君子必须具备仁爱之心，并且忠于信义。《论语》云"君子怀德，小人怀土"，意思是君子心怀道德，而小人则关心物质；又如"君子谋道不谋食"，说明君子的追求在于道义，而不是为了谋求生计；"君子之言，信而有征"，强调了君子言行必有诚信。这些都充分体现了君子在德性上具有强烈的自主性和坚定性。德行美，是君子最基本的条件。在中国传统文化中，人们非常尊重那些品德高尚、学问深厚的人，古人强调"尊德性、道问学"，其中德性更是被放在首位。

君子的美德不仅是一种内在的修养，更是一种自我完善、追求和谐美善的过程。

②从外在形象来看，君子也应当保持优雅的风度，举止得体。古人常用"风度翩翩""威仪棣棣"来形容君子的外在表现，意思是君子应该有庄重的仪态和优雅的风采。《诗经》里提到"既见君子，乐且有仪"，《论语》中有"文质彬彬，然后君子"，这些句子都强调了君子的外表要与内在品质相得益彰，文质兼备，这样才能称得上是一个真正的君子。

③从性情上来看，君子的性格温和、谦逊而稳重。君子应当宽厚待人，表现出和善与稳健。《诗经·小雅》中的"君子乐胥，受天之祜"，指君子心情愉悦，受到了上天的眷顾；《周易》中的"君子终日乾乾，夕惕若厉"，则描述了君子每日都勤勉自省，警惕不懈。这些古典文本中的描写共同指出了君子的性格应当是温和友善，平易近人，既稳重又富有亲和力。正如孔子所言："君子义以为质，礼以行之，孙（逊）以出之，信以成之。"也就是说，君子的行为以道义为基础，礼仪为行为准则，谦逊待人，诚实守信，真正体现了君子的品格之美。

总的来说，君子是中国古代社会中理想的男性形象，君子不仅在德行上具备崇高的修为，外在也风度翩翩，更有谦逊和善的性情，这些都是君子人格美的具体体现。君子的美，不仅限于内外兼修，更是一种整体的修养与追求。

第二节　中国传统哲学思想中的审美教育

中国传统哲学思想中蕴含着丰富的审美教育理念，特别重视人格的养成与修身养性的教育。与现代教育不同，传统哲学更关注人内在的精神成长，主张通过审美教育提升个人的德行和心灵境界，达到一种精神上的"成人"状态。这种审美教育不仅仅是通过美学的感知来陶冶情操，更是通过道德、礼仪、修养等途径，实现人格的完美化。孔子是中国传统审美教育的代表人物，他提出"智、仁、勇、艺、礼、乐"六者相结合的审美人格模式。在中国传统文化中，崇高、仁爱、恬淡等人格特质被视为理想的审美人格类型。这些人格特质既有助于个人内在的心灵升华，也能够在社会关系中构建一种和谐、稳定的道德秩序。因此，中国传统审美教育的核心是通过培养审美人格,使个体在追求真、善、美的过程中实现自我完善与社会和谐。

一、崇高人格

崇高人格指的是一种高尚的人格境界,体现了宽广的胸怀、纯洁的情操与卓越的道德修养。它不仅关乎个体的内在修为,也与社会的整体福祉紧密相连。崇高人格者能够在困境中坚持自我修养,当处于顺境时,则会尽力造福社会,实现"穷则独善其身,达则兼济天下"的理想。这一观念深植于中国传统哲学思想,尤其是儒家学说所倡导的"内圣外王之道"。

所谓"内圣",强调的是个人修身养性,使其成为道德高尚的圣人。这种修身养性不只限于追求个体的道德完美,更追求通过自我完善去推动社会的和谐与进步。圣人通过内在的精神修炼,提升个人的道德标准,保持纯洁的情感和高尚的志向,从而具备崇高的人格。另一方面,"外王"是指个人在实现自我修养的同时,还应积极投身社会,致力于治国平天下。也就是说,个人不仅仅停留在自我完善的层面,更要以自己的修为去影响他人,推动整个社会的进步与和谐。

这种崇高人格的思想源自中国传统的教化理念,它贯穿于古代教育的各个层面,尤其是在审美教育中,崇高人格的培养具有重要意义。审美教育不仅仅是追求外在的美感体验,更重要的是通过美的熏陶来提升个人的精神境界,使人形成高尚的道德观念和人格情操。在传统审美教育中,崇高人格作为一种理想的追求,要求个体通过艺术、文学等形式,培养深刻的道德感悟和心灵修养,最终达到人格的升华。

崇高人格的培养不仅仅关乎个体的道德修养,也与社会的政治理想紧密相连。在中国古代,圣贤人物的典范不仅仅局限于他们在道德上的成就,更在于他们通过自身的修行与实践,推动社会的和谐与繁荣,实现"王道"这一理想的政治境界。崇高人格的实现既需要内在的修行,也需要外在的实践,将个人的道德追求融入社会的福祉之中,真正做到"齐家、治国、平天下"。

综上所述,崇高人格是中国传统哲学思想中的核心观念之一,它强调个人的内修与外治的统一。通过审美教育,个体不仅提升了自身的精神修养,还能够以崇高的人格去影响社会,推动整个社会朝着更加和谐、道德的方向发展。

二、仁爱人格

孔子所说的"仁者爱人",意味着人与人之间应该彼此尊重、互助互爱,并怀有同情心。在家庭生活中,这种仁爱的精神表现为对父母的孝顺(孝)、对兄弟的友爱(悌)。孔子认为"孝悌也者,其为仁之本",即孝敬父母、尊重兄长是仁爱的根基。要践行"仁",必须从家庭中开始,做到上敬下和,逐步扩展到对社会的关怀。

在家庭内部,仁爱人格首先体现在与父母、兄弟的相处之道。孝顺父母是仁爱精神的根本,因为父母给予了我们生命,理应受到尊重和关怀。对兄弟姐妹的友善和体谅也是仁爱的表现,兄弟间的和睦关系不仅有利于家庭的和谐,更是社会中人与人相处的缩影。因此,孔子将家庭中的孝悌行为作为仁爱的起点,并认为从家庭日常生活中培养起这种仁爱之心,是提升人格修养的必要步骤。

孔子的仁爱思想不仅仅停留在家庭层面,还要求将这种爱扩展到更广泛的社会关系中。他提出"泛爱众而亲仁",主张对所有人一视同仁,无论对方的身份、地位高低,都应以尊重和善意相待。这样的仁爱不仅仅局限于亲友之间,还应面向社会中的每一个人。孔子进一步指出"克己复礼为仁",即要求我们约束自己的欲望和行为,遵循礼仪规范来实践仁爱。这种道德修养不仅要求自律,更强调以礼待人、以德服人。

仁爱不仅仅是一种行为规范,孔子还将其视为人格修养的重要内容,认为"恭、宽、信、敏、惠"是仁的具体表现形式。恭,即对人尊敬而有礼;宽,即待人宽容大度;信,即诚实守信;敏,即做事勤勉敏捷;惠,即善于施惠于人。这五个方面不仅构成了仁爱人格的基本要求,也展现了仁爱精神在社会交往中的实际作用。仁爱人格的修炼,不仅使人具备优良的道德品质,还促使人与人之间的关系更加和谐融洽。

此外,仁爱人格还体现在"己欲达而达人"的情怀上。仁者不仅关心自己的成长与成功,更关注他人的发展与幸福。孔子主张,通过自我修养,我们可以从"爱己"逐渐扩展到"爱他",从"小我"走向"大我"。这种扩展意味着个人不再仅仅关注自己的利益,而是愿意为他人的福祉和社会的进步做出贡献。仁爱人格不仅关注个人内在的修养,更强调个人与他人、与社会的和谐共处。

"仁"作为一种人格修养的核心,是人的生命价值和意义的最高体现。仁爱精神不仅是道德的基础,也是人格美的本质。仁爱人格使人具备高尚的情操和道德意识,并通过关怀他人、爱护社会来实现自我价值的升华。这种仁爱的精神也是审美教育中的重要组成部分。通过审美教育，个体可以从艺术、文学等形式中感受到仁爱的美学意义，并在日常生活中将其内化为一种自觉的道德行为。

综上所述，仁爱人格作为中国传统哲学思想中的重要内容，深刻影响了个人的道德修养和社会行为准则。通过家庭生活中的孝悌之道，我们能够培养起对他人的仁爱之心，并在社会中扩展这一精神，践行"泛爱众而亲仁"的道德准则。仁爱人格不仅是审美教育中的重要内容，也是每个人追求道德完美的最终目标。这种仁爱精神的培养，不仅使个体具备高尚的人格，还促进了社会的和谐与进步。

三、恬淡人格

恬淡人格是一种追求内心宁静、淡泊名利的人生态度，是中国传统哲学思想中的重要组成部分，也是一种独特的审美情趣。这种人格特质体现了对物欲和功名利禄的超然态度，追求的是内心的安定与知足，而非外在的成就与荣誉。恬淡人格倡导的是一种远离纷争、无忧无虑的生活状态，体现了"虚怀若谷"的宽容与从容，不为外物所动，只求心灵的平静与自由。

在《老子》一书中，恬淡人格的核心理念表现为"恬淡寡欲，保全守真"。老子认为，恬淡的生活方式就是要减少欲望，保持内心的纯净与真实。通过回归自然，摒弃过多的物质追求，才能恢复人性本真的美好。这种返璞归真的生活态度，与老子的"道法自然"思想一脉相承。老子主张人们应当"见素抱朴"，即以简单质朴的方式生活，减少自私和欲望，不为物欲所左右，从而达到内心的清净与平和。

老子的恬淡思想并非提倡完全抛弃物质生活，而是强调适度满足基本需求，追求心灵的自由与解放。他认为，过度追求物质享受和声色之娱，会使人迷失自我，远离本真的生活状态。因此，老子提出"少私寡欲"，鼓励人们通过减少物质欲望，保持内心的安宁，回归到人性最纯真的状态。他的这种思想在《老子》第二十八章中得到了充分的表达："常德不离，复归于婴儿。"这里的"婴儿"象征着纯净的心灵状态，未曾被社会和物欲污染，代表着人性中最质朴、最美好的部分。

老子的这种思想在《老子》第五十五章中再次得到了强调："含德之厚，比于赤子。"他认为，拥有厚德的人，心灵状态如同赤子般纯真，没有被外界的欲望和争斗所污染。这种赤子之心是最为珍贵的，代表了人性中最为纯洁的一面，也是恬淡人格的最高境界。

《老子》第六十六章则通过江海的比喻进一步阐释了恬淡人格的内涵："江海之所以能为百谷王者，以其善下之，故能为百谷王。"意思是，江海之所以能够成为众水汇集之处,是因为它们位于低处,容纳百川,因此才能成为水的王者。这种思想启示我们,真正有德行的人不会争名逐利,而是以谦虚和包容的态度对待他人。因此,老子提出:"是以圣人欲上民,必以言下之;欲先民,必以身后之。"即如果圣人想要领导百姓,必须以谦逊的言行为基础;想要成为百姓的榜样,必须以退让的姿态示人。这种"不争"的恬淡之道,使得圣人在领导民众时不会引发矛盾,反而赢得了人们的敬爱与追随。

恬淡人格的核心便是"不争",这种"不争"并不意味着消极避世,而是一种顺应自然、以柔克刚的智慧。通过放下对名利的执念,保持内心的清净,人与人之间的关系变得更加和谐。这不仅有助于个体的身心健康,也是维持社会稳定与和谐的重要力量。老子认为:"是以圣人处上而民不重,处前而民不害。是以天下乐推而不厌。以其不争,故天下莫能与之争。"也就是,真正的圣人是不与人争斗的,正因为不争,所以天下没有人能与之抗衡。这种无为而治的思想,体现了恬淡人格对权力、财富和地位的超然态度。

总的来说,恬淡人格是一种以淡泊名利、清心寡欲为核心的人格追求,它倡导回归自然、保持内心的纯净与宁静。这种人格特质不仅在个人的道德修养上具有深远影响,也为审美教育提供了重要的启示。在当今物欲横流的社会中,恬淡人格提醒我们,真正的幸福与满足并不来自外界的荣誉与财富,而是内心的宁静与从容。只有摆脱对外物的过度依赖,回归到简朴自然的生活方式,才能真正获得内心的自由与幸福。这种恬淡的人生态度,是传统哲学思想中的宝贵遗产,也是当代人追求幸福生活的重要指引。

第三节 传统审美教育思想与当代美育

在悠久辉煌的中华文明历史长河中,众多杰出的学派和人物相继涌现,儒家、道家等学派堪称中国历史发展的重要象征。这些学派的思想体系深邃广博,具有深远影响和重要意义。其中,儒家、道家的美育思想是传统哲学思想体系中独具特色的代表之一。它们的美育理念体系完整、内容丰富、影响力巨大,对当代美育思想产生了深刻的推动作用,为中国美育思想的传承与创新做出了重要贡献。

一、美育的具体内容

(一)德教

从各个学派的代表人物提出的美育目标来看,他们高度重视对人的道德品质的培养和人格的塑造。道德教育,或称德教,作为美育思想体系的重要组成部分,一直被各个学派所推崇。

孔子作为儒家美育思想的奠基者,十分强调德教在美育中的核心作用。他认为,道德教育是通向"仁"这一至高人格境界的必经之路。在《论语·颜渊》中,孔子说:"君子之德风,小人之德草。"这句话表明,道德高尚的人能够影响周围的人,就像风吹动草一样。因此,孔子在《论语·里仁》中提出"见贤思齐焉,见不贤而内自省也",通过对贤者的学习和对自己不足的反思,可以不断提升个人的道德修养。孔子认为,道德教育不仅能够提高个人的道德素质,更重要的是它具有广泛的社会教化功能。他主张通过道德教育的教化作用,使礼仪行为的规范深入人心,成为人们自觉遵守的道德准则。这种道德养成,不应仅仅依赖外部强制,而应该成为人们自发的追求和行为习惯。在《论语·为政》中,孔子进一步提出了"道之以德,齐之以礼,有耻且格"的政治思想,主张通过德教与礼仪的结合,促成个人的道德自律和社会的和谐有序。孔子的德教思想不仅关注个人修养,还把它提升到社会治理的高度。他认为,一个理想的社会应当依靠德行的感化,而不是依赖严苛的法律或外部的约束。他的仁政思想正是这一理念的延伸,强调通过德行来引导和治理人民,从而实现"和谐"与"礼治"的理想社会。

这种以德教为核心的美育思想,不仅对中国古代的教育理念产生了深远影响,也对当代美育的发展具有重要的参考价值。在当代社会,美育不仅仅是艺术与美的培养,还包括人格和品德的塑造。德教这一传统美育思想的核心内容,提醒我们在现代美育中,也应当重视人的道德修养与人格的培养,让美育不只停留在感官愉悦和艺术素养上,而是更深入地渗透到道德建设和人格养成中去。

孟子继承了孔子关于道德教育的理念,并在此基础上进行了进一步的深化与发展。他明确提出了"德教"的概念,并提到"故沛然德教溢乎四海",还强调"教人以善"(《孟子·滕文公上》)。孟子从多个角度完整论述了德教的重要意义。

①孟子和孔子一样,认为德教是培养人才的关键途径。孟子倡导美育的目的在于培养仁人志士与真君子,而所谓真君子,正是道德品格极其高尚的人。因此,

实施道德教育是美育的核心。孟子主张,通过全面提升人们的道德素养,可以为社会培养具备高尚道德品质的人才,以推动社会的繁荣与发展。

②孟子认为德教是推行仁政的重要工具,这一观点继承并发展了孔子的思想。孔孟二人都将国家的长治久安作为政治理想,认为这一目标的实现不仅依赖于人民具备较高的道德素养,还要求统治者具备高尚的道德修养。孟子特别强调统治者要行仁政,才能赢得民心。他在《孟子·公孙丑上》提道:"以力服人者,非心服也,力不赡也;以德服人者,中心悦而诚服也,如七十子之服孔子也。"这句话的意思是,依靠强权来统治,百姓表面顺从,但内心并不信服;只有用德行来感化人心,人们才会发自内心地敬仰和信服。如此,国家才能安定,统治者的统治基础也才能稳固。

③孟子提出,当道德修养达到至高境界时,便与审美相通。他主张"充实之美",认为善与美密不可分,美是善的极致,也是道德修养的巅峰。孟子认为,当一个人的道德修养和行为达到了美的高度,他的品德自然是高尚的,这也是孟子在美育中所追求的真君子的境界。

孟子对德教的理解极为深刻,为儒家德教的发展做出了重要贡献。他的乐教、诗教等美育思想,均是在德教的基础上展开,丰富了儒家美育的内涵。孟子的德教思想,不仅传承了孔子的道德观念,更赋予其新的内涵与发展方向,为后世提供了重要的道德教育理念。

荀子的美育思想中,德教思想的核心在于对人性的改造。荀子主张"人性本恶",因此后天的道德教育在人的成长和发展中显得格外关键。只有通过道德教育,以及对人格的培养和陶冶,才能将人先天本性中的恶加以转化,引导其走向善,从而达到培养全面人才的目标。后天的德教不仅是对行为的规范,更是对心灵的净化和提升,通过道德的培养,促使人们逐渐去除本性中的恶,朝着善良和正直的方向发展。这种教育过程强调德育与美育的有机结合,使人在美的熏陶中实现德行的培养,从而促进个人的全面发展。这一思想为中国传统审美教育思想提供了深刻的理论依据,并对当代的美育和德教产生了深远的影响。

(二)诗教

诗歌是我国古典文化的重要组成部分,在传统审美教育思想中占据了极高的地位,尤其在儒家美育中更是备受推崇。

孔子曾说过:"诗可以兴、可以观、可以群、可以怨。"这句话足以体现他对诗歌教育的重视。那么,诗教究竟对人的审美教育有何作用,又为何在当代美育中依然具有深刻的意义？

①孔子所说的"兴"指的是诗歌对于人们启发心智的作用。"子谓伯鱼曰：'女为《周南》《召南》矣乎？人而不为《周南》《召南》，其犹正墙面而立也与！'"（《论语·阳货》）这段话形象地强调了诗歌对人心智的启发作用。如果一个人没有接触过诗歌，就如同站在一堵高墙前，无法看到墙外的广阔世界，完全处于蒙昧状态。只有通过诗歌的熏陶和启发，才能打开心灵的窗户，学会审视世界，理解人生，从而树立起正确的审美观念，培养健全的审美人格。这种启发不仅是对美的感知，也是对人性、社会和自然的深刻认识。诗歌通过描绘美好的景物、抒发真挚的情感，能够潜移默化地引导人们追求真善美，从而实现美育的目的。

②孔子所说的"观"强调了诗歌的认知作用。通过学习诗歌，可以让人们更好地了解社会的政治、经济、文化、风俗等方面。诗歌不仅是一种情感的表达，更是一种对社会现实的反映。"观"并不仅仅是为了了解诗歌的内容本身，更重要的是通过诗歌的字里行间，领悟到其所折射出的深远意义。诗歌中蕴含着古代社会的人文精神、价值观念和生活智慧，通过学习诗歌，可以加深对社会现象的洞察，进而培养自己敏锐的审美能力和理智的判断力。

③"群"则体现了诗歌在人际交往中的重要作用。学习诗歌有助于人与人之间的沟通与交流，增进彼此的关系，使社会更加和谐。古诗中包含了大量关于人际关系和社会礼仪规范的内容，通过学习诗歌，人们不仅可以领会到人际交往的艺术，还能在诗歌的熏陶中提升自己的品格。换言之，学习诗歌的过程，也是学习社会伦理的过程。诗歌之美，不仅在于语言的韵律与意境，更在于其所传达的礼仪、道德和情感，这正是孔子所提倡的"诗教"之精髓。

④孔子提到的"怨"是指借助诗歌抒发对社会的不满。孔子并不否定人们表达情绪，而是鼓励通过诗歌来宣泄内心的压抑。抒发"怨"的情感是人的一种本能，通过读诗可以把内心的不满和怨气释放出来，使心灵得到净化。这种抒发不仅有利于个人的情绪平衡和道德修养，也有助于社会的整体和谐。诗歌作为一种抒情方式，能够引导人们在美的体验中释放负面情绪，追求心灵的宁静与和谐。由此可见，孔子所提倡的诗教不仅在于培养个人的审美情趣，更在于塑造社会的道德氛围，是美育中的重要环节。

孔子的诗教思想在后来的儒家学者中得到继承和发展。孟子和荀子都承袭了孔子对诗教的重视。不同的是，孟子主要通过引用诗歌来表达对诗的欣赏和重视，以此来佐证他的美育观点和政治主张，更多地服务于他的政治教化思想。而荀子则推崇孔子所编订的经典,如《诗》《书》《礼》《乐》《春秋》等,认为作为君子应当广泛汲取这些文化遗产的精髓。在荀子看来,诗歌的主要作用在于"言志"。通过学习诗歌,人们可以抒发情感,培养意志,最终达到"明道"的目的。在这一点上,儒家诸位代表人物的观点颇为一致。孔子说"《关雎》乐而不淫,哀而不伤",强调了抒情应有节制,不能放任感情泛滥。荀子则提出"诗者,中声之所止也"(《荀子·劝学》),进一步强调了诗歌抒情应遵循礼的原则。总的来说,儒家美育思想中的诗教,其最根本的目的在于通过诗歌引导人们有理智地抒发情感,使心态平和,从而达到社会和谐的境界。

综上所述,传统审美教育思想中的诗教,是美育的重要组成部分。诗歌通过启发心智、认知社会、促进人际交往和抒发情感等多方面的作用,培养了人们对美的理解和追求。而这种审美教育不仅关乎个人的道德修养,更关乎社会的和谐与发展。虽然时光流逝,但诗教所蕴含的教育意义在当代依然具有深刻的价值。通过诗歌的熏陶,我们可以引导学生培养正确的审美观,树立积极向上的人生观,使他们在日常生活中追求真善美,成为德才兼备的人才。这正是孔子诗教思想的当代意义,也是传统美育思想对我们现代教育的启示。

(三)乐教

在传统审美教育思想中,儒家学派极为重视艺术之美对于人格修养的影响力,其中"乐教"便是美育中不可或缺的部分,发展成为儒家美育的重要形式之一。

儒家创始人孔子率先提出了"成于乐"的观点,强调了音乐教育对培养君子的重要性。也就是说,一个真正的君子,只有通过音乐陶冶性情,提升人格修养,才能成就其品格。因此,在孔子看来,乐教不仅是修身养性的手段,更是实现完善人格的重要途径。孔子也说过:"杀鸡焉用牛刀?"这句话是在讨论治理小小的武城时提到的,意在强调不需要动用音乐来辅助治理。通过这句话,可以看出孔子对乐教的谨慎和深重的敬意。他认为,音乐的作用是深远的,不应该随意使用,而是应该在更为合适、更为重要的场合施展其独特的教育意义。音乐可以通过感染人们的情感,影响内心深处的变化,这一作用与孔子的仁学思想密切相关。孔子本人对音乐的热爱也可见一斑,他曾经说:"子在齐闻《韶》,三月不知肉味,曰:'不图为乐之至于斯也!'"(《论语·述而》)孔子在齐国听到《韶》乐后,竟沉浸其中长达三个月,甚至连肉的滋味都忘却,由此可见音乐对他心灵的震撼和感染力。孔子本人不仅热爱音乐,还在音乐方面有很深的造诣,这也是他对乐教思想如此重视的原因之一。

　　推动儒家美育中乐教发展的另一位重要人物是荀子，他在《乐论》中对乐教进行了全面、系统的探讨，极大地推动了乐教乃至整个儒家美育的发展。荀子非常注重"礼"的作用，这种重视也充分体现于他的乐教思想之中。在《乐论》中，荀子提出了"礼、乐相辅"的观点。他指出："夫乐者，乐也，人情之所必不免也，故人不能无乐。乐则必发于声音，形于动静。而人之道，声音动静，性术之变尽是矣。故人不能不乐，乐则不能无形，形而不为道，则不能无乱。先王恶其乱也，故制《雅》《颂》之声以道之。"（《乐论》）在这段话中，荀子首先肯定了音乐在人类生活中的不可或缺性，音乐是人类情感的自然流露，是人们表达情绪的一种必然方式。然而，他也强调音乐必须受到"礼"的约束，只有在礼的规范下，音乐才能起到陶冶性情、修养人格的作用。荀子的这一思想延续了孔子的礼乐思想，将礼与乐紧密结合起来，使得乐教不仅仅是单纯的艺术熏陶，更是道德教育的一部分。

　　荀子进一步将音乐与善良和道德相联系。他在《乐论》中说："君子乐得其道，小人乐得其欲。以道制欲，则乐而不乱；以欲忘道，则惑而不乐。"这段话阐述了君子与小人在音乐欣赏上的区别，君子通过音乐体验到道的存在，获得内心的宁静和满足，而小人则通过音乐满足自己的欲望。如果人们在音乐中只是满足个人的欲望，而忽略了音乐所传达的道义和精神境界，那么这种音乐的享受将使人陷入迷惘之中，无法给人带来真正的快乐。荀子在这里强调，只有超越个人欲望、追求道义的音乐，才能称得上是真正的"乐"。这种观念将音乐的作用提升到了一个精神修养的高度，使音乐不仅仅是艺术的享受，更是道德和人格修炼的手段。此外，荀子还特别强调音乐在教育中的作用，即通过音乐来实现"化性起伪"的教育目标。他认为音乐可以"管乎人心"，也就是通过音乐来陶冶人心，使人们本性中的恶向善转化，从而达到至善至美的境界。这种对人性教育的作用，使得音乐在荀子的美育思想中被赋予了重要地位。他认为音乐可以帮助人们调和情绪、平衡心态，使社会风气向良性发展。《乐论》中指出音乐使人"耳目聪明，血气和平，移风易俗，天下皆宁"。这就是说，音乐能够启迪人的智慧，使情绪变得和谐、稳定，进而影响社会风气，使整个社会趋向宁静与和谐。

　　但是，荀子也对音乐的"反作用"有着深刻的认识："凡奸声感人而逆气应之，逆气成象而乱生焉；正气感人而顺气应之，顺气成象而治生焉。"意思是，如果音乐是邪恶的，那么它就会引发人们内心的负面情绪，导致社会的混乱；而如果音乐是正直的、合乎道德的，则会引导人们向善，维持社会秩序。因此，荀子再次强调了礼与乐的结合，只有在礼的规范下，音乐才能发挥其正向作用，避免其可能对社会产生的不良影响。

从个人修养到社会风气，从道德感化到政治统治，荀子对音乐教育的阐述都十分全面。他深入探讨了音乐在调和人心、陶冶情操、促进社会和谐方面的巨大作用，并明确指出了音乐在教化社会风气、维持社会秩序中的重要意义。乐教在荀子的思想体系中是一种理想的人文教育手段，能够帮助人们超越自身的欲望，达到更高的精神境界，进而促进整个社会的和谐。

在当代教育中，乐教的意义依然深远。音乐不仅可以丰富学生的情感世界，还能够培养他们对美的感受和理解，从而塑造积极健康的人格。通过音乐教育，学生们可以学会如何平衡情绪、表达自我，并在这种过程中不断提升个人的道德修养和审美水平。这种审美教育对于培养学生健全的人格、引导他们追求真善美，乃至于对构建和谐社会都有着不可替代的作用。因此，儒家的乐教思想在今天仍然为我们提供了宝贵的教育理念，值得我们在现代美育中继续传承和发扬。

二、审美思想与当代美育

在前文中提及，生态审美观是一种全新的美学理论视角，它通过审美的眼光来探讨人与自然、社会、他人以及自我之间的关系，是一种具备生态维度的审美生存观念，亦可称为"诗意的栖居"。这要求我们始终追求人与自然的平衡与和谐发展，建立"自然—社会—个人"整体性的生态观和世界观，从而构建一种符合生态原则的审美取向，即"绿色人生"。实现这一目标的途径便是大力提倡生态审美教育。所谓生态审美教育，是通过培育新型生态审美观念，并将其传播给广大的人民群众，特别是青年一代，使其具备良好的生态审美素养，从而以审美的态度关爱自然、珍视生命。对于生态环境遭受较大破坏的中国而言，生态审美教育的倡导显得尤为紧迫和重要。这要求我们每个人（尤其是青年一代）逐步转变生产生活理念与方式，以一种审美的眼光去观察和关照自然，逐步树立"生态整体"的自然观、"共生共荣"的人生观，以及"诗意地栖居"的生态审美观，最终推动人与自然、万事万物之间的和谐共生。

通过对孟子生态审美思想的分析，可以看到他对自然之美的欣赏态度。一方面，孟子认识到生态具有整体性的特征，人是自然的一部分，人与自然之间是一种和谐、平等的审美关系。因此，人类不应试图彻底征服或战胜自然，而应培养一种欣赏自然的审美态度。另一方面，人与自然的平等性也决定了在双方的发展过程中，必然呈现出一种共存共生的关系。换句话说，自然之美不仅是一种存在之美，更是一种"共生"之美，它体现在人与自然共同生长中所展现出的旺盛生命力，彰显了存在与生命的共生之美。因此，深入挖掘和整理孟子的生态审美思想，对于引导人们转换对自然的审美态度、推动生态审美教育的发展，具有重要的价值和意义。

三、基于传统审美教育思想建构当代审美教育的路径

（一）追寻自然审美，促进美学发展

《庄子》的自然审美思想为当代美学提供了深厚的养分，同时也为美学的发展带来了诸多启示。庄子立足于人性，强调保持人性的纯真与完整对自然审美的重要性。在肯定人性价值的同时，他也指出，人性中存在的机巧、各种欲望以及世俗礼仪的束缚，往往会阻碍和破坏人性的纯真与完整。此外，庄子还倡导保护自然，珍惜身外的一草一木、飞禽走兽，以及大自然中的风景。这种对于人性纯真与自然保护的重视，构成了自然审美的基础，也是自然审美得以顺利进行的保障。自然审美以自然和人性为依托，既是美学的重要内容，也是审美教育的关键部分。需要注意的是，虽然庄子的自然审美思想内容丰富，但受到时代的局限，我们只能将其思想融入当代美学领域。因此，这里将从自然界的内涵出发，探讨自然对美学学科的推动作用，特别是为艺术创作提供物质基础。同时，自然环境也为审美教育的实施提供了必要的物质条件。

自然审美与艺术审美始终是互为补充的存在。自然审美以自然为审美对象，在这一过程中，个体可以获得丰富的审美经验。这不仅为更高级的审美提供了经验支持，也为艺术创作储备了能量。人类审美意识的觉醒最早源于自然，这是由审美以审美形象为基础的特性所决定的。所谓"审美即审形象，现象的边界就是美的边界"。在大自然中，我们可以尽情欣赏大自然的风光：大雨过后的山峦朦胧如梦，暴风雨后天空的七色彩虹让人心旷神怡；置身山涧，泉水的叮咚声让人气定神闲；面对奔腾的大海，心潮澎湃；在夕阳的余晖中躺在草坪上，仰望晚霞，令人浮想联翩；秋夜透过窗户望向深邃的星空，心静如水。自然中的景色和形象都是四季轮回中的一幅画，是自然规律的映照。宋代的郭熙在《林泉高致》中曾盛赞自然四时之美："春日淡冶而如笑，夏山苍翠而如滴，秋山明净而如妆，冬山惨淡而如睡。"自然是人类重要的审美对象，不仅包括湖光山色，还包含四季的变幻和沧海桑田的变化。在自然中积累的丰富审美经验，促使西方还出现了审美经验主义者，如夏夫兹博里、休谟等。他们提出了审美经验论，夏夫兹博里从日常审美的实

际经验出发,提出内在感官说;休谟则从人性的角度阐述了审美经验。自然不仅是人类文明的起点,也是美学的起点,是人类审美最早萌发的地方。

自然审美不仅强调审美本身,也是审美教育的重要组成部分,这得益于自然审美中蕴含的自然教育内容。自然审美教育不仅是在大自然中进行教育,更重要的是保持审美主体天性的纯真,并根据其天性实施教育。自然审美的过程,不仅丰富了审美主体的体验,还为其积累了大量的审美经验,从而培养审美情感,提高审美能力。

1. 自然审美有利于审美情感的养成

自然审美对于审美情感的养成有着积极作用。所谓审美情感,也称美感,是一种不带功利色彩的愉悦体验,与感官的快乐不同,它不是因刺激产生的瞬时感受,而是一种纯粹的美学享受。美感是一种高级的情感,它不依赖于任何外在的得失,仅凭单纯的欣赏便能让人内心获得满足与愉悦。在审美过程中,人们不会考虑任何功利性的目的,情感也不会夹杂个人利益的得失。自然审美以大自然及其中的景物为对象,呈现出一种自由、本真、不加修饰的状态,这种状态能够激发审美主体的审美情感,并提升他们的审美认知能力,即所谓的"审美力"。

卢梭曾认为,审美力是一种与生俱来的感受力,属于自然赋予每个人的能力,它源自生命本能并服从于生命的需求。因此,当人们置身于大自然、面对壮丽的风景时,便能唤起内心深处的情感共鸣,并进一步丰富和提升自身的审美情感。举例来说,当我们站在广袤无垠的大海边,眺望波涛汹涌的海面时,内心会随之激荡,胸中似乎也翻起了千层浪。起初,我们或许会感到压抑、敬畏,甚至有些恐惧,但随着时间的推移,这种情感逐渐转化为对自然的崇敬之情。这种情感体验与庄子《秋水》篇中的河伯颇为相似。河伯在未见到大海时,内心充满自豪,认为"天下之美为尽在己"(《庄子·秋水》)。然而,当他真正见到大海的辽阔无边后,顿时感受到自身的渺小,不禁发出"望洋兴叹"的感慨。大海以一种原汁原味、自然无为的姿态呈现在人们面前,无论从广度还是深度上,都能给人带来强烈的心灵震撼。正是这种震撼,使得审美主体的内心被唤醒,感受到自然的崇高力量。这种自然审美体验,不仅是一种视觉上的享受,更是一次内心情感的洗礼,激发了人们内心的奋进力量和对天地的敬畏感。大海象征着大自然的无为意志,它静默无声,却蕴含着无尽的力量,能够深深触动人的灵魂,唤起我们对生命、对世界的崇高情感。

因此,自然审美不仅仅是审美的一种方式,它还在潜移默化中培养着审美主体的情感,让人在面对自然的伟大与壮丽时,激发内心深处的情感共鸣与敬畏。这种情感的培养,不仅有助于提升审美能力,也有助于塑造更深层次的精神世界。

2. 自然审美有利于审美教育的实施

审美教育,也被称为美育,这一概念最早由德国诗人兼美学家席勒在其作品《美育书简》中提出。席勒指出:"要让感性的人变为理性的人,首先必须成为具有审美能力的人,除此别无他法。"而曾繁仁也曾表述过:"美育通过自然美、艺术美和社会美等途径,在潜移默化中对大众,尤其是年轻一代,进行情感陶冶,培养健康的审美能力,并塑造健全的人格。"因此,审美教育的核心目标就是通过实践活动,积累丰富的审美经验,提升审美主体的能力,并且培养深刻的审美情感。在传统的审美教育中,艺术通常是主要的载体与途径,许多学校的美育课程也是以艺术为基础展开的。然而,除了艺术,美育的实施还可以通过其他多样化的途径实现,而自然审美正是其中一个非常有效的方式。所谓自然审美,指的是人类怀着平等、共生和亲和的态度去欣赏和感受自然界的美。这种方式不同于通过欣赏人类创作的艺术作品来提升审美能力,因为自然美不依赖于人的创造,而是天然存在的,它从根本上与人类的生活息息相关。

①自然作为审美对象,并不是由人类创造的,反之,自然是人类生存的基础,它创造了人类,且人类的归宿也在自然中。自然的美是独立于人类之外的,它不带有任何感情或人为的痕迹,但通过自然审美,人们能够获得独特的审美体验。在与自然互动的过程中,人们不仅能感受到自然的力量和和谐,还能反思自身与自然的关系,领悟到人类内在天性与自然发展规律的共鸣。

②自然审美能够帮助我们超越单纯的艺术审美,将人的审美体验引向更深层次。在与自然的亲密接触中,人可以从自然的无为、自在中获得内心的平静与共鸣。自然的美并不依赖人为的修饰,它的纯粹与简单能够使人们摆脱纷扰,进入一种更加纯净的审美状态。通过这种审美体验,人们可以在审视自然的同时,反思自身,进一步理解自然与人的和谐关系。

③人与自然在发展规律上具有一致性。自然的生生不息和循环往复与人类的生命过程存在深刻的共性。在自然审美的过程中,人们不仅能够感知自然的美丽与奥秘,还可以通过自然的运动和变化反观自身的发展与成长。这种审美体验能够激发出人类内在的情感共鸣,使人更好地理解生命的本质与意义,从而达到审美教育的目的。

（二）树立生态审美思想，建设生态文明社会

树立生态审美思想，推动生态文明社会建设，是当前社会发展的重要任务之一。生态文明理念本质上强调人与自然之间的一种和谐关系。这种关系不仅仅停留在人与自然的物质互惠上，更进一步扩展到一种共荣共生的相对平等状态。自然界从某种意义上来说是人类赖以生存的"无机身体"。人类的生命离不开自然，人与自然共处共生，意味着人类必须与自然保持密切的关系，不能随意破坏或忽视自然的存在与价值。因此，生态文明的建设不仅仅是生态保护的简单呼吁，更是一种全新的生态审美思想的树立与推广。通过这种思想的树立，人类能够更好地认识到自然的独特价值，将自然生态维度纳入人类生活的终极关怀之中，从而实现"诗意的""审美的"生存状态。

从历史与文化角度来看，孟子的生态审美思想为现代生态文明社会的构建提供了重要的理论支撑。孟子倡导的"仁者爱人"以及"重生爱物"的生态情怀，深刻体现了他对自然界的尊重与热爱。他提倡遵循自然运行的规律，顺应自然万物的情感，追求天人合一的理想境界。通过这种人与自然的和谐共生，人类不仅能够获得精神的满足，也能够享受到自然美所带来的愉悦体验。孟子在《孟子·尽心上》一书中所说的"君子所过者化，所存者神，上下与天地同流"，正是他所追求的天人合一的境界，也是生态审美思想的一种深刻表达。在这种理想的生态环境中，人类与自然相互融洽、相得益彰，人与自然共同分享美好的生活与精神世界。

此外，孟子还提倡"以德配天"，通过自我道德修养的提升，增强个人的社会责任感和对自然万物的关怀意识。孟子认为，尊重自然、保护自然不仅是道德责任，也是社会义务。通过培养这种道德情怀，能够有效促进人们对自然界的敬畏与爱护，进而推动人与人之间的和谐相处。孟子曾说："尊德乐义，则可以嚣嚣矣。"他强调通过修养德行、尊重自然的方式，可以实现内心的平和与安宁。而他所描绘的理想生态社会的图景，也为后世提供了宝贵的参考。在《孟子·梁惠王上》中，孟子描述了理想中的生态社会："不违农时，谷不可胜食也；数罟不入洿池，鱼鳖不可胜食也；斧斤以时入山林，材木不可胜用也……"他主张合理利用自然资源，顺应自然规律，避免对自然的过度开发和破坏。这种人与自然和谐相处的美好愿景，既是生态文明建设的目标，也是孟子审美思想的重要体现。无疑，这也是强调一种整体性、生态性、人文性和审美观上的和谐，并在此基础上建立健康、有序的生态审美意识。孟子的生态审美思想经过现代思维的转换，依然能够为当代社会提供启发与借鉴。

　　综上所述,孟子的生态审美思想强调人与自然、人与他人、人与社会以及人与自我之间的整体性、生态性和谐,旨在实现"心和—人和—社会和—自然和"的理想生态图景。这样的思想促使人类与自然达到和谐共存,实现对天地生成之功的礼赞,最终在与万物的共鸣中获得美的体验与享受。这种体验并非单纯的外在快感,而是在道德完善和情感充盈基础上所获得的真正快乐,突显了人的至善道德品质及主观能动性。孟子主张通过个人德行修养,去履行对天地万物的赞颂与培育之责任,促使人与自然和谐共生,这也在某种程度上弥补了道家完全顺应自然的消极倾向。因此,深入研究以孟子为代表的儒家生态审美思想,并赋予其新的时代内涵,将其融入当下教育体系中,有助于转变人们(尤其是青少年)传统审美观与价值观中的偏差,倡导建立一种有助于节约资源、保护环境、尊重其他物种生存权的新型审美观念。

第四章　中国传统美学对高校美育的价值

第一节　中国传统美学对于学生学习的价值

一、中国传统美学对学生认知发展的影响

中国传统美学对学生的认知发展具有深刻的影响,其关键在于通过美学教育来增强学生的观察能力、创造性思维和综合理解能力。以下是针对这三个方面的详细探讨。

（一）增强观察能力

中国传统美学注重细致入微的观察与深刻的感悟。在中国古代艺术形式中,如山水画、工笔画和书法,都强调对自然景物和人文景观的细腻观察。这种观察能力对学生的认知发展有着重要作用。

以山水画为例,画家通过细致描绘山川河流,表达对自然的深入理解。学生学习山水画时,不仅在掌握技法,更在培养用心去感知世界的能力。例如,绘制山水画时,学生需要观察山的轮廓、树木的姿态、水流的变化等。通过这些细致的观察,学生的认知能力得到显著提升。

书法也是一个典型的例子。书法创作中,学生需要留意笔触的轻重、线条的粗细、布局的疏密等细节。书法不仅是文字的艺术,更是对书写过程中细节的精细观察。学生在练习书法时,学会关注微小的变化,并体会这些变化对整体效果的影响。这种观察能力不仅对艺术创作有帮助,同时也有助于学生在其他学科中的观察和分析能力的提升。

（二）促进创造性思维

中国传统美学中有一种核心理念叫做"气韵生动",它强调艺术作品中要融入创作者的内在情感与独特视角。这种美学思想对于培养学生的创造性思维有着重要的启发作用。所谓的创造性思维,不仅仅表现在技艺和技术的革新上,更重要的是在思想层面的突破以及独特性和个性化的表达。

在中国传统绘画中,"气韵生动"是一个重要的审美标准,尤其体现在山水画和花鸟画中。艺术家在创作这些作品时,力求使画面充满生命力和流动感,给观

者一种鲜活的艺术体验。学生在学习这些传统艺术形式时，不仅需要掌握基本的技巧，更要学会如何将自己的情感和见解融入作品之中。这个创作过程引导学生在艺术表达中寻求新的表现方式和表达手段，启迪他们用独特的视角来观察世界，从而激发他们的创造力与创新思维。

此外，中国古典文学也是培养创造性思维的重要源泉。诗词和散文是古人用来抒发情感和表达思想的重要形式。在这些作品中，作者通常运用了丰富多彩的修辞手法，如比喻和象征，使作品不仅蕴含深刻的思想，也展现了极大的想象空间和创作技巧。学生在学习这些古典文学作品时，能够从中获取到丰富的灵感，开拓想象的边界，培养自己的创新意识和表达能力。通过深入感受和理解古代文学作品的艺术表现手法和思想内涵，学生可以在创作中借鉴这些技巧，融会贯通，找到独属于自己的表达方式。这种跨学科的学习方式将文学与艺术相互融合，使学生能够在两者的交汇点上碰撞出新的灵感和思维火花。这不仅帮助学生在创作时打破单一学科的限制，拓宽思考的维度，同时也有助于他们形成更加全面、富有深度的创造性思维能力。借助对传统美学理念和古典文学的学习，学生们得以在艺术和文化的积淀中寻求创新的源泉，激发独特的创造力，塑造个性化的审美视角，为他们的未来发展奠定坚实的思想基础。

（三）增强综合理解能力

中国传统美学中的"和而不同"思想，强调多样性与包容性，这一理念对于学生的综合理解能力有着深远的影响。在学习过程中，学生不仅需要掌握各学科的知识点，还需要理解不同学科之间的相互联系，进而构建起一个全面且系统的知识结构。

传统美学所推崇的"中庸"与"和谐"理念，要求学生在面对不同学科或观点时，能够做到兼容并蓄，找到适当的平衡点。通过学习儒家经典作品，如《论语》和《孟子》，学生能够培养出包容不同观点的能力，并提升综合分析的能力。这不仅在学术学习中大有裨益，同时也有助于学生在处理生活中的复杂问题时，形成更为全面和客观的思维方式。这种平衡与包容的态度，能够帮助学生在多元化的学术和社会环境中应对自如，从而促进个人的全面发展。

此外，传统美学中的"自然"理念，强调尊重自然法则，顺应事物的本质。这一理念在学习过程中，可以引导学生理解自然界的规律与知识之间的内在联系。例如，通过学习中国古代的天文学与地理学，学生能够更好地理解自然现象及其背后的原理，从而提升他们的综合理解能力。这种对自然与知识相互关联的洞察力，使得学生在面对复杂问题时，能够将不同领域的知识加以整合，从多角度深入分析问题，进而提升思维的广度和深度。通过对传统美学理念的深入学习，学生不仅能够在学术上取得进步，更能在理解和处理现实世界的复杂性时表现出更高的综合能力。这种能力为他们在未来的学习和生活中打下坚实的基础。

二、中国传统美学对学生情感发展的影响

中国传统美学不仅在认知发展中扮演重要角色，在学生的情感发展上也具有不可忽视的作用。情感发展是学生全面成长的一部分，可以培养学生审美情趣、增强情感稳定性，以及形成个人价值观。通过对传统美学的深入学习，学生可以更好地感知和表达情感，进而形成健康的情感模式。

（一）培养审美情趣

中国传统美学强调在审美体验中的情感共鸣，认为通过艺术和文化的熏陶，人们可以培养出对美的敏感性和鉴赏能力。对于学生而言，接触中国古典艺术，如音乐、舞蹈和戏剧，能够大大提高他们的审美素养。例如，欣赏中国古典音乐、观看传统戏剧和参与舞蹈表演，都有助于学生感受到这些艺术形式中蕴含的独特美感，并从中获得情感共鸣。

在音乐方面，中国传统音乐具有深厚的文化底蕴和情感表达方式。例如，古琴、琵琶、二胡等传统乐器，不仅表现出音乐的优美旋律，还传递着丰富的情感层次。学生在学习这些乐器时，能够通过体会乐曲的节奏和音韵感悟到音乐背后的文化意境和情感表达。例如，古琴的演奏讲求"气韵生动"和"情感流露"，学生在学习这种音乐形式时，能逐渐体会到音乐中细腻而深沉的情感，从而提升自己的审美情趣和感受能力。

此外，中国传统舞蹈和戏剧也对学生的审美情趣培养具有积极影响。传统舞蹈，如扇舞、孔雀舞等，以优雅的动作和细腻的情感表达而闻名。学生通过舞蹈的学习，不仅能够感受到舞蹈中独特的美学意境，还能够增强自己在情感表达和肢体语言上的能力。与此同时，像京剧、昆曲等传统戏剧艺术，将音乐、舞蹈与戏剧表演完美结合，展现了中国传统艺术的综合美感。学生在欣赏和学习这些戏剧

时,能够通过对角色情感的揣摩与演绎,提升自身的情感体验能力,进而深化审美情趣的培养。

(二)增强情感稳定性

在今天这个快节奏的社会中,学生们不可避免地面临诸多挑战与压力,例如紧迫的考试、繁重的作业以及复杂的人际关系等。这些压力往往会影响学生的学习效果和心理健康,因此,如何维持情感稳定性成为一个不容忽视的问题。中国的传统美学,其中包括"无为而治"和"静以修身,俭以养德"的理念,为我们提供了宝贵的指导。

"无为而治"是一种强调顺应自然法则、倡导内心平和与稳定的美学观念。在学生面对学习的压力和生活的挑战时,这一理念教导他们如何保持心理的平衡和清晰。例如,当学生在期末考试前感到焦虑时,通过"无为"的态度,他们可以学习如何放下过度的焦虑和紧张,以一种更加平和的心态来面对考试。

同时,"静以修身,俭以养德"提倡在忙碌的学习生活中寻求内心的平静和简朴。学生可以通过冥想、瑜伽等方式来练习如何控制自己的情绪、维持心理的平静。这种内在的平静不仅有助于提升学习的效率,还能改善整体的生活质量,使学生在面对各种生活挑战时,能更加从容不迫。

进一步地,传统美学中的"空灵"与"觉悟"观念,也极大地促进了情感的稳定性。这些观念鼓励学生在遭遇困难和挫折时,能够保持一种超然的心态,觉察到自我内在的力量和可能。通过对自身情绪和反应的深入觉察,学生能够更加冷静地分析问题,从而健康地调整自己的情感反应,提高对生活和学习挑战的适应能力。

(三)促进价值观的形成

在中国传统美学中,诸如"仁爱"与"礼仪"的概念不仅是艺术和文化的表达,也深深影响了人们的价值观和行为准则。特别是在教育领域,儒家美学对学生的价值观形成起到了不可或缺的作用。这些理念通过古代文化经典,如《论语》和《孟子》,得以传授和弘扬,对现代学生的品德和社会责任感有着积极的促进作用。

儒家思想强调个人的道德修养和对社会的责任感,提倡的"仁爱"原则要求个人对他人展示出善意和关怀,而"礼仪"则是对他人的尊重和礼貌的表现。通过系统地学习这些儒家经典,学生们不仅能够理解这些概念的深层含义,还能在日常生活中实践这些价值观,逐渐形成正确的道德观和社会观。例如,当学生在学校或家庭中展示出关心他人的行为或在公共场合恪守礼仪时,他们实际上是在体现儒家教导的核心要素。

此外,道家美学中的"自然"理念也对学生的价值观形成有着积极的影响。道家提倡的"无为而治"理念鼓励人们顺应自然的法则,尊重万事万物的自然状态和本质。这一理念促使学生在形成价值观时更加注重内心的平和与自然的和谐,学会在处理人际关系和社会问题时,保持一种宽容、理性和客观的态度。

三、中国传统美学对学生社会行为的影响

中国传统美学源远流长,具有丰富的文化内涵,深刻地影响着社会各个层面的发展。在学生的成长过程中,中国传统美学不仅在审美意识上引导着他们的认知和价值判断,还通过潜移默化的方式影响着学生的社会行为,尤其是在提高社会交往能力、培养团队合作精神,以及增强社会责任感等方面,起到了积极的作用。通过学习和理解中国传统美学,学生能够更好地理解和融入社会,形成良好的行为习惯和价值观,从而在现代社会中立足并取得成功。

(一)提高社会交往能力

在中国传统美学中,礼仪文化占据着重要的地位。礼仪不仅仅是外在的行为规范,更是人与人之间交往的准则,它体现在日常生活的每一个细节中。传统的"礼"强调对他人的尊重、谦和待人,这不仅是一种道德规范,也是社会互动中的基本原则。礼仪的核心思想是"礼尚往来",即人与人之间的交往应建立在相互尊重、互助互敬的基础上。

对于学生而言,学习和实践礼仪文化有助于提升他们的社交能力。在学校的课堂和日常生活中,学生通过学习基本的礼仪如"请、谢谢、对不起"等,可以更为得体地处理人际关系,进而提升他们的社交技巧。礼仪文化强调尊重他人的意见和感受,这不仅促进了学生之间的理解与信任,也帮助他们在合作和交流中减少冲突。例如,在团队活动中,尊重他人的意见,不仅能增强团队的凝聚力,还能提升团队的合作效率。

通过礼仪教育,学生不仅在社交场合中更加自信和自然,还能够建立起良好的人际网络,增强归属感。良好的社交能力在学生未来的职业发展中起到了关键

作用。无论是在职场还是在生活中,良好的人际关系和沟通能力都能帮助学生更好地适应复杂多变的社会环境。

(二)促进团队合作精神

儒家和道家的美学思想在培养团队合作精神方面具有重要的指导意义。儒家思想强调"中庸"与"和谐",主张在各种关系中寻找平衡,避免极端与冲突。儒家经典《论语》中提到的"君子和而不同",以及"君子坦荡荡,小人长戚戚"等箴言,教导学生在团队合作中尊重差异,包容不同意见,营造和谐的合作氛围。

在团队项目中,学生不可避免地会遇到来自不同背景、观点各异的成员。儒家的"中庸"思想引导学生在团队合作中不以个人好恶为标准,而是站在集体的角度,积极沟通,寻求折中方案,推动集体目标的实现。这样的思想不仅能帮助团队减少内部摩擦,还能提高团队的效率和项目的成功率。

与儒家的平衡思想相对应,道家强调"无为而治",即在合作中以柔性管理的方式推动自然发展的理念。在团队合作中,学生可以学习到尊重每个成员的个性和自主性,不进行过多的干预,而是通过合理的引导和激励,促使团队成员的自我发展和创造力的发挥。这样的管理方式不仅减少团队内部的冲突,还能增强团队的协作能力,提高整体效率。

在团队合作中,尊重他人、包容差异以及激发创造性,都是中国传统美学赋予学生的重要素质。这些理念的灌输帮助学生不仅在学校生活中受益,也为他们未来在职场中参与团队合作、处理复杂人际关系打下坚实的基础。

(三)增强社会责任感

中国传统美学中的"君子之风"是培养个人社会责任感的核心理念之一。君子的美学不仅体现在个人修养的提升上,也体现在其对于社会的责任与担当上。传统文化中的"君子"不仅要在道德上追求高尚,还要在行为上积极承担对家庭、社会乃至国家的责任。这样的思想深刻影响了学生的社会角色认知和行为方式。

通过学习传统文化,学生能够更加清晰地认识到自己在社会中的角色,并增强社会责任感。儒家经典中提到的"为国为民"思想,鼓励学生将个人的学习与社会的发展相结合,将学到的知识用于实践,并积极参与社会服务和公益活动。通过这样的实践活动,学生不仅能够将书本知识转化为现实应用,还能培养出强烈的公民意识和社会责任感。

在学校组织的志愿者活动和社区服务中,学生通过实际行动增强了自身的社会责任感。他们逐渐意识到,个人的成长与社会的进步密不可分,履行社会责任不仅是对他人的帮助,也是对自身的提升。在这种氛围的熏陶下,学生会更加关注社会问题,并在面对社会矛盾时积极寻找解决途径,展现出对社会的责任心。

此外,传统文化中的伦理道德观念,如诚信、仁义等,也是增强社会责任感的关键因素。这些道德准则引导学生在生活和学习中恪守诚信,勇于承担责任。学生通过学习这些理念,在面对社会问题时会更加主动,能够理性、客观地分析问题并提出解决方案,从而为社会的和谐与进步做出自己的贡献。

综上所述,中国传统美学对学生社会行为的影响是深远而广泛的。在提升社会交往能力方面,礼仪文化帮助学生树立尊重他人、谦和待人的行为规范,进而形成良好的人际关系;在团队合作方面,儒家和道家的美学思想教导学生如何处理分歧、尊重差异并促进团队目标的实现;在增强社会责任感方面,传统文化中的君子之风则引导学生明确自己的社会责任,积极参与社会公益活动。这些传统美学的思想不仅帮助学生在学术和职业生涯中取得成功,也在他们的个人发展和社会适应能力上发挥着重要作用。通过深入理解和践行中国传统美学理念,学生将更加自信、理性、富有责任感地面对未来的挑战,为个人和社会的进步贡献力量。

第二节　中国传统美学对于教师教学的价值

中国的传统美学不仅塑造了中华文明的艺术与哲学基础,还深刻影响了教育领域。儒家、道家等多元的思想体系,它们共同铸就了丰富多彩的教育理念与教学方法。这些美学思想为现代教育提供了极具价值的参考,尤其体现在教师的教学理念、方法、师生关系及课堂氛围的构建上。深入探索中国传统美学对教师教学的贡献,有助于我们理解如何将传统智慧融入现代教育实践之中。

一、教学理念的丰富与提升

中国传统美学对教育理念的贡献尤为突出。例如,儒家美学中强调的"和而不同"理念,倡导在尊重与包容的基础上追求和谐。这为教师的教学提供了重要指导:尊重学生的个体差异,认可每位学生的独特性,并采用灵活多样的教学策略来满足不同学生的需求。传统儒家教育中重视"因材施教",要求教师根据学生的具体特点和成长阶段来设计教学内容和方法。现代教师应借鉴这些理念,通过个性化的教学策略激发学生的学习兴趣和潜能。

儒家经典《论语》中的"教无类"理念强调教育应面向所有学生,无论他们的背景和能力如何。这要求教师在教学中关注每位学生的成长,确保教育机会的公平性。教师应持这一理念,设计具有包容性的教学活动,关注每位学生的成长需求,提供适当的帮助和支持。这种教育理念有助于促进学生的全面发展,提升教育质量。

道家美学中的"无为而治"理念也对现代教学有所启示。道家强调顺其自然,不过度控制,这为教师的教学方法提供了重要的启示。在实际教学中,教师应采用引导而非强制的方式,尊重学生的自主性,鼓励他们自主学习和探究。这种方法不仅能提高学生的自学能力,还能培养他们的创新思维和问题解决能力。

二、教学方法的创新与实践

中国的传统美学为现代教学方法的创新提供了丰富的资源和灵感。特别是在寻找教学中的平衡点方面,传统美学中的"中庸"与"和谐"思想有着重要的指导作用。儒家的"中庸"理念,教导教师在教学过程中既要考虑知识的深度与广度,又要激发学生的学习兴趣。为此,教师可以设计多样化的教学活动,比如小组讨论、案例分析等,旨在实现知识传授和思维能力培养的平衡,确保学生在掌握基础知识的同时,也能发展复杂的思维技能。

在传统美学中,"礼"文化的重视也对现代教育方法产生了深刻影响。传统的"礼"文化强调尊重与谦逊,这在教学实践中体现为教师对学生的尊重和礼貌。教师应当在课堂上展现出尊重学生的姿态,认真倾听他们的观点,并在整个教学过程中给予学生足够的尊重。这种基于尊重的教学态度能够营造一个和谐的课堂氛围,让学生感受到自己的价值,从而激发他们的学习热情和参与积极性。

此外,传统美学中的"审美教育"理念为教学方法的革新带来了新视角。传统美学强调对学生审美能力的培养,主张教育不仅是知识的传递,更包括学生审美素养和道德品质的塑造。教师可以将传统艺术、文学和哲学等元素融入课堂教学,丰富教学的形式与内容。例如,教师可引导学生欣赏古典诗词、书法和绘画,通过这些活动激发学生的审美感知,提升他们的审美判断力。同时,通过这种审美教育的融入,不仅能够培养学生的创造力和想象力,还能加强他们对知识的深入理解和实际应用能力。

通过这样的教学方法改革与实践,中国传统美学的精粹得以在现代教育中绽放新光,不仅丰富了教学手段,也促进了教育的全面发展。这种融合传统与现代的教学方法,无疑为教师提供了一个有效的教学策略,有助于培养出更全面、更有深度的学生。

三、师生关系的塑造与优化

中国传统美学中的"君子之风"思想对师生关系的塑造具有深远的影响。在中国传统文化里,"君子"象征着品德高尚与教养深厚的人,这一形象在教师的角色与风范上尤为重要。教师作为学生的榜样,应当展现出高尚的品德和优雅的仪态,通过自己的行为和风度激励学生。这种以身作则的教育方式,有助于构建健康的师生关系,使学生在知识和道德认同上得到积极的影响。

此外,儒家的"师道"思想对师生关系的良好发展同样至关重要。儒家视教师为知识的传授者及品德的塑造者,强调教师在教育过程中应全面关注学生的发展。这不仅包括学科知识的教授,还涵盖了对学生品德和个性的培养。通过对学生进行全方位的关怀和指导,教师可以帮助学生建立正确的价值观和人生观,促进学生在多方面的成长。

道家的"无为而治"的教育理念也为优化师生关系提供了宝贵的指导。道家认为,教师在教学过程中应当尊重学生的自主性和个性,为他们提供必要的自由与空间。这种教育方式强调教师与学生之间的平等与信任,有利于营造一个积极向上和自由探索的学习环境。在这样的教学氛围中,学生可以更好地进行自我发现和自我提升,发挥其潜力,并在支持性强的环境中成长。

通过将中国传统美学的教育理念融入现代教学实践,教师可以更有效地建立和优化师生关系,创造一个有利于学生全面发展的教育环境。无论是"君子之风"的以身作则,还是"师道"与"无为而治"的教学理念,这些传统智慧的运用都能极大地促进现代教育的进步,帮助学生在学术和个人成长上取得均衡发展。这不仅是对传统文化的传承,也是对教育实践的创新与发展。

四、课堂氛围的营造与调适

在中国的传统美学中,"和谐"思想对教育场景中课堂氛围的营造具有独特的影响力。儒家所倡导的"和而不同"以及道家的"中和"思想,均强调在教学中创造一个平衡且和谐的学习环境。在这样的环境中,教师不仅是知识的传递者,也是氛围的调节者,他们通过各种方法使学生能在轻松愉悦中学习,具体措施如下:

①教师可以设计一些富有趣味的教学活动,比如角色扮演或情景模拟。这些活动不仅能够提高学生参与课堂的积极性,增强互动,还能使学生在享受乐趣的同时,加深对学习内容的理解和提升应用能力。通过这种方式,学生可以在不知不觉中掌握知识,提高学习效率。

②中国传统美学中还有一种"美的教育"理念,它为教师在课堂氛围营造上提供了新的思路。教师可以将传统文化中的艺术元素融入教学中,如播放古典音乐、展示书法艺术和绘画作品等。这些艺术元素的引入不仅可以丰富学生的学习内容,提升他们的审美感受,还能有效地缓解学习压力,激发学生的创造力和想象力。通过这种审美的融合,课堂氛围将更加生动有趣,充满创新精神。

③为了进一步提升学生的学习体验,教师还可以美化课堂环境。例如,布置一些传统文化的装饰品,如挂上山水画或设置文房四宝角落,同时在课堂中播放轻柔的古典音乐。这样的环境不仅能够提高学生的情感投入,还能增强他们对中国传统文化的认识和欣赏。

通过这些综合性的方法,教师可以有效地营造一个充满传统美学精神的课堂氛围,这不仅有助于学生学业成就的提升,也能增强他们的文化自信和创新能力。这种和谐而富有创意的学习环境,是对中国传统美学在现代教育实践中应用的一种生动展现,也是推动学生全面发展的重要方式。

综上所述,将中国传统美学的教育智慧与现代教育理念相结合,不仅能够促进学生的知识掌握和个性发展,还能够为教育界带来更多的创新动力和发展潜力。这种跨时代的融合,是我们在追求教育现代化过程中,应当重视和利用的宝贵财富。通过这种方式,我们不仅可以提高教育的整体水平,还可以确保教育实践更加贴近学生的实际需要,更好地服务于学生的全面发展。

第三节　中国传统美学对于审美教育的价值

中国传统美学,作为中华文化的重要组成部分,不仅塑造了中国古代的艺术和哲学风貌,也对现代的审美教育产生了深远的影响。审美教育的主要目的是培养学生的审美能力,提高他们的审美水平,并增强他们对美的感知力。中国传统美学借助其独特的哲学思想和艺术观念,为审美教育提供了丰富的教育资源和深刻的教学启示。通过对中国传统美学的深入研究,我们能够更加清晰地认识到如何将传统的智慧有效地融入现代教育中,从而有效提升学生的审美素养。

一、审美教育的理论基础

中国的传统美学,尤其是儒家与道家的美学思想,为我们今天的审美教育提供了不少启示和理论基础。

儒家美学,作为中国传统文化的一个重要组成部分,强调的是"和而不同"的审美观念。在儒家看来,美的本质是和谐与中庸之道的体现。这种美学思想不仅仅局限于艺术的形式美,更深入到了美的文化内涵和道德价值之中。如儒家经典《论语》中所述,"君子以文修身,以礼治国",明确了美学不仅是感性的审美体验,更是与个人的道德修养和社会行为准则紧密相关的。因此,在审美教育中,儒家的美学理论可以帮助学生深入理解美的多维度价值,从而培养他们在社会文化层面上的审美判断和认知能力。

道家美学则提出了一种截然不同的视角。道家美学主张"无为而治",强调顺其自然,认为真正的美来自事物自然本真的状态。《道德经》中的"道常无为而无不为",体现了道家对美的理解——美是自然生成的,而非人为刻意造作的结果。道家美学中的"天人合一"思想,认为人应与自然和谐共处,美的最高境界是自然和人的内心状态的和谐统一。在审美教育中,这一理论可以引导学生去感受和欣赏自然界的美,培养他们对自然的敬畏和爱护,同时增强他们在自然环境中寻找和感知美的能力。

将这两大美学传统融入审美教育的实践中,意味着我们不仅在教育学生欣赏艺术作品的技巧和表面形式,更是在教导他们如何从文化、道德以及自然的角度去理解和欣赏美。通过对儒家和道家美学理论的学习和探索,学生能够形成一种更全面、更深入的美的理解,这对他们的人文素养和审美能力的提升无疑是极为重要的。

二、传统美学与审美教育的结合

中国的传统美学不仅是文化遗产的一部分,同时也是现代审美教育的重要资源。通过将传统美学融入审美教育中,我们不仅可以丰富教育的内容和形式,还能显著提升教育的整体效果。具体来说,实现这一结合的方法可以从多个方面进行探索。

(一)融入传统艺术形式

中国传统艺术形式如书法、绘画、音乐和舞蹈,都是传统美学的重要组成部分,这些艺术形式的教学能够帮助学生深入体验和理解美的本质。以书法为例,这种艺术不仅展现了文字的美感,更是书法家情感与哲学思想的传递媒介。在审美教育中引入书法教学,可以让学生在实践中感受笔墨之间的韵律美,理解传统美学中对于"气韵生动"的追求,从而培养他们对文字之美的感知和欣赏能力。

在绘画教学方面,传统的山水画和花鸟画以其独到的艺术风格和表现技巧,为学生提供了视觉上的审美教材。例如,山水画中的"留白"技巧,不仅是艺术表现的一种手法,也是哲学上的含蓄与克制,它教会学生在视觉艺术中寻找空间的意义和美感。花鸟画的细腻笔触和生动描绘,则能够帮助学生感受自然美的细节与活力,提高他们对绘画艺术深层次美的认识和欣赏。

中国传统音乐,包括古琴音乐和京剧音乐,同样是理解和传承中国传统美学的重要途径。古琴音乐以其悠扬的旋律和深邃的情感表达,提供了一种独特的听觉美感体验。在审美教育中,教师可以通过古琴演奏和欣赏,引导学生感受音乐中的情感流动和哲理思考,理解古琴音乐中"听音识人"的美学理念。京剧音乐的教学,则可以通过其丰富的唱腔和表演,展现中国戏曲的独特魅力,让学生在音乐与戏剧的结合中,体验情感的直接表达和艺术的综合美感。

(二)培养对传统文化的理解

中国传统美学不仅体现在艺术作品中,更深刻地融入中国传统文化之中。通过对传统文化中的礼仪、风俗和哲学思想的深入理解,学生能够更全面地把握美的深层内涵。例如,儒家文化中的"礼"强调对美的尊重及其社会礼仪的重要性,这在审美教育中有助于学生理解美的社会价值和文化背景。教师可以通过讲述和展示中国的传统礼仪和风俗,使学生认识到美不仅仅是个人的感受,更是一种社会和文化的表达。

道家的"自然"哲学,主张顺应自然,强调在审美过程中发现和珍视自然之美。教师可以组织学生进行自然观察和体验活动,例如参观自然景观、进行户外写生等,以帮助学生从自然中汲取美的灵感,增强他们对自然美的感知和欣赏能力。通过这些接触自然的活动,学生可以更深入地理解和欣赏自然之美,并将这种美学体验融入日常生活中。

(三)结合现代审美观念

结合中国传统美学与现代审美观念,可以让审美教育更加符合当代的需求,更具时代感和实用性。现代审美观念强调多元化和个性化,反映出学生的审美需求和偏好的多样性。在审美教育的实践中,教师可以创造性地融合传统与现代的美学理论,设计具有时代特色的教学活动。例如,通过组织传统艺术与现代艺术的结合,如主题展览或创意工作坊,不仅让学生在传统与现代之间找到平衡,同时也提升他们的创新思维和审美能力。

此外,教师还可以引导学生关注当代艺术和设计中的美学问题,探索美的创新表达方式。现代设计经常融入传统元素,如中国风的时尚设计和现代艺术中的传统符号,这些都是传统美学与现代设计技巧结合的实例。通过研究这些创新的艺术形式,学生不仅能够了解到传统美学在现代社会中的应用和发展,还可以拓宽自己的审美视野,增强对美的理解和应用能力。

三、传统美学对学生审美素养的培养

中国传统美学在提升学生的审美素养方面起到了至关重要的作用。审美素养的内涵丰富,它不仅包括对美的感知能力,还包括对美的欣赏、评价和创造能力。通过学习中国传统美学,学生的审美素养可以在多个方面得到显著提升。

(一)提升审美感知能力

中国传统美学特别强调对美的感知能力和体验美的真实感受。在审美教育中,学生通过研究传统艺术形式和欣赏经典美学作品,能够显著提高他们的审美感知能力。例如,书法艺术中的笔墨韵味、绘画中的构图与色彩运用,以及音乐的旋律和节奏处理,都是培养审美感知的关键要素。通过深入学习和体验这些传统艺术,学生能够更加敏锐和细致地感知美,进而培养出对美的深层次感受。

（二）增强审美评价能力

审美评价能力是指对美的判断和评价能力。中国传统美学中的一些核心审美观念，例如"中庸之道"和"和谐美"，为学生提供了坚实的理论基础来评价美。在审美教育的实践中，教师可以引导学生利用这些传统的审美观念来评判各种艺术作品。学生在深入学习这些传统美学理论后，能够更加精准地理解和评价艺术作品的美学价值，从而有效提升他们的审美评价能力。

（三）激发审美创造能力

审美创造能力指的是通过对美的理解和体验来进行艺术创作和创新的能力。在中国传统美学中，艺术创作的各种方法，如书法的笔法技巧、绘画的构图原则，以及音乐创作的技巧，都极大地丰富了审美创造的方法论。在审美教育的过程中，教师可以指导学生进行各种传统艺术的创作实践，例如书法创作、绘画活动和音乐编排等。通过这些实际操作，不仅可以激发学生的创造力，还可以帮助他们在创作中运用所学的美学理念，进一步培养和提升他们的审美创造能力。

四、传统美学对社会文化的影响

在中国的文化传统中，美学不仅仅是一种艺术形式的追求，它更深层次地融入了社会文化的发展和传播之中，特别是通过审美教育的普及，使得传统的美学理念和艺术形式得到了有效的传承与发扬，进而促进了社会文化的多样化和丰富性。

（一）促进文化传承与创新

中国传统美学中的审美教育对于文化的传承和创新起着至关重要的作用。传统的书法、绘画、音乐等艺术形式在各级教育体系中得到了广泛的推广和深入的研究，这不仅使得新一代对这些传统艺术有了更为深刻的理解和欣赏，也为这些艺术形式的持续发展注入了新的活力。在现代社会，传统书法不再局限于纸墨之间，它的韵味和风格已经渗透到设计、装置艺术乃至数字媒体等多个领域。传统美学的精神和理念也被不断地引入当代艺术的创作之中，让传统艺术在新时代背景下展现出独特的生命力。

（二）推动社会文化的融合与发展

在全球化的大背景下，传统美学作为中国文化的重要组成部分，其核心价值观如和谐、中庸与自然等，与世界各地的文化理念相互交流和融合。在多个国际艺术展览及文化交流活动中，通过展示中国的传统美学，不仅提升了中国文化的国际地位,也促进了全球艺术形式的相互借鉴和学习。这种文化的交流与融合丰富了世界的文化景观,促进了不同文化之间的相互理解和尊重,进一步推动了全球文化的共同繁荣和发展。

(三)增强社会审美素养与文化自信

通过广泛的审美教育,社会成员的整体审美能力得到提升,同时也加强了对本民族文化的认同和自豪。中国传统美学中强调的各种美德,如礼仪之美、自然之美等,在现代生活中得到了新的诠释和体现,这不仅影响了人们的日常生活方式,也优化了社会的风气和文化氛围。文化自信的提升,不仅为社会的和谐稳定提供了精神支撑,同时也推动了文化产业的繁荣,带动了经济的全面进步。

(四)促进艺术与社会实践的结合

传统美学不仅在艺术领域内有所发展,在社会实践中也发挥了重要作用。通过将传统美学的价值观和艺术形式整合到社会服务和公共艺术项目中,比如社区文化活动和公共艺术装置,这不仅丰富了社区的文化生活,也提高了公众对传统艺术的认知和接受程度。艺术与社会实践的这种结合,不仅提升了社会的文化审美水平,也实现了文化的普及和社会的持续进步。

综上所述,中国传统美学在审美教育中的应用,不仅极大地提升了个体的审美素养,也对社会文化的整体发展和传播产生了深远的影响。通过对传统美学的深入教育和广泛推广,我们不仅能够更好地传承和创新文化,还能推动社会文化的融合与发展,增强文化自信,并实现艺术与社会实践的有机结合。这些影响将共同促进社会文化的多元化和全面进步。

第五章　高校美育课程设计

第一节　高校美育课程内容

一、高校美育课程目标

在高校美育的课程设计中,首要任务是确立课程目标。这一步骤不仅能有效地将教育目标与课程内容紧密结合,还有助于明确课程编制和设计的方向,对于课程内容的组织和选择起到关键作用。课程目标为课程的实施提供了坚实的基础,同时也为课程评估设定了标准。高校美育旨在全面协调大学生的身心发展;其核心目的在于促进学生向着理想人格的全面发展,实现学生的身心和谐与健康全面进步;具体的发展目标包括审美素质目标、人文素质目标、全面素质教育目标、专业素质目标。

（一）审美素质目标

1. 审美感知、感官系统开发

审美本质上不是对事物的创造,而是人们通过倾听、阅读和观察来体验世界的事物。人类主要通过感官系统来认知世界,这些感官系统是获取外界信息的主要途径,审美感知同样依赖于这些感官系统。因此,探索感官系统和深化审美感知能力,是提升大学生审美素质的基础任务。

大学生通过触觉、视觉、味觉、听觉和嗅觉等多个感官直接感知各类美的事物。学生们应该主动去认识和接触自然之美、科学之美、社会之美以及艺术之美,同时应利用美术来促进视觉感官的开发,利用音乐来增强听觉感官的培养。通过实地体验人文与自然景观,激活味觉、嗅觉和触觉等感官系统,全面提升感官体验的丰富性和深度。

大学生应具备仔细体味和观察各种美的事物的能力,充分理解形式美的要素。例如:对于色彩来说,它包括调和色、明度、饱和度和色相;声音则涵盖音质、音调、音强和音长;形状则包括流体、固体、高低、大小、体积、面积、线条和点等。此外,还要感知动态元素,如轨迹、方向、移动方式等,以及质地的细、粗、滑、热、冷、硬、软等特征;气味的浓香、清香以及味道的甜、咸、辣、苦等。学生需要学会感知审美形态、变化、运动、质地和色彩等细节，提升对生活中审美特质的敏感度。

学生应能够整体感知艺术作品，并具备分析不同艺术媒介的能力。例如，视觉艺术媒介包括绘画、电影、摄影、数字艺术、雕塑和建筑等形式。学生需要掌握不同艺术元素之间的联系，分析艺术形式的结构、设计和组织方式，理解形式美的相关法则，如统一性、多样性、平衡、对比、比例与尺度、主次关系、韵律和重复等。

大学生通过发展的审美感知能力和高水平的审美通感，可以实现视觉与触觉、听觉与视觉等感官之间的交互。例如，在中国古代诗词中，通感意识非常强烈，能够从颜色中感知温度，从自然山水中感知节奏与韵律。

这些能力不仅仅是美育课程的目标，更是培养学生全面发展的关键。通过审美感知与感官系统开发的系统性培养，大学生将能够在各个方面展现出更为丰富和深刻的审美体验与理解能力。

2. 审美认知神经系统开发

高校美育在学生的审美认知与神经系统开发中发挥着关键作用。通过感官渠道获取外界的美育信息，并经过大脑的复杂处理，最终形成对美的认知与创造能力，这是高校美育的核心功能。美育不仅仅是简单的感知美的存在，而是通过对信息的处理、存储、编码等一系列复杂过程，帮助学生在审美层面进行更高层次的思维与创造。美育相关信息通过视觉、听觉、触觉、嗅觉和味觉五个感官传递至大脑中枢皮质，经过初步加工后形成感知觉。这种初级的感知觉是大脑处理美育信息的基础，通过进一步的加工和分析，感知觉信息被储存、编码，并进行理性加工和形象加工。在这一过程中，大脑逐步认识到美的规律与本质，从而产生关于美的认知和创造力，包括思维、想象、联想、记忆等活动。在当前的教育背景下，激活学生的大脑联络神经纤维显得尤为重要。通过增强大脑的传递、接收与整合信息的能力，学生不仅能够更好地进行抽象思维与联想，还能为其未来的审美认知奠定坚实的物质基础。同时，通过审美活动促进认知神经系统的发展，可以增强学生的审美记忆、联想与想象能力，这对于提升他们的审美理解水平和评价能力至关重要。

（1）审美记忆

审美记忆是学生自主认识与感受美的重要能力。通过构建一个系统的审美信息记忆空间，大学生可以在日常学习与生活中有目的、有意识地对美育信息进行分类与存储。这些信息可以被分为词语记忆、动作记忆、情绪记忆和形象记忆等多种类型。通过这种分类，学生能够更加清晰地认识和管理头脑中的美育信息,并在需要时有意识地进行提取与加工。

审美记忆的丰富程度直接影响着学生的美育学习效果。记忆能力不仅是一种基础认知能力,同时也是一种重要的审美能力。通过对审美经验的有效记忆,学生能够在日后的认知活动中更好地开展思维与想象。例如,记忆中的表象可以作为认知活动的基础,帮助学生在未来的艺术创作或审美理解中进行更为深入的思考。

(2)审美联想与想象

联想与想象是审美认知活动中的核心组成部分。大学生在审美联想与想象的过程中,可以对已经存储在大脑中的审美信息进行加工与重构。这种加工不仅仅局限于创造新的审美形象,还涉及已有信息的重新联想与构建。

学生在学习过程中,需要掌握各种不同类型的联想,包括形象联想、空间联想、色彩联想、意义联想、关系联想、对比联想、相似联想和接近联想等。通过多样化的联想训练,学生能够更加灵活地运用已有的审美信息,并在此基础上进行创造性思维的扩展。再造想象和创造想象是学生在艺术创作中必备的能力,审美联想不仅是艺术创作的源泉,也是一种重要的思维方式。

(3)审美理解

审美理解是学生在审美认知过程中通过对内在表象和外部信息的结合所形成的独特认知能力。通过回顾自身的经历与记忆,学生能够将感知到的审美信息与个人的生活体验结合,进而形成对美的深刻理解。这种理解不仅仅局限于对表象的感知,还包括对艺术作品背后更为深层次的精神内核的把握。

在艺术欣赏中,学生通过想象与联想,可以超越作品的表层内容,深入挖掘其背后蕴含的意象与韵味。例如,在对一幅画作的欣赏中,学生可以借助对线条、色彩、构图等形式元素的分析,去理解艺术家希望传达的情感或思想。这种审美理解不仅有助于提升学生的艺术修养,还能够帮助他们在生活中更好地感受美、创造美。

此外,审美理解也依赖于学生对相关艺术背景知识的掌握。通过学习艺术理论、美学与批评理论、艺术史等专业知识,学生能够更加深入地理解和评价艺术作品。这些知识不仅能丰富学生的审美体验,也能为其提供更加系统化的认知框架,使他们能够对艺术作品进行更为全面的分析与评价。

（4）审美评价、判断

审美评价是学生在掌握了一定的美学知识与原理后，对美的内涵与规律进行分析和判断的过程。通过运用所学的概念与知识体系，学生能够对艺术作品的内在与外在进行评价，并深入探究其与人性、道德、科技、生活等领域的关系。

在美育教育中，培养学生的审美评价能力是十分重要的目标。通过掌握专业的评估方法，如关联理论、形式理论和表达性理论，学生能够对艺术作品进行有深度的分析，并撰写出优秀的艺术评论或学术论文。这不仅帮助学生在学术领域有所建树，也使其具备了更为全面的审美能力与文化素养。

总之，高校美育的目标不仅是提高学生的艺术修养，更是通过激发其审美认知与神经系统的潜力，帮助学生在美的探索中形成独立思维和创造能力。通过培养审美记忆、联想、想象、理解与评价等多方面能力，高校美育为学生的全面发展提供了坚实的基础，同时也为他们日后的艺术创作与欣赏奠定了理论和实践的双重支撑。

3. 审美体验情绪系统开发

与传统的知识传授不同，高校美育致力于培养学生的美感和审美情感，这对于他们的全面发展至关重要。在此过程中，对大学生审美体验情绪系统的深入开发显得尤为重要，因为它直接关联到学生的心理健康和情感培养。

①大学生在高校美育的熏陶下，应当培养出积极的审美欣赏态度和兴趣。他们应该学会主动去感受和体验不同类型的美——无论是古典之美、传统之美，还是现代流行之美。通过日常生活中的审美活动，大学生可以有效地调节自己的情绪，使心情得到放松和愉悦。此外，从中华优秀传统文化中汲取养分，不仅能够陶冶情操，还有助于学生的个人修养和性格塑造。

②大学生在美育过程中应当锻炼和提高自己的美感体验与分辨能力。他们应具备对各种美感的敏感度，如优美感、喜剧感、壮美感和悲剧感等。通过体验不同风格的艺术美，学生不仅能够提升自己的审美情趣和情感体验能力，还能在细腻与复杂的情感表达中找到共鸣，如体会到作品中的鄙视、幽默、屈辱、悲哀等复杂情绪，从而丰富自己的情感世界。

③正确的审美价值观的培养对大学生同样重要。在美育的指导下，大学生应当学会进行审美评价，能够识别和欣赏中华传统文化的独特魅力。通过感受艺术的魅力，品味其中的深厚中国意蕴，学生不仅可以培养出正确的审美兴趣和爱好，还能在日常生活中形成高雅的气质。这不仅有助于营造校园的艺术氛围，还能激

发学生对生活、自然及世界各民族艺术美的深层次欣赏。此外,强化学生的审美鉴赏能力,也使他们能积极抵制低俗、媚俗和庸俗的社会现象。

4. 审美表现技能运动系统开发

在高校美育过程中,当大学生的思维、情感、想象力、联想力和审美感知等逐渐变得活跃,他们往往会产生将外部获得的审美信息与内化处理过的审美信息结合展现出来的愿望,即表达内心对美的向往。因此,培养审美表现的技巧是美育中极为关键的一环。针对大学生特有的神经运动模式,他们需要不断提升自身的审美表现能力。具体而言:

①大学生可以利用多样的思维和情感来进行审美表现。

②大学生掌握了多项技能,能够美化周边环境。

③大学生拥有较为系统的技能,可用于美化内心世界和个人形象。

④大学生通常能够掌握两到三种较高水平的艺术类别的审美表现技巧。

⑤大学生积极参与艺术展览、表演和艺术团体的活动。

⑥尤其是接受专业艺术教育的大学生,他们能够将技能与身体美感展现相结合,展现出更强的创造意象能力。

这种训练不仅增强了他们的审美和艺术表现力,也为他们的个人发展和社会交往提供了宝贵的技能。

5. 审美创造与全脑、全身心发展

以美的规律和本质为基础,大学生可以通过一定的技法创新,创造高水平的审美意象。他们的记忆、情感、联想、思维及感知能力,能够在大脑中形成全新的审美意象。通过将脑海中的审美意象转化为具体的艺术作品,他们可以表达自己的认知和情感。

一般的大学生可以构建相对简单的审美意象,并通过简单的技巧来表达这些意象。对于专业的艺术大学生而言,他们能够形成更加丰富和复杂的审美意象,并能熟练地运用艺术表现技法来进行创作和表达。在艺术创作过程中,他们首先需要在内心形成共鸣,然后再将这种共鸣转化为外在的艺术表现。

应鼓励大学生进行跨界思维,突破专业界限,深入探索和理解美的共通性。

(二)人文素质目标

①审美鉴赏能力的提升:通过美育教育,让学生能够认识并理解不同文化背景下的审美元素,从而深入感受各种艺术形式所表达的文化意义和美学价值,不仅包括欣赏技巧的培养,也强调对艺术作品背后文化内涵的理解。

②深化艺术与文化知识:高校应该鼓励大学生学习和了解中外传统艺术及艺术史,以便更全面地认识不同国家的文化、历史、哲学和科技等方面。艺术史不仅记录了人们在不同时期的生活状态和情感表达,而且也反映了社会的价值取向和科技进步。例如,学生们可以通过研究从西方古典时期、巴洛克时期到现代和后现代的艺术流派,深入了解不同时代的文化特征。同时,中国的传统文化,作为世界文化宝库中的瑰宝,其独特性和丰富性也将成为学生学习的重要部分。

③培养社会主义核心价值观:通过艺术教育,我们希望大学生能树立正确的社会主义核心价值观,形成合理的价值判断标准。艺术学习不仅是审美的过程,也是价值观念形成和人生观、世界观确立的过程。我们期望学生们在反思个人与社会的关系中,提高自我意识和社会责任感,培养包容、公正、正直等积极的价值观。

④人文学的价值与影响:人文学作为一种反思性的知识体系,关注的是人的经验、评价和情感的戏剧性表达。它不仅是学术研究的对象,更是一种生活的艺术。人文学的研究帮助我们理解历史和文化的深层价值,从而更好地体验和审视人生的意义。大学生通过人文学的学习,能够深化对人类经验和历史行为的理解,同时在日常生活中实践这些价值观。

⑤树立正确的三观:通过人文素质教育,学生将形成健康的世界观、人生观和价值观,包括对民主、自由、理性、容忍、公正等基本价值的认同和实践,这不仅有助于个人成长,也是构建和谐社会的基石。

总之,通过高校美育,高校不仅传授艺术技能,更致力于通过艺术的力量培育学生全面的人文素质,让他们在未来的生活和工作中,能够展现出高度的文化涵养和社会责任感,成为社会的中坚力量。

(三)全面素质教育目标

高校全面素质教育的根本目标是培养学生成为德智体美全面发展的人,即一个完整的"全人"。无论是在西方还是东方的教育传统中,德性的培养都是教育的基本追求。在现代教育环境中,高校不仅关注知识的传授,更加重视学生存在的意义、精神追求的培养以及对美的感知能力的提高。高校通过多元化的教育手段,着力于提升学生的个人品格和精神追求,将大德、大智、大爱融入日常教育中,让学生在追求知识的同时,也能够追求价值与信仰,品味生活中的真善美。

美育是高校全面素质教育中的重要组成部分,它通过艺术的形式激发学生的审美感和创造力,从而在无形中提升学生的全面素质。通过以下几个方面的培

养,美育展现了其独特的教育价值:

①以美寓德:美育不仅仅关注审美的培养,更通过艺术的形式表达内涵丰富的德育信息。在欣赏美的过程中,学生可以自然地接受道德和精神层面的教育,如理解生活的价值观、社会公德和爱国主义等。美育通过这种柔和而非强制的方式,帮助学生在潜移默化中形成正确的世界观和人生观。

②以美启智:美育还融入了智育元素,它通过艺术活动激发学生的思维和智慧。例如,在音乐、美术、文学等领域中,学生不仅学习艺术技巧,更通过艺术作品中的逻辑、结构和表现手法,提高思考和解决问题的能力。

③以美健体:艺术活动如舞蹈、戏剧表演等不仅是精神享受,也是身体锻炼的过程。这些活动要求身体的协调和美感,有助于学生塑造良好的体态和增强身体健康。

④审美与劳动实践:美育还与技术教育和劳育相结合。在创造美的过程中,学生不仅能够体验到美的快乐,还能在实际的劳动中培养对工作的热爱和责任感。通过参与各种艺术创作和劳动实践,学生的创造力和实践能力得到了全面发展。

(四)专业素质目标

在高校教育中,美育的实施不仅仅局限于艺术专业,而是深入每一个学科领域,成为提升学生专业素质的重要组成部分。高校美育的目标在于通过不同专业的审美教育,增强学生的艺术感知力,从而提升其整体的专业素质。以下内容将详细阐述高校美育在艺术专业学生、艺术师范生以及文理工专业学生中的具体应用。

1. 艺术专业学生的审美素养

艺术专业的学生在高校的教育过程中,特别强调以人格的全面发展为前提,认为良好的人格素质是艺术修养的基础。这类学生不仅要学习专业的艺术技能,还需要通过深厚的文化积累和艺术实践来提升自身的审美素质。高校通过提供丰富的艺术课程和实践机会,帮助艺术专业的学生建立起专业的艺术素养,培养其对美的敏感度和创造力,使其在未来的艺术道路上能够独立思考和创新。

2. 艺术师范生的审美素养

对于艺术师范生而言,高校特别注重培养其教育情怀及教育能力。这类学生不仅需要掌握扎实的艺术专业知识,更应具备创新精神和持续学习的能力。高校通过理论与实践相结合的教学方法,加强师范生的综合育人能力,使其在艺术教学中能够灵活应用专业知识,激发学生的艺术兴趣和创造潜力。这不仅有助于师范生自身的职业成长,也为未来的教育事业培养出更多具有高审美素养的学生。

3. 文理工专业学生的审美素养

文科、理科、工科等非艺术专业的学生同样需要良好的审美素养。高校鼓励这些专业的学生探索专业内在的美感,通过课程学习和跨学科的艺术活动,提高学生的审美鉴赏力和创造能力。例如,理工科学生可以通过设计和创造实验体验科学实验的美感,文科学生则可以在文学和历史的学习中感受语言和叙事的艺术魅力。通过这种方式,各专业的学生不仅能够增强自己的专业素质,还能够在日常生活和未来的职业生涯中展现出更高的专业热情和审美能力。

二、高校美育课程内容

在设定高校美育课程时,首要任务是明确课程目标,选择与之相符且规范的课程内容,这些内容应结合直接经验和间接经验,共同构建出一套完整的文化知识体系。这一体系构成要素包括学科专业知识、社会生活经验、实践活动经验三个维度。

知识的生成和发展是通过人与客观世界的互动实现的,它是大脑对事物固有特性、外在表现及其规律性的识别和反应。人类的认识成果,即知识,存在于一个系统化的范畴体系中,通过各种思维方式,如预测、假设、推理、判断和概念化等,得以实现和证明。人获得的知识初步存储于大脑中,呈现出其外在性;而知识的深层次内化则需通过感悟、认知、体验和理解等过程,进一步受到情感与意志的影响,最终融入个人内在,成为个体素质的一部分。因此,高校美育的目标在于促进学生在专业能力、人文素养、审美观念和综合素质上的全面提升,实现学生身心的全面、和谐与健康发展。要实现这些课程目标,就需要课程内容的有力支撑和实践。

(一)高深知识内容(美的本质与规律)

1. 高等教育特殊性

高校美育课程内容与其价值、本质、结构及传播方式息息相关。为了探讨基础教育阶段与高校美育之间的区别,我们需要依据高等教育的理念进行深入思考。在《高等教育哲学》这本书中,作者布鲁贝克探讨了基础教育与高等教育的区别,并从哲学的视角分析了高等教育的独特之处。布鲁贝克指出,相较于基础和中等教育,高等教育最显著的特点在于它对深奥学识的追求,这一点体现在教材的选择上。这些学识可能为人所知，但由于其深邃复杂，一般人难以充分掌握；或者这些学识正处于已知与未知的边界。

2.高深知识释义

高深知识是由专业的、详尽的学问构成的。这种知识往往存在于高等教育中，如大学和研究所，是学术和专业培训的关键部分。它不仅包括具体的科目和课程，而且包括这些课程的理论基础和实践应用。

高深知识主要可以分为两类：一类是追求知识本身的理解和认识；另一类则是寻求知识的实用性，即如何应用这些知识解决实际问题。在高等教育哲学中，第一种观点强调了"闲逸的好奇"，即出于纯粹的兴趣和好奇心去探索和学习。然而，随着社会的发展和需求的变化，单纯的知识探索已无法满足所有的需求，人们开始追求更为精确和实用的知识验证方法，即追求真理和科学验证。从社会和文化的角度看，高深知识也是不断演变和细化的。例如，随着技术进步和社会变迁，一些新的学科领域可能会形成，而传统学科可能需要更新其理论和方法以保持相关性。

高深知识的特点是其复杂性和抽象性。这种知识通常要求批判性思维和深入探究，不仅要求理解已知事实，还要求挑战现有的理论和观点，探求新的可能性。在认识论中，这种知识属于理性认识的高级阶段，包括推理、判断和概念的形成。此外，高深知识对科学研究尤为重要，因为它能够揭示事物的本质和本质联系。在科学领域，理论知识和原理是解释自然现象的基础。这种知识不仅包括具体的科学事实，还包括理论框架和模型，这些都是科学探索的基础。

3.高深美的知识含义

依据上文的论述，高深美的知识，即对于美的本质、规律性与哲学的认识，位于学科领域中最为高级的水平。所以，应该与基础教育相区分，并在高校美育的课程中设计自己的特色，教授高深美的知识。

（二）基础知识内容

基础知识的内容及其在不同教育阶段的应用，是高等教育区别于其他教育层次的一个重要特征。《高等教育哲学》一书的作者布鲁贝克指出，与初等和中等教育相比，高等教育在教材内容上具有显著的不同。因此，高校美育应当与基础教育阶段的美育有所区分，更侧重于教授深入和高级的美学知识。尽管如此，现实情况是许多大学生在接受高等教育时，对基础美的知识了解并不深入，而这种情况往往源于在基础教育阶段对审美知识缺乏系统学习。因此，在高校美育课程的设置中，依然需要重视美的基础知识的教学，比如美的分类与特征。

美可以根据其不同的表现形式和功能被划分为科学美、艺术美、社会美和自然美等类型。这些分类构成了美的基础知识框架,适合在小学甚至幼儿园阶段进行教学。

进入高中阶段,学生的美学教育应进一步深化,此时可以引入关于美的不同风格的学习,如喜剧、悲剧、壮美和优美等。这部分内容位于美学知识体系的中层,帮助学生建立起对美的多样性和复杂性的认识。

至于大学阶段,应当重点教授关于美的哲学,包括美的规律性及其本质的探究。在这一阶段,大学生应当被鼓励探索和质疑现有的美学理论,发展出自己的见解和批评能力。

总之,美的教育应贯穿学生的整个学习生涯,包括从幼儿园到大学。每一个阶段都应有针对性地设计课程内容,以适应学生的认知发展和对美学理解的需要。通过这样层次分明且系统的教育模式,高校美育不仅能够补充和完善学生在基础教育阶段的美学知识,还能够深化和扩展他们对美的认识,最终培养出具有批判性思维和创新能力的未来社会成员。

第二节　高校美育课程设计依据

在当今社会,随着教育理念的不断更新与发展,美育作为培养学生审美观念、审美情趣和创新能力的重要途径,日益受到重视。高校作为人才培养的摇篮,其美育课程设计更是关乎学生全面发展的重要环节。高校美育课程设计应当建立在坚实的理论基础之上,同时充分考虑学生的起点和课程的终极目标,从而设计出既科学又具有挑战性的课程体系,有效促进学生在美育方面的全面发展。

一、高校美育课程设计的理论基础

(一)泰勒课程基本理论

自 20 世纪初以来,随着现代工业技术的快速发展,教育研究开始强调精确性、定量性、实效性和科学性。在这一背景下,20 世纪 30 年代,"八年研究"运动促使了课程重建活动的兴起。在这一运动中,国际知名的课程理论专家拉尔夫·泰勒,基于实验研究的结果,系统地提出了课程设计的基本程序,并在其著作《课程与教学的基本原理》中,对这些理论进行了详尽的阐述。泰勒的理论着重从行为理论的角度探讨了课程设计过程中需关注的关键问题,包括教育目标的制定、教育经验的提供、经验的有效组织以及教育目标的实现评估。

1. 教育目标的制定

泰勒认为,学校应达成具体的教育目标,而这些目标的制定需要依据五个基本来源:心理学的意义、哲学的意义、学科专家的意义、社会生活需求以及学习者的个人经验。这表明,在设定教育目标时,必须综合考虑学科发展、社会发展及学生个人发展。教育目标的多样性要求目标制定过程中涉及心理学和社会教育学的筛选,以确保教育目标既符合学校的教育方针,又能促进学生的全面发展。

2. 教育经验的提供

泰勒强调,教育经验是服务于教育目标的,应根据不同学科和学校的需求差异而定制。学校需为师生提供必要的学习和教学经验。泰勒提出五大原则指导教育经验的选择:多样化的学习成果、多元化的学习途径、学生的实践能力、满足学生学习需求、提供学生实践机会。这些经验不仅能培养学生的学习兴趣和思维技能,还有助于学生信息的获取和社会态度的形成。

3. 经验的有效组织

为了确保学习经验的有效性,泰勒提出应当按照整合性、顺序性和连续性三原则进行组织。整合性关注课程之间的横向联系,顺序性强调在已有经验基础上构建新的学习经验,连续性则指课程要素应连续不断地强化。

4. 教育目标的实现评估

泰勒认为,教育目标的实现与学习成果之间可能存在差异,因此需要一个系统的评价过程来确定教学计划和课程是否真正实现了既定的教育目标。评价不仅包括成果的衡量,也涉及评价过程的设计,这在评估教育效果时尤为重要。

在高校美育的课程设计中,泰勒的课程基本原理提供了一套系统的方法论。首先,高校美育应明确其教育目标,这些目标应综合考虑艺术教育的内在价值和学生的发展需求。接着,设计课程内容时,应选择能够激发学生创造力和审美能力的教育经验,同时保证这些经验的多样性和实践性。此外,高校美育课程应有序地组织这些教育经验,以形成系统的学习路径,最终通过连续的课程活动实现教育目标。评价机制的建立,则需针对美育课程的特点,进行定性和定量的双重评估,确保教育目标的实现。通过这种系统的课程设计方法,高校美育不仅能够培养学生的艺术素养和创新能力,还能促进学生全面发展,体现了泰勒课程设计理论的现实意义和应用价值。

(二)布鲁纳结构主义课程理论

在当代高等教育中,课程设计逐渐受到广泛重视,尤其是在高校美育领域,布鲁纳的结构主义课程理论为我们提供了一个理论框架和实际操作的基础。以下内容将对布鲁纳的理论进行详细解读,并探讨其在高校美育课程设计中的具体应用。

自20世纪50年代末起,美国启动了自然科学与基础教育教学的改革,此时布鲁纳的结构主义课程理论应运而生。该理论基于结构主义心理学和哲学,强调外部环境与个体认知结构之间的相互作用,推动个体心理的成熟和发展。布鲁纳反对孤立地、仅依靠经验研究局部现象,主张从整体、系统的角度去理解事物的关系和结构。在他的《教育过程》一书中,布鲁纳对教学方法和内容进行了系统性的阐述。

1. 课程目标的设定

布鲁纳提出,课程设计不应只着眼于学生的成绩表现,更应关注每个学生智力的提升和发展。在当前社会和技术高度复杂的背景下,课程目标应依据学生的认知规律来设计,使所有学生,包括学习能力较弱的学生,都能顺利参与学习。此外,课程还应引导学生理解知识的形成过程,激发他们在学习中的探索和发现精神。

2. 课程内容的构建

布鲁纳特别重视学科知识结构的发展,认为教师应将教学中的基本概念与方法与学校课程结合起来。这些基本概念反映了各学科的核心原理,教师通过教学使学生掌握这些概念,并能将所学知识迁移到其他学习场景中。基于此,布鲁纳设计了"螺旋式课程编制法",即围绕核心概念及其内在关系,按照学生思维发展的层次逐渐深入,实现知识的积累和迁移。

3. 课程实施的方法

布鲁纳支持启发式教学和积极的学习态度,强调引导学生形成积极探索的学习态度,重视激发学生的思维。在这种教学模式下,教师不直接传授知识,而是通过提供信息和材料,引导学生自主探索,在实践中发现和认识事物,从而深入理解学科的基本原理和结构。在教学过程中,教师需保留引人入胜的学习内容,鼓励学生自我探索,促进知识的"再发现"。

4.课程评价的角度

布鲁纳还强调,课程评价应以学生对知识的理解为基础,无论采取何种测试形式,都应更多地侧重于学生对学科基本原理的掌握。通过这种评价方式,可以更准确地反映出课程设计的效果和学生的学习成果。

布鲁纳的结构主义课程理论在高校美育的课程设计中具有广泛的应用前景。美育课程不可能涵盖所有美学内容,但可以将美的基本规律和概念融入具体的审美实践中,通过螺旋式的课程内容安排,促进学生在美学认知和实践中不断进步。这样的课程设计旨在建立一种有序的美育学习体系,提升学生的审美和创造能力。通过结合布鲁纳的结构主义课程理论,高校美育可以更系统地培养学生的审美观念和艺术理解力,形成一种全面而深入的学习体验。这种理论的应用不仅提升了课程设计的科学性和实效性,也为学生的全面发展提供了坚实的理论支撑。

二、高校美育课程的逻辑起点与指向

(一)以高深审美知识为逻辑起点

高校教育的逻辑起点在于对高深知识的研究。布鲁贝克指出,高等教育注重对深奥学问的探索,更倾向于研究复杂的理论体系;伯顿·克拉克则认为,高等教育的任务围绕知识展开,正因为高深学科的自主性和自我更新能力,使得高等教育在整个教育体系中具有不可替代的地位。高等教育的独特性和内在属性,正是建立在对高深知识的持续探究之上。换句话说,高等教育与基础教育的根本区别在于,它以高深的知识为基础,旨在培养高层次人才。同时,高校教育还需要接纳来自中等教育的毕业生,并在此基础上提升他们的行为意识、个人认知、思维方式和情感发展水平。

在一定的美育基础上,高校美育课程能够有效促进大学生的全面发展,使他们通过参与美育实践活动获得全新的审美体验。学生审美能力的提升必须以理性基础为前提,而这种理性基础正是高校美育中蕴含的高深审美知识。在高校美育的实施过程中,往往表现出三种偏差:①"过度实化",其表现形式为"艺术教育",即用绘画、书法等艺术课程代替美育。艺术教育作为美育的重要组成部分,已广泛存在于各类高校中。它能够对学生的心灵产生深刻影响,通过学习艺术,可以陶冶情操,提升审美修养和人文素质。在这一过程中,艺术教育成为美育的一种表达形式,但仅仅作为美育的实现方式之一,而非唯一路径。然而,如果艺术教育把培养艺术技巧作为首要目标,逐渐演变为以技能传授为核心的课程,其本质就发生了改变,失去了美育的内在价值。②"过度虚化",其表现形式为"通识教育",即在美育课程中主要以"鉴赏""欣赏"等模糊的词汇为主。高校审美教育形式的虚化使其被划归通识教育课程体系中。例如,使用"鉴赏""欣赏"来表达对艺术作品的理解和分析,但在实际授课中,为了追求课堂效果,往往将理性评析与低俗文化混淆,导致脱离了应有的知识教学。③"过度专化",即以美学原理替代美育,其典型表现是部分高校美育课程变成了美学理论的简单传授。美学原理虽具有普遍意义,并在社会科学与自然科学领域中广泛适用,但其核心内容过于偏重哲学层面的探讨,而美育的目的是引导学生感知美、理解美,而非仅限于对美的哲学解读。将美学作为美育的核心内容,显然违背了美育提升审美素质和人格修养的初衷。

从高等教育的逻辑起点出发,美育中的高深审美知识实际上是与审美活动及"美"的本质相关的规律和要素结构。大脑的理性运作使人能够深刻认识到这些结构与规律,因此理性思维具备充足的历史实践性、严密的逻辑辩证性、积极的综合创造性以及高度的抽象概括性。理性思维处于人类心智活动的顶端层次,因此大学生应当在学习过程中成为理性思维的主导者与践行者。高校美育的核心目标在于运用审美知识提升大学生的思维能力,而不仅仅停留在简单、片面的艺术鉴赏层面。高校可以通过组织学习和实践活动,帮助大学生深入了解艺术美、社会美、自然美等各种美的基本形态,让他们充分领悟"知其所以美"的内在深意。同时,高校美育课程需要将艺术学和美学中的相关知识进行有机组合,构成具有学科深度的审美知识体系,以此作为高校教育的核心内容。学科专业是高等教育中规划学习领域的重要依据,每个专业知识都具备独特的逻辑特点,根据这些逻辑特性进行调整和组合,可以形成学科内部的逻辑美与外在的形式美。高等教育还强调不同学科专业之间的关联与融合,倡导跨学科的综合学习和创新。大学生应当对所学专业保持浓厚兴趣,主动挖掘专业知识中所蕴藏的美,并跨越专业与学科领域,积极探索发现更多美的存在与形式。同时,还应当科学合理地运用审美活动中的基本规律,将其与自身专业的知识与实践相结合,真正达到学以致用的目标。

(二)以补偿和发展为价值取向

在整个学生教育生涯中,美育往往是最为薄弱的一环。这一现象在基础教育阶段尤为显著,许多学生在这一阶段往往缺乏系统的美育学习,这种缺失对他们进入大学后的美育学习带来了不良影响。美育的形式多种多样,学者们通常将其分为三类:启蒙型、普及型和文化型。启蒙型美育针对的是缺少文化启蒙的成年人、青年和儿童,旨在让他们初步了解美学;普及型美育适用于普罗大众及具备一定文化基础的青年,目的是扩大美育的普及范围;文化型美育则面向专业人士和从事艺术文化工作的高校学生,侧重于高水平的艺术修养和教育。尽管美育的重要性被广泛认可,但由于各种客观原因,许多大学生在参与体艺活动方面经验不足,这直接影响了他们的美育学习。大学阶段的美育教育需要依托于学生过往的审美经验和实践活动,这是由大学教育的深度与广度所决定的。高校在美育教育中设定的双重目标:一是提升学生的专业审美能力;二是增强他们的艺术技能和艺术鉴赏能力。高校美育的实施应当从学生的实际需求出发,为他们提供跨学科的审美课程,将艺术鉴赏作为基础课程,力求将专业知识与审美理论相结合,将经典艺术作品与创新审美规律相融合。这样的教学路径不仅能够提升学生的人文素养和生活质量,还能提高他们对专业知识和经典艺术作品的审美理解。

为了更有效地推进高校美育,需要充分利用学生已有的审美经验,引导他们参与到审美创造的实践中,全面讲解审美规律和美学原理。针对当前大学生普遍存在的审美经验不足的问题,高校应首先提供课程辅导,设计有助于提升他们审美创造力的课程。这些课程不仅强调美的应用和基本规律,更重要的是培养学生的感性审美能力,促进其审美理性的发展。

（三）力求实践的美育活动

培育人才实践活动是教育质量的规定性的表现和根本特征。教育理论家杜威强调,教育的真正目的应在教育过程中寻找,而不是脱离实际教育活动。他提倡的实践教育理论认为,教育的手段和目的应当紧密结合,形成教育的内在目标。在美育领域,这一理论尤为重要。美育应着重于实践,引导学生去探索、创造和欣赏美,通过这一过程陶冶情操,提升生活质量。在教育的引导下,美育活动可以通过艺术表演、创作和欣赏等多种形式展开。这些活动的目的和手段是统一的,都旨在通过美育实践提升学生的审美经验和能力。

单靠课堂讲授审美知识和技能,是不足以满足美育深层次目的的。真正的美育应使教育过程本身转化为审美的实践,让学生在实践中发展自己的审美能力。这一教育过程应该满足以下三个基本要求:①学生应探索并感知能带来身心愉悦的美好事物。这不仅仅是个人的感受,也应该是师生共同在审美环境中的体验。②学生应从内心出发,学会热爱参与美育活动本身,体会其中的美好。③学生应当接受并完善自我,积极将自己塑造成美的传递者,通过德、智、体全面的教育,深刻理解和实践美育的精髓。高校美育的核心目标就是美育本身的实现,即将普通的教育活动转变为审美活动,把传统的教学环境转化为充满审美氛围的空间。这种转变强调了美育的实践性特征,即通过直接参与和体验美来培养学生的审美感受和创造力。

第三节　高校美育课程设计思路

一、课程目标设计

课程目标的制定是基于详细的课程计划,旨在实现教学活动中人们期望的具体成果。这些目标应具有清晰性和精确性,反映出系统化的特点。在设计课程目标时,必须对目标相关的各项概念进行详尽的分析,并且根据这些分析,在相关的教育原则指导下构建一个完整而严密的目标体系。高校美育的课程目标设计扮演着极为关键的角色,它不仅在教育活动中起着桥梁的作用,连接学校的整体教育目标和具体的教育意图,还在课程内容的选择、执行及其效果评估过程中显示出独特的统筹和导向功能。这种设计方式确保了教育活动能够有效地达到既定的教学目标,同时促进学生能力的全面发展。

(一)目标来源

课程目标设计应清晰反映学习者在教育过程中的变化,并作为评判其成功与否的标准。制定课程目标不应仅依赖于某一单一因素,而需由学校综合多方面信息,作出明智的决策。因此,一个单一的视角或信息来源不足以作为决策的全部依据。高校美育课程面向的对象既包括那些缺乏美育经历、经济条件较为困难的学生,也包括具有一定美育背景且经济条件较好的学生。根据目标设置的理论,高校美育课程目标的设计需要综合以下三个方面的考量:

1.大学生的审美需要

在当代高等教育中,课程的设计旨在引领学生科学与健康地发展,而高校美育的核心目的便是满足学生们的审美需求。所谓的"需求",本质上是一种内在的不满足状态。对此,泰勒提供了两种解释:①需求可能源自生理上的内部张力不平衡;②需求是理想与现实之间的差异所导致。

观察当代大学生群体,不难发现,他们的审美意识相对成熟,但审美行为与这种意识之间却常常存在较大的差距。这种现象引发了两种推测。第一种观点认为,学生们之所以在审美行为上显得不足,可能是因为他们缺乏足够的审美经验和对美的深刻感知能力。这种能力的缺失阻碍了他们通过愉悦的审美体验来提升个人的审美需求,也无法保持个人内部的审美张力平衡。这不仅影响了他们当前的美育素养,更可能对其未来的整体发展造成深远的影响。第二种推测则较为乐观,认为学生们已经具备了辨识自我审美能力与审美意识差异的认知能力。这种能力的提升使得大学生能够更准确地表达自己的审美需求。根据对高校美育课程的需求调查,大多数大学生表现出了对美育课程和艺术技能的高度热情,这不仅验证了他们对审美与美的双重需求,也显示了他们对这类课程的积极态度。在这两种观点的基础上,我们可以推断,美育课程应更深入地挖掘并关注大学生的潜在审美需求,以此促进他们审美兴趣的持续增长。如果高校能提供能激发学生兴趣的相关活动,就能有效提升学生的参与积极性,从而增强他们在不同环境下的应对能力。从马斯洛的需求层次理论出发,我们知道,满足生理需求是实现更高层次审美需求的基础。审美本身是一种能够提升个体心理和生理愉悦感的独特体验,它是个体在追求快乐和满足时达到自我实现的一种表现。从这个角度看,大学生的审美需求不仅广泛而且迫切。

2.社会美学发展

在现代社会的快速发展中,人们对于美的追求不断加深,文化、政治、经济等多个领域均反映出了这一追求。随着大学逐步从象牙塔走向社会,其课程设置也开始受到社会发展的显著影响。在经济快速增长的推动下,社会对发展质量的要求同样提升,其中"美"的标准日益凸显,涵盖了道德风貌、生态环境与社会生活等多个层面。为响应这一变化,党和政府在多个政策文件及场合强调了美育的重要性,特别是在高校美育方面提出了具体要求。人是社会性生物,时时刻刻都在复杂的社会环境中活动。然而,对于社会活动的简单认知并不能证明这些活动的合理性,也并非所有的社会活动都能直接转化为课程目标设计的素材。当前,社会审美活动的多样化产生了各式各样的愉悦体验。在这种情况下,美育课程的设计需具备辨别能力,区分出哪些体验仅仅是表层的"垃圾快乐",哪些则真正属于审美的范畴。

3.学科专家的意见

学科专家在高校课程目标设计中扮演着至关重要的角色。他们不仅是课程研究的引领者,也是教材编写和课程实施的主导者。这些专家将自己在学术领域内的独到见解和立场融入课程内容中,使得整个教学活动都体现了他们的专业特色和学术追求。

在课程目标的制定过程中,学科专家特有的专业性和专门化知识使他们能够精准地定义课程的具体目标,确保这些目标在教学实践中的可行性和有效性。他们对课程功能的深入理解和专业评估,不仅促使课程目标更加明确,还增强了课程内容的实用性和教育效果。例如,在高校美育课程的设计中,学科专家会根据美育的核心价值和目标,综合个人专业背景和学术研究成果,提出具体的教学目标。这些目标不仅包括审美感知、创造力提升等传统美育目标,还可能包括发展学生的人际交往能力、生活方式选择等更广泛的教育功能。在这个过程中,专家们会详细考量如何通过美育课程帮助学生形成健康的生活习惯,如何培养他们处理人际关系的能力,以及如何锻炼学生的思维和想象力。

不同学科的专家还可能从各自的专业角度出发,对美育课程的目标进行深入探讨和设计。例如,一个有着文学背景的专家可能侧重于如何通过文学作品提升学生的审美和文化理解能力;而艺术领域的专家则可能侧重于通过绘画和音乐等形式,培养学生的创造力和审美批判能力。此外,学科专家对于美育课程目标的实现也有着清晰的构想。他们会提出具体的实施策略,如课程内容的结构设计、教学方法的选择等,确保美育的各项功能能在教育实践中得到有效发挥。通过这样的专业引导和科学设计,学科专家的意见不仅为高校美育课程的目标制定提供了坚实的基础,也为课程的成功实施奠定了重要的理论和实践支撑。

(二)基本原则

在设计高校美育课程时,高校应当本着系统化、适应性和层次化三大基本原则来确保课程内容既全面又实用。这三大原则不仅反映了教育专家的集体智慧,也顺应了社会对艺术教育的期待以及大学生个人成长的实际需求。

1.系统化原则

在设计美育课程时,必须确保各个课程目标之间既有横向的联系,也有纵向的发展逻辑。这种系统性的设计有助于平衡课程目标与其他教学活动之间的关系,确保课程的连贯性和完整性。美育的课程目标不仅包括培养学生的审美能力,如创造力和感知力,还应包括人文素养的提升,使学生在追求美的同时,也能在德、智、体、美、劳等多方面得到均衡发展。

2.适应性原则

适应性原则强调课程设计需要根据大学生的实际情况来调整,包括对学生之前的学习经验、知识基础、个人兴趣的充分考虑。由于学生在中学阶段的艺术教育背景各不相同,有些可能没有接受过系统的美术或音乐训练,因此高校在设计美育课程时,首先要全面了解和评估学生的美育基础。课程目标应该适中,既不能过高让学生觉得难以达到,也不能过低而失去挑战性。最重要的是,课程应该能够切实可行地促进学生的近期发展,即在他们现有知识水平的基础上稍作提升。

3.层次化原则

层次化原则是指,课程目标应该根据不同的认知和技能层次来设计。根据布鲁姆的教育目标分类理论,教育目标可以分为情感、认知和动作技能三个层面。每一个层面都应该具体化到相应的学习行为和成果。例如:在认知层面,目标从简单的知识记忆逐步提升至分析、应用、综合和评价等高阶思维技能;在情感层面,则从基本的情感反应发展到价值评估和内化等深层次的情感态度变化;在动作技能层面,则涵盖从基本的知觉反映到复杂的创作和表现技巧。这种层次化的设计能够确保学生在美育学习过程中能够逐步深入,层层递进,最终实现全面的审美和艺术素养的提升。

通过这三大原则的指导,高校的美育课程可以更加科学地构建,不仅满足大学生的个性化发展需要,也能有效地融入大学的整体教育目标之中,为学生的全人教育奠定坚实的基础。这种教育不仅是技能的传授,更是一种生活态度和审美情趣的培养,为学生未来的职业生涯和个人生活提供宝贵的精神财富。

(三)补偿与发展递进式课程目标体系建构

在当代高等教育中,美育课程的目标构建应体现出补偿与发展的递进式特点。美育课程在设计时,首先应注重基础的补偿性目标,即通过课程提升学生的基本审美能力,包括学生对生活中美的感知、认知、欣赏和创造的能力。在此基础上,再逐步推进,发展学生更高层次的审美和人文素质。

2020年,中共中央办公厅、国务院办公厅联合印发《关于全面加强和改进新时代学校美育工作的意见》(以下简称《意见》)。《意见》指出,美育的核心目标是通过艺术教育提升学生的审美情感和人文素养。美育的目标不仅是美化心灵,更是通过美的教育促进学生全面素质的提升。从目标设定的具体内容看,高校美育的目标可以分为以下几个方面：①培养大学生健康而高尚的审美理想，激发学生对美的持续追求和审美情趣的培养；②引导学生树立正确的审美观念，形成科学的审美判断力；③提升学生对美的事物的鉴赏力和创造力，增强他们的审美感受力；④通过美育活动积极塑造学生的情操，促进个性和人格的健康发展，提高学生自我审美的自觉性和能力。

在大美育的视角下，高等院校的美育课程目标可以分为分层目标和总目标。在分层目标中，各种能力的具体要求得到了详细的分析。例如，对于审美表现能力，提出了三项具体要求：①掌握自我美化的技巧；②具备美化周边环境的多种技能；③掌握2—3项卓越的艺术表现技能。而总目标则为提高大学生的审美创造力、审美表现力和审美欣赏力，引导学生的人格和行为发展，促进智力增长，增强体质，从而实现身心的全面健康发展。另一方面，高校美育课程的目标还可细分为具体目标与终极目标。具体目标包含即时目标与主要目标两个层次。即时目标着重于通过美育课程推动大学生在德智体各方面的均衡发展；主要目标则聚焦于促进大学生的审美创造力提升、审美表现力增强、审美能力的拓展及审美意识的形成。至于终极目标，则是培养大学生身心的健康发展和完美人性的塑造。这些目标的研究不仅在理论上具有参考价值，而且在实践中也体现了美育课程目标的发展递进性与补偿性。

高等教育中完美的审美能力不仅包括理性的审美知识，也包括感性的审美情感。从补偿性美育角度来看，高校的美育课程目标虽然基于中小学的基础，却具有其特殊性。而在发展性美育课程方面，无论是在专业学习还是跨学科、跨专业的学习中，这些都应成为高校美育课程目标的重要组成部分，以培养学生的审美生活能力和学科间的审美迁移能力。观察中小学的美育学科结构，主要由美术、音乐和综合艺术组成，强调艺术技能的学习。与此相对，高校美育更注重培养学生从美学角度欣赏和学习经典艺术作品，如美术、影视和音乐等。因此，高校美育的发展性课程目标的建立应从深化技能和专业知识的理解入手。补偿性课程目标则应从加强审美基础知识的学习开始。课程目标通常分为认知、情感和动作技能三个类别。其中，认知目标让学生通过课程学习深入了解和掌握美育的基础知识；情感目标则是通过课程学习让学生感知并理解所传达的审美价值观、态度和需求；动作技能方面则重点培养学生的创造力、表现力和审美感知力等。此外，高校美育在劳动教育、德育和体育方面也显示出其积极作用，这些可以看作是美育课程的即时目标。综合来看,高校应将发展性课程目标、补偿性发展目标及即时目标进行融合,力求为所有大学生打造一个系统全面的美育课程体系。

二、课程内容及组织结构设计

设计高校美育课程必须落实在其内容的设计上。高等教育阶段的美育,补充了基础教育阶段美育的不足,相较于基础教育,它更加深入和专业。为了实现高校美育的教学目标,课程设计应该划分为发展性与补偿性两个层次,这样做旨在最大化地推动美育的全面进步。

(一)筛选标准:知识价值论、高深起点论和身心体验论

在当前教育环境下,高等教育中的美育发展受到了党和国家的高度重视。高校美育课程的设计和内容选择是教育者需要认真考虑的问题,其核心在于如何合理选择和组织课程内容,以满足大学生的美育需求,并提升他们的审美素养。从学术和实践两个层面来看,美育课程内容的选择需要围绕知识本身的发展、社会发展趋势、学生个人发展的需求来进行。

①高校美育课程内容的相关知识蕴含着育人价值。历史上不少教育家和哲学家都曾经深入探讨过美育的内涵及其价值,其中斯宾塞的知识价值论是一个非常典型的例子。斯宾塞主张,在所有的知识当中,科学知识最为重要,因为科学知识的学习是对实际活动最好的准备。在他看来,科学不仅仅是自然科学,还包括经济学、政治学、心理学、社会学以及其他实用的技能。在高校美育的课程设计中,强调培养学生的人文素养和审美素养,目的是促进学生的心理与生理发展,避免受到功利教育的影响,更以学生的全面健康发展为最终目标。这些课程的内容应该建立在科学的基础之上,将对人的全面发展和对美及美的事物的认识纳入科学的一般规律之中,以审美相关的实用技能作为支撑,同时要求学生掌握一到两项艺术技能,并具备一定的审美实践经验。在课程的实施过程中,实践审美的技能和培养审美的认知应当相辅相成、相互补充。现代心理学将知识分为程序性知识和陈述性知识两大类,前者强调通过练习特定的程序和规则来掌握某项技能,这些技能又可分为动作技能和智慧技能;后者是指言语信息,主要回答"是什么"这一类的问题。同样,高校美育课程中的知识也可以分为这两种,其中陈述性知识帮助大学生理解美的多种面向,为他们的身心、技能的发展提供基础。将这两类知识有效结合,可以为美育课程的设计提供坚实的理论支持,是实现美育目标不可或缺的一部分。

②高深知识是高校美育课程的重点。布鲁贝克在讨论什么是高等教育时,明确提出了高等教育应当涉及高深知识的传授。高深知识的定义虽然多样,但从教育的角度来看,它指的是大学生在学习过程中所获得的能广泛应用于各领域,并具有一定深度的知识,比如基本的规律、概念和原理。在大学教育中,以专业作为基本教学单位是极其重要的特征。各专业课程不仅仅是知识的堆砌,更是按照一定的内在逻辑有序排列,以确保知识的系统性和科学性。从陈述性知识到程序性知识的转变,本质上是专业学习的实践过程。因此,美育不应仅仅局限于举办几次艺术活动或几堂艺术鉴赏课程。美育课程应从高深的知识点入手,根据育人的逻辑精心组织科学合理的知识体系,使之与大学生的思维模式和认知结构相匹配。美学作为一门科学,主要研究美感、美以及艺术之美,重点在于探讨美的本质,并从所有美的事物中提炼出共同的特征,即美的规律。这些规律,如基本原理和概念,是审美知识中的高深内容。当涉及评价不同事物的美学价值时,这些美的规律便成为重要的评判标准。在这个评价过程中,能够揭示美的深层规律的知识,体现了其作为高深知识的价值。审美性是艺术的基本特质,不论艺术的形式如何,其背后总是隐藏着人类对美的追求和劳动的意义。因此,将艺术教育纳入美育的范畴,一个必要的前提是艺术教育本身应具备明确的审美目标。同样地,大学专业中的相关课程如果要被视为美育的一部分,也必须具备这样的审美目标。

③美育课程中的基本准则就是审美过程中的身心体验。身心体验,是指在外部艺术的刺激下,个体的生理和心理层面所产生的综合感受。具体到美感体验,则是指通过感官对外界事物的感知,引发的心理和生理上的愉悦反应,这种感受往往带有深刻的情感色彩。要实现美育的教育目标,关键在于如何通过美育课程设计,使学生能够在课堂上获得这种深刻的身心体验。值得注意的是,这种体验在生理和心理上并不总是同步发生的。例如,美感通常与积极情绪联系在一起,但它也可能包含一些不那么愉悦的方面,显示出情感的复杂性。换句话说,大脑如何对外界信息作出反应和评价,决定了个体的身心体验。在这一过程中,大脑不断构建和重塑各种意象,这些意象进而影响个体的价值观、情感和思维方式。在高等教育阶段,由于大学生的感知知觉能力和理性思维能力较为成熟,他们在面对复杂多变的审美对象时,能够通过不同的感觉器官协同作用,产生丰富的审美体验。因此,高校的美育课程设计必须包含能够激发学生身心体验的元素,通过艺术创作、鉴赏和表达等活动,达到美育的教学目的。具体来说,美育的过程首

先是通过艺术活动的参与和体验来实现的。学生在参与艺术创作或鉴赏时,能够直观地感受到艺术的魅力和深度,这种体验有助于培养他们的审美感和创造力。进一步来讲,通过专业的美学训练,学生不仅能欣赏到艺术的外在美,更能深入理解艺术背后的文化和哲学意义,从而促进其审美观的成熟与完善,提高创新和批判性思维能力。

（二）主要内容：美学知识、艺术知识、专业审美与跨界审美知识

对美的理解和认识是审美教育过程中对学生美感培养的根基,在缺乏最基本的理解或认知的情况下,情感是无法产生的。美育不仅是一种艺术技能的传授,更是一种深层次的情感和认知的培养。在实施美育时,教师需要对学生之前可能存在的误解或在基础教育中未涉及的内容进行补偿,这主要包括艺术技能和相关知识。同时,发展部分着重于从学生当前的美育接受程度出发,进一步培养他们在基于美学的基本知识上的学习和体验,这包括审美的基本规律、在审美创作和鉴赏中的实际应用以及美学的基础理论知识。从专业研究的视角出发,高等教育中的美育课程已经在艺术鉴赏和美育基础理论的教学上达成了共识。艺术鉴赏包括舞蹈、影视、音乐、建筑、绘画等多种艺术形式,通过应用美育的基础理论进行深入的鉴赏和批评。至于美育基础理论的教学,则聚焦于传授美学基础知识。此外,美育课程不能孤立于大学生的专业学习之外,而应与相关专业知识相结合,包括从专业课程中提取适用于审美教育的材料,构建专业的审美模块,同时积累跨学科的审美教育经验。总的来说,高校的美育课程内容包括美学知识、艺术知识、专业审美知识、跨界审美知识。

1.美学知识

在教育界,蔡元培认为美育教师的首要任务应该是通过美学的相关理论来陶冶学生的情操。这一理念突显了美学在美育中的核心地位。美学,作为哲学的一个分支,探讨的是美的本质及其表现形式。在美育中,美学不只是纯粹的理论探讨,它还应与教育学、心理学、伦理学乃至脑科学等多学科交叉融合,形成一个多角度、多维度审视美的学科框架。这种跨学科的结合,使得美育能够在更全面的层面上进行,既重视美的哲学探讨,也关注美的实际应用。美学理论在美育中的应用,可以视为一种创建审美理想国的努力,旨在培养学生高尚的审美人格和独立的审美判断力。美育的根本目标是引导学生形成正确的审美观念,这对于个人的全面发展至关重要。因此,在高校中实施的美育课程需要重视美学知识的引入。具体来说,这种课程设计包含两个方面:①应该指导学生如何在审美实践中运用哲学和美学的判断标准;②应该扩展学生对美学的基本原理、规律和概念的了解,从而在更加理性的层面上加深他们的感性认识。通过这种方式,美育不仅提高学生的艺术欣赏能力,更为他们的生活增添深刻的哲理思考和审美享受。

2. 艺术知识

美育的主要实施载体是艺术教育。在普通高校的美育课程体系中,应将艺术鉴赏课程置于首要位置,并开设艺术批评、艺术史论、艺术实践等方面的选修课程,让学生可以根据自身兴趣自由选择。艺术课程、美术课程和音乐课程是实施美育教育的核心渠道。美术和音乐课程在各级学校美育中都占据着重要地位,构成了美育教育不同阶段的主要组成部分,同时也是艺术教育中最为普遍的形式。但是,当前的艺术教育实践中依然存在两个显著问题:一是过于侧重艺术鉴赏;二是过于强调技法训练。前者主要体现在美育课程的实施过程中,尤其是针对非艺术专业学生的艺术教育。此类教育方式多以艺术鉴赏为主要形式,很多美育及艺术教育专家对此持肯定态度,但这种单纯依靠艺术鉴赏的教学模式常常难以取得理想效果。大多数学生缺乏艺术方面的基础技能和相关经验,在这种条件下进行的艺术鉴赏很难触及学生的审美情感层面,从而无法产生有效共鸣。后者则体现在中小学艺术教育中,其重心偏向对唱、跳、画等具体技能的训练,并将这些技能的掌握程度作为学生学习成果的主要评价标准,从而忽视了审美教育的核心价值。这种教育模式容易导致学生将艺术理解为单纯的技巧训练,而无法领会其中的美学思想和精神内涵,从而背离了美育的本质目的。

艺术知识是每个人人文素养和审美能力的重要组成部分,对音乐和美术作品的鉴赏和感知能力会深刻影响学生的生活态度和学习表现。因此,普通高校在设计美育课程时,必须包括艺术知识的传授,并在教学过程中充分考虑学生的美育需求和已有经验,科学地处理艺术教育与审美教育之间的关系。高校美育的内容应当经过科学、合理的筛选和设计,以帮助学生理解艺术的本质,提高其综合审美能力,具体措施如下:

①应重点传授艺术基础知识。对于大学生来说,艺术基础知识不仅包括艺术学相关理论知识,还应包括各类艺术形式的基本知识,如美术中的造型、构图、色彩、材质等方面的知识。此外,大学生还应学习至少一种艺术门类的发展历程,如简明的美术史。这种学习不仅能够帮助学生掌握艺术技法和创作技巧,还能引导其从历史的角度理解艺术在社会和文化发展中的作用,体会其蕴含的深厚人文精神。

②应注重艺术鉴赏知识的培养。艺术鉴赏不仅仅是简单的欣赏,而是一种深层次的互动和再创造过程,是观众与艺术家以及作品之间的跨时空对话和交流。通过这种对话,观众能够在自己的审美感受基础上对作品进行新的理解和诠释。将艺术作品与其特定的历史背景和创作环境相结合,能够更加深入地揭示作品的内涵,并提升学生的精神和情感素养,从而在鉴赏过程中获得精神上的滋养和情感上的共鸣。

③需探讨艺术技能在美育中的地位。关于是否应将艺术技能纳入美育教学内容,目前学界仍存在一定争议。美育虽然并非单纯的专业技能训练,但其实施中又不能完全脱离专业技能的支撑。美育教育中适度的技能学习能够帮助学生更好地理解和传承审美文化及技艺精神。因此,艺术技能可以作为美育内容的一个重要补充,而不应成为单纯追求技法等级或分数的工具。对于没有艺术技能的学生,课程将提供艺术技能的基础学习,帮助他们入门。对于已经有艺术基础的学生,他们可以通过担任助教来帮助其他同学,同时也有机会在更高级的课程中进一步深造和扩展自己的技能。这种教学方法旨在满足不同水平学生的需求,促进他们的艺术发展。

3. 专业审美知识

专业审美是指以美的视角对专业知识进行赏析,用审美的体验去感受专业中的独特之美,尤其是针对非艺术类的专业而言。在高校美育的课程设计中,专业审美知识的培养非常重要。然而,当前高校美育并未对这一部分内容给予足够重视,导致专业审美课程的缺失成为普遍现象,大部分高校从未开设过相关的审美课程。

审美与知识探索是人类永恒的追求。细致的专业分工确实有助于人类社会的发展,但同时也带来了科学与艺术之间的割裂。艺术在追求审美的过程中,与科学规律渐行渐远;而科学在不断探索客观规律的过程中,也逐渐疏离了审美情感。实际上,人们在探究知识的过程中,会因成果而产生审美体验,专业之美也由此诞生。高校作为知识的殿堂,孕育并传播着各类学科知识,这些知识与其他学科领域交叉融合,形成庞大的知识体系。从中世纪大学的神学、法学、医学和文艺四大学科,到如今丰富多样的专业分支,人类发展之路愈加广阔,其追求真理的能力也愈发精进。而随着时间推移,审美与求知的分工越发明确,两者之间的分化也愈加深刻。在探讨审美与求真之间的关系时,许多学者给出了独到见解。比如,英国博物学家赫胥黎曾将美与真比作硬币的两面。由此可见,美与真在本质上并非对立,而是相辅相成的存在。高等教育中的基本单位是"专业",大学生在本科、硕士、博士的求学历程中,不断深化对专业的认识,也为从美学角度审视专业奠定了基础。以物理学为例,其理论、公式、符号和概念构成了科学的独特语言。这些内容对普通人甚至物理研究者来说都显得晦涩难懂,但它们凝结了无数科学家的探索和心血,揭示了世界运行的内在规律,并推动了人类社会的进步。因此,在专业审美的视角下,物理学的这些知识也可以被视为一种美的体现。同样,对于教育学、护理学、经济学等非艺术类学科而言,探索其中的审美认知是一项重要而艰难的任务。只有站在更高的学术成就与视野上,才能更深刻地体会和概括这些学科中的专业之美。

在高校教育中,培养学生对专业审美知识的认识,有助于提高他们对专业知识的理解与领悟,使他们能够从美的角度去感受和解读专业的内涵。在专业课程设计中融入审美教育,不仅可以让学生掌握知识,还可以提升他们的审美能力,从而更好地理解专业知识背后的规律与美感。这样,学生不仅能获取学科知识,还能体验到知识的审美价值,实现求真与审美的有机结合。

4.跨界审美知识

"跨界"是指能够打破传统界限、超越既定框架的行为和思想,是一种突破现有障碍、延展边界的过程。在横向上,跨界体现为不同组织、学科、专业和文化之间的交叉与融合;而在纵向上,它表现为一系列环节、阶段的重新组合与跨越。在现实世界中,跨界的表现形式多种多样,且相当具体。例如:京津冀地区共同合作治理环境污染,就是行政区域的跨界;当传统产业与互联网相互结合时,便是产业形态的跨界;而演员参与音乐表演,则可以视为艺术创作中的跨界。这些跨界行为的背后,其实是各种不同要素之间的联结,这种联结可以被称为"视点"。视点是个体在认识和理解跨界现象时的核心概念。它可以是一个技能、方法、原理,或者是某种概念、结构的关键节点,甚至是个体在观察、理解事物时所聚焦的中心。在跨界审美知识的构建过程中,视点扮演着不可或缺的角色,它帮助我们在突破传统界限时,更清晰地理解新事物的发展与变化。

与现代审美问题的研究相契合的是审美现代化的进程。随着审美现代化的不断发展,审美研究领域也在逐步扩展,并呈现出各类艺术形式的相互关联与交融。通过美学特有的情感方式,不同艺术形式之间的跨界合作可以产生全新的审美体验。无论是音乐中的和声、旋律、节奏,还是美术中的材料、构图、造型、色彩,它们都代表着不同的审美视点。这些视点的重组使得艺术在各自领域中不断突破,创造出更加丰富的艺术形式与表现手段。跨界审美知识不仅仅局限于艺术领域,在其他学科中同样具有广泛的应用。例如,在物理学领域,理论、旋律、节奏等元素都可以作为理解物理之美的视点。物理学的美感,正是通过这些不同层次的视点表现出来的。这说明,各个学科无论其本质如何,都蕴含着特有的美,而这种美往往体现在学科独有的视点之中。跨界审美正是通过这些视点的交叉与融合,展现出不同学科领域的独特魅力。

在高等教育中,跨界美育的实施显得尤为重要。高校应积极引导学生运用审美的眼光去观察生活、感知周围的世界,并思考自身的发展路径。通过跨界审美的培养,学生能够从不同视角去理解各种事物的美,进而提升他们的审美能力。跨界审美知识的学习与掌握,帮助学生在不同学科与领域之间建立联系,突破传统的学科界限,达到审美教育的更高水平。实现跨界美育的核心在于培养学生的跨界审美能力,这不仅能够丰富他们的学科认知,还能帮助他们塑造健康的价值观、人生观和世界观。

（三）补偿与发展金字塔式课程内容体系建构

高校美育课程的相关内容十分广泛且复杂,需按照一定的格式和原则进行组织,以便于实体课程的构建和实施。

1. 课程内容的组织原则

在《课程与教学的基本原理》一书中,泰勒提出了组织课程内容的三大基本原则:整合性、顺序性和连续性。其中,整合性强调将个人生活与课程学习相结合,注重课程体验中的横向联系;顺序性则要求在已有经验的基础上,深入探索并积累新的知识;连续性则是指在课程中反复强调主要元素,采取线性推进的方式。后来,有学者对这些原则进行了修订,提出整合性、连续性和系统性三大原则,分别体现课程内容的横向、纵向和综合关系。

在高等教育中,培养学生的理性思维是一项重要目标。与此相比,高校美育更加强调感性情操的培育。尽管学生在基础教育阶段可能缺乏足够的美育,看似这两个目标之间存在矛盾,但实际上,高校美育的发展应以补偿为核心价值导向,其课程内容应基于整合性和连续性原则来构建。

（1）整合性原则

整合性原则是指将学生已有的学习经历与课程内容相融合,注重课程内容的横向组织。这种整合性原则主要体现在以下两个方面:

①高校美育课程把美育实践与相关知识进行组织整合。例如,可以将艺术学

与美学的理论知识与实践操作相结合，形成可执行的课程单元或模块。基于艺术学与美学之间的内在联系，整合包括艺术学基本知识、艺术审美实践、美学基本原理及专业审美操作等内容。同时，利用美育实践与理论知识之间的区别，有针对性地整合艺术基础知识、专业审美技能和美学理论。

②概念是学生的主要学习内容。美育课程包含艺术学、专业、美育三个领域。在这一过程中，概念的整合显得尤为关键。课程内容的组织就是将这些分散的知识点进行有效链接和整合，如将美学知识整合进专业审美的概念体系中。这种整合不仅有助于构建系统的知识架构，也促进学生跨学科的理解与应用。

（2）连续性原则

连续性是指在审美教育的阶段目标中关于美育内容进行的多重陈述。这种连续性原则主要体现在以下几个方面：

①课程内容应根据复杂程度进行合理排序。审美教育的课程设计应以基础知识为起点，逐步过渡到更具挑战性的专业审美和艺术技能训练，最终达到大学美育的核心目标，即通过美育引导学生跨越审美界限，形成审美的人生态度和生活方式。

②课程内容的安排应遵循从理性到感性的递进顺序。大学美育通常从理论入手，而高校的补充性美育课程可能存在美育经验不足的问题。通过专业的审美技能训练，学生能够弥补感性审美的不足，最终通过跨界审美实现感性经验的升华，获得更加理性的人生体验。

③当前高校的美育课程设置相对有限，通常仅有一门艺术鉴赏或审美理论课程，容易导致美育内容的片面性。连续性原则能够有效弥补这一不足，确保美育课程的系统性与完整性，推动美育目标的全面实现。

2. 课程内容的组织方式

当课程内容的组织原则确定之后，接下来需要考虑如何通过合适的方式将课程内容有效传达给学生，以帮助他们更好地理解知识之间的联系，并加强对课程结构的整体把握。不同的美育课程内容组织方式直接影响学生的学习体验和审美水平的提升。因此，合理设计课程内容的组织方式显得尤为重要。

学术界在美育课程内容的组织方式上进行了大量研究，提出了诸如"点—线—面—体"结构的课程组织方式。这种方式通过从点到线、由线到面、再从面到体的逻辑，帮助学生逐步深入理解审美教育的内容。具体来说，点是最具概括性的审美知识要素，它代表了审美教育中的某一具体知识点，具有很强的代表性和典型性。线是点的延展,它将多个点连贯起来,构成知识的轨迹,展示知识之间的层次关系,如从基础到深入、从具体到抽象的递进过程。面是指同一阶段、同一学科之间知识的横向联系,反映不同知识模块之间的相互关联。体则是多个学科之间的多点、多线、多面的集合,表现出知识之间更加复杂的交叉与融合。这种组织方式为高校美育课程提供了良好的借鉴。

基于这种逻辑结构,高校的美育课程还可以进一步采取更加灵活的课程组织方式,以适应不同学科的特点和学生的需求。以下两种方式被认为在美育课程设计中尤为有效:

(1)话题式课程

话题式课程是以一个主题为中心展开的课程组织方式。这种方式将围绕某一主题展开的不同知识内容进行整合,形成有机的整体。在高校美育中,审美教育的内容往往涉及广泛的知识领域,而话题式课程可以通过选取一个具体的审美主题,将美育课程中的各个知识点有效地串联起来,形成系统的学习内容。这种方式不仅能够保持知识之间的内在联系,还能够通过有意义的主题设计,使学生的审美体验更加深刻。同时,话题式课程的灵活性也能够更好地适应学生的个体需求,通过不同主题的选择,满足学生在审美学习中的多样化兴趣和需求。

(2)嵌入式课程

嵌入式课程源于计算机领域的概念,它强调模块化的课程设计,不同的知识模块在课程中可以相互独立存在,同时也可以根据需要灵活嵌入整体课程结构中,形成有机的整体。在高校美育中,由于审美教育内容庞杂,涉及多个学科的知识,如艺术史、艺术理论、实践技能等,采用嵌入式的课程组织方式可以有效解决多学科内容融合的问题。例如,在教授艺术知识的过程中,可以将跨学科的审美知识嵌入具体的课程模块中,使学生在学习某一具体艺术技能的同时,也能够掌握其他相关学科的审美知识。这种嵌入式课程不仅有助于提升课程内容的多样性,还能帮助学生形成更加全面的审美视野。

无论是话题式课程还是嵌入式课程,都在强调知识的系统性与逻辑性,致力于通过合理的课程组织方式,帮助学生在学习过程中逐步形成对审美知识的深刻理解。

综上所述,艺术与美的基础知识是美育课程内容的根基,以艺术训练为补偿性美育,以专业审美为发展性美育,以此实现跨界审美,促使学生形成审美人生。因此,美育课程应在理性理解的基础上,注重感性经验的培养,以帮助学生更好地理解和运用审美知识。特别是对于高校学生而言,许多人在基础教育阶段可能缺乏系统的美育体验,因此,高校美育不仅要补充感性经验的不足,还要通过理论指导审美实践,最终帮助学生实现跨界审美的能力,促使其形成审美的人生观和生活方式。

三、课程评价设计

课程评价是课程设计中不可或缺的一环,它不仅能够检验课程设计的科学性和实施效果,还能够对学生的发展情况和教学质量进行全面评估。通过课程评价,可以及时反思课程目标的设定、评价内容的合理性以及评价方式的有效性,从而更好地优化课程设计。在这个过程中,尤其需要加大对学生发展评估的重视,确保评价不仅仅停留在教学效果的表面,还能深入关注学生在审美能力、艺术素质等方面的全面提升。2015 年,教育部发布了《中小学生艺术素质测评办法》,明确指出学生艺术素质测评体系包括基础指标、学业指标和发展指标。这一体系的构建为审美教育的评价提供了明确的方向。美育评价就像一道鸿沟,始终横亘在美育理想与现实之间。特别是在高校美育中,课程评价的问题尤为突出。现行的评价体系往往难以全面反映学生的审美发展状况,也无法完全体现审美教育的长远价值。因此,高校需要对现有的美育课程评价体系进行改进,以适应新时代的审美教育要求。一方面,高校美育课程评价应以培养方案为根本依据,依据培养目标设计相应的评价内容和标准,确保课程评价能够准确反映学生的审美素质和发展水平。另一方面,需要更新审美教育课程的评价理念,突破传统应试教育中单一的评价方式,转向更加注重过程性和发展性的评价方法。通过综合运用多种评价工具,不仅评估学生的艺术知识掌握情况,还要关注学生在审美感知、艺术创作等方面的综合能力提升。

(一)评价理念:多元主体、典型内容和趣味方式

长期以来,基础教育阶段的课程评价存在诸多争议,尤其是在应试教育压力下,美育教育的地位和作用常常被忽视。在中小学生的升学过程中,美育往往被边缘化,而高校阶段,审美教育的课程评价同样面临挑战,频繁被科研要求所替代。这种状况亟须通过更新评价理念和方法来进行根本性的改革。

1. 多元的评价主体

现行的美育课程评价往往集中于教师一方,缺乏其他主体的参与。在全面提升教育质量的背景下,我们应当引入更多元的评价主体。这包括不同学科的教

师、学生自身甚至家长与社会人士,共同构成一个立体的评价网络。教师不再是唯一的评价者,而是与学生、家长共同参与到评价过程中,确保美育教育从多角度接受监督与反馈。学生作为美育的直接受益者,应鼓励他们进行自我评价和互评,这不仅有助于提高他们的批判性思维与审美能力,还能增进同伴之间的理解与尊重。

2. 以典型内容为代表进行评价

评价内容的选择应当代表性强且具有典型意义。美育课程不应局限于传统的艺术鉴赏,而应包含更多元化的内容,如艺术实践、美学理论等。这些内容的评价应遵循阶段性和层次性原则,不仅评价学生的知识掌握程度,还要评价他们的实践操作能力和创新思维。例如,通过阶段性的作品展示或艺术创作活动,来综合评估学生在美育学习过程中的综合素质发展。

3. 采用具有趣味性的评价方式

美育课程的评价方式应富有趣味性和创新性。传统的笔试、口试等评价方式往往难以全面反映学生的审美和艺术实践能力。因此,我们应当探索更多元化的评价方式,如组织艺术创作竞赛、美术展览、即兴表演等。这些方式不仅能激发学生的学习兴趣,还能在轻松愉快的氛围中测试学生的实际操作能力和创新能力。

综上所述,美育课程的评价不应紧紧围绕知识的灌输,而应更多地关注学生的全面发展、创新能力和实际操作能力。通过实施多元主体的参与、关注典型内容的评价以及采用趣味方式的评价,我们能够更有效地提升美育课程的实施质量,促进学生品质的全面提升。在此过程中,美育教育将真正发挥其在培养学生综合素质中的重要作用,为学生未来的学术发展和职业生涯奠定坚实的基础。

（二）评价参照:预定课程目标、学生发展程度和自我认可

课程评价体系的重要组成部分是评价参照,主要包括三个方面:学生自我评价、预定的课程目标和学生的发展程度。这种评价模式促进了课程评价体系向主体取向、目标取向和过程取向的转变。

①目标模式将课程目标定义为一种对比过程,即将课程计划或教育结果与预定课程目标进行比较。在这一模式中,课程的效益主要通过比较课程的预设目标和学生发展程度来展示。大学的定位和国家的教育目标明确指出,专业培养方案应成为人才培养的遵循标准。高等教育根据不同专业和不同层次的培养目标制定具体的培养方案,这些方案包括了培养目标、学制学位、专业信息、毕业要求及课程教学等关键内容。专业培养方案不仅回答了培养何种技能人才和如何培养

的问题,还涉及对培养效果的评价。在这种框架下,美育课程的预设目标被具体化和细分,形成了美育教学的基础。

②现代课程评价不应仅限于达成目标与预设目标之间的简单比较,而应采用发展过程取向的评价方法。这种评价理念强调学生在美的体验、感知与创造能力方面的发展。学生的审美素养并非仅仅依靠解答知识问题的数量来评判,而是通过一系列复杂的测量过程来评价。因此,美育课程评价应当摒弃传统的"60分及格"观念,转而采用学生间的互评、试卷问答、自我评价和参与活动等多种方式来记录学生的发展过程,并对学生在不同时间段的发展状态进行比较。例如,艺术测评可以通过实验评估某一要素,如旋律或色彩的快乐价值,或者使用不同的评测量表来评估学生的潜在艺术能力。简单的美感程度公式也可以用来衡量学生审美素养的发展水平,为高校美育课程的效果评价提供参考。

③评价的参与者、评价者等评价主体在整个评价过程中的认可非常重要。审美认知在逻辑上代表了现代多值逻辑的一个极端,审美活动本身具有强烈的个性化特点。因此,美育课程的评价不应依赖固定标准,而应更多地反映学生审美对象的状态。美育课程的评价过程需要评价主体的积极参与,将教师和学生都纳入评价系统中,并强调他们在评价过程中的协作和沟通。通过这种方式,学生对评价结果的认同感得以增强,有助于他们积极提升自身的审美素养。

综上所述,美育课程的评价不仅仅是一个评判过程,更是一个为美育教学发展注入新动力的过程。通过提出发展性与补偿性的美育课程,旨在补偿学生缺失的审美经验,并在此基础上进一步发展学生的审美素养。这种评价方法强调了学生审美素养的发展过程,并着重考量学生的审美素养是否能够达到学校、专业和国家培养方案的目标,从而提高学生对评价过程的认同感。

（三）补偿与发展融合式课程评价体系建构

所谓融合,指的是两个或多个相互连接的元素进行有机整合的过程。在美育领域内,发展性与补偿性课程均属于美育课程范畴,它们表现为多变的课程形态而非孤立的两个方面。融合式评价将这两类课程纳入同一评价体系,不仅能增强发展性与补偿性课程的整合度,还能对它们进行比较,避免课程之间的割裂,从而有效评估美育课程的执行成效,并进行必要的反馈。

1. 课程评价维度

美育课程评价包含多个维度,包括师生互动表现、学生的成长进度及课程设置的适宜性。为判断课程的合理性,需要建立具体的评价维度,主要分为三个次级维度：实际操作性的符合度、学生需求的满足度以及培养方案的符合度。师生在教学过程中的表现便构成了师生表现状态维度，这一维度进一步细分为教师的专业素养和学生的学习态度两个方面。课程设计的核心目标是促进学生的全面发展，提升其人文和审美素养，这也是美育的关键使命，旨在推动学生的全面成长。对于学生发展程度的评价，则主要关注美育课程对学生品质提升的贡献。按照高校美育的课程目标，将大学生的基本审美素质分为四个次级维度：审美创造力、审美表现能力、审美感知力与审美认知能力。高校美育课程倡导实践与理论、感性与理性并重的教学理念，课程评价也应基于此理念执行。

2. 课程目标达成度

课程目标的达成度是衡量教学成果的一个核心指标，它依据学生的发展进程来评估课程的执行成效，重点关注培养目标与学生实际成就之间的匹配度。为了准确评估这一指标，需要建立一套具体的计算公式，基于课程评价的基本衡量标准和美育课程的既定目标来进行。此外，专家或教师需对成果的优劣进行细致分级，着重评价学生的全面发展，避免单纯依赖知识记忆或技能展示的评价方式。若目标达成度明显下降，应向课程的执行者、设计者和管理者提供反馈，推动他们对课程内容进行必要的修正。这种评价对于制定课程内容、调整教学设计以及评估接受课程的学生的发展都至关重要。

第四节　高校美育课程保障体系

一、高校美育课程的制度保障

学校的制度框架是保障其整体运作的基石，涵盖了从多级管理规程到大学章程，再到专业培养方案的全面体系，对学校的每一个运行环节都发挥着至关重要的影响。在美育课程的实施过程中，从课程的设计构思、精心编制、有效实施到全面评价，这一系列复杂而细致的过程均离不开强制性与规范性管理制度的坚实支撑。

（一）加强美育工作领导，制定相关工作规范

长期以来，高校美育的发展深受政策与管理制度的影响。在缺乏系统性制度保障的环境下，美育建设犹如逆水行舟，步履维艰。学生日益增长的审美与文化

需求难以得到有效满足,美育在课程设置中的边缘化现象日益凸显。这一现象背后,是实用主义教育理念对美育价值的忽视与排挤。为了打破这一困境,高校必须深刻认识到美育对于培养学生全面素质的重要性,全面加强美育课程的系统建设和领导力度。

①高校应成立专门的美育课程管理领导小组,由学校高层领导和各职能部门负责人共同组成,包括教师和学生代表。该领导小组的主要职责是统筹和协调美育课程的整体设计与实施,确保课程的质量和效果。此外,各职能部门应加强协作,共同推动美育课程的开发和完善。例如:宣传部和组织部应将党的教育方针与美育理念相结合,加强美育的宣传和普及;研究生院应针对研究生教育特点,制定符合时代需求的美育培养计划;教务处应为本科生美育课程设置合理的学分和评估标准;财务部应为美育课程的开展提供必要的资金支持;科研处则应促进美育领域的研究与创新,为课程内容的更新提供科学依据。

②美育课程的设计应紧密围绕学校的具体发展特色和定位,形成具有鲜明个性的课程体系。每个高校都应根据自身的实际情况和专长,制定符合其特色的美育课程体系和发展战略。这一过程中,既要注重传承与弘扬中华优秀传统文化,又要积极吸收和借鉴世界优秀美育成果,实现传统与现代的有机融合。一些高校已经在这一方面做出了积极探索和成功实践。他们通过制定详尽的美育规划和政策,为美育课程的深入实施提供了坚实的基础。这些规划和政策不仅明确了美育课程的目标、内容、教学方法和评价方式,还注重培养学生的创新精神和实践能力,使美育教育真正成为学生全面发展的重要支撑。

③制定美育拨款的专项制度。经费是美育课程建设与发展的物质基础。为了确保美育课程的顺利进行和持续创新,高校应建立专门的美育经费管理机制,将科研基金、美育教师课时费等纳入统一的财务管理范畴。这种经费的专项设置不仅能有效缓解美育课程经费紧张的问题,还能增强美育机构的自主权和创新能力,为美育教育的持续发展提供有力保障。在经费使用过程中,高校应注重资金使用的科学性和效益性。通过建立健全的经费监管和评估机制,确保每一笔经费都能得到合理有效的使用。

通过这些综合措施,高校的美育课程可以得到有效的制度保障和支持,不仅提升课程质量,也能更好地满足学生的文化和审美需求,进一步推动学校教育质量的整体提升。

（二）修订专业培养方案，增加美育育人要素

高等教育的专业培养方案是对学生全面发展的系统规划，其重点是确立每个专业的培养目标与课程设置，以培育出适应社会需要的高素质人才。为了更好地实现综合育人目标，现阶段亟须将美育育人的要素有效融入专业培养方案中。

①修订专业的培养目标是关键步骤。传统的专业培养方案往往集中于专业知识与技能的培训，而对学生的审美与人文素养关注不足。因此，应在培养方案中明确增加对学生审美意识与能力的培育目标。例如，非艺术类专业也应强调培养学生的文化素养和审美鉴赏能力，使学生能够在专业学习之外，也能享受和欣赏艺术与美的元素。

②毕业要求的修订也是提升美育育人效果的重要环节。现有的毕业要求主要侧重于专业知识与技能的掌握，而对学生的人文与审美素养提出的要求相对较低。应该重新定义这些要求，例如可以增设"审美与创新能力"作为毕业的必备条件。具体来说，毕业生应能够运用审美知识解读并评价专业领域内的作品，同时在实际工作中能够表现出一定的创新性和审美能力。

③专业课程的设置需重新调整，更好地融合美育内容。目前，大多数专业课程设置侧重于专业深度与技能训练，相对忽视了美育的广度和普遍性。改革课程设置时，应考虑到美育的普及性和必要性，适当增加美育相关课程的比例和深度。这不仅可以通过课程如艺术欣赏、文学与电影等增强学生的文化与审美素养，还可以在专业课程中融入美学元素，如设计、建筑、工程类课程中增设美学原理的教学模块，使学生在掌握专业技能的同时，也能培养出高度的审美判断力和创造力。

通过这些策略的实施，不仅能够提升学生的专业能力，也能在更广泛的层面上提高他们的人文素质和审美能力。综合素质的提升，将使学生在未来的社会实践中更具备竞争力和适应性，同时也能够更好地享受和创造生活中的美好。

（三）完善美育学分制度，优化美育学分转换

学分通常将每个课程所需完成的课时数量作为一个计量单位，确保学生在一个学期内完成规定的学习时间并满足一定的质量标准。因此，学分不仅是一种教育管理工具，也是激励学生学习的重要手段。

美育，作为大学教育的重要组成部分，不仅仅包括关于美和审美的理论知识，更包括各类审美实践活动。然而，当前美育学分制度多数情况下只为学生提供了两个学分的通识选修机会，显然这远远不能满足现代高等教育对学生全面发展的要求。因此，完善和优化美育学分制度显得尤为迫切。

①美育学分应扩展到更多元的审美实践活动中。学生参与的校内外各种艺术活动,如参与学生社团的艺术项目、校院组织的艺术展览或文化沙龙等,都应当被纳入学分认定的范畴。这些活动不仅丰富学生的校园生活,还能有效提升学生的审美和艺术修养,是学生个人发展的重要部分。

②美育学分的转换和认定办法也需要优化。大学应建立一套明确的学分认定和转换机制,比如,可以为参与特定艺术活动的学生配备指导老师,通过对学生的活动参与和艺术作品的考核,给予相应的成绩和学分。此外,学校相关部门如教务处应对学生参与的各类美育活动进行审核,确保这些活动的质量,并据此授予学分。

在美育学分的认定中,有两个关键问题需要特别关注。①应当探索如何提供超出两个通识选修学分的额外美育学分,或者如何将这两个学分进一步细分到不同类型的美育课程中。这种分化的方法能更好地适应不同学生的需求和兴趣,使学分制度更加灵活和实用。②需要制定明确的质量标准,衡量学生是否通过参与美育活动提高了自己的审美素养。这不仅要求对美育活动的质量进行严格控制,还需要定期评估和调整美育课程的内容和形式,以确保其教学效果。

二、高校美育课程的专业保障

在当今高等教育体系中,美育课程的设置与执行正日益成为培养学生综合素质与审美能力的重要环节。这一领域的深化,不仅要求教师具备独特的审美视角,更需他们拥有坚实而广泛的专业知识根基。这一目标的实现,绝非一蹴而就,而是需要艺术学、美学、教育学等多领域专家的深入交流与密切合作,共同构建出既符合时代要求又贴近学生实际的美育课程体系。但是,美育课程的设置与执行并非易事。大学教师在面对繁重的科研与教学任务时,往往需要展现出高度的独立思考与问题解决能力。他们需根据学科发展趋势和学生需求,灵活调整教学策略,确保美育课程既符合学术规范,又能激发学生的学习兴趣。同时,职称晋升与科研任务的双重压力,使得教师之间在资源分配、教学成果展示等方面存在激烈的竞争。这种竞争环境虽能在一定程度上激发教师的积极性与创造力,但也可能导致部分教师过于追求个人成就而忽视团队合作与教学质量。

为了应对上述问题,需要全校不同学科的资深教授积极参与,形成多学科的合作机制,并与相关的研究机构建立密切的合作关系。作为学术领域的领军人物,资深教授是指那些在其专业领域中做出过重大贡献,并且有 30 年以上教学科研经验的教师群体。这些资深教授的丰富经验和学术积累，为他们在美育领域的研究和实践奠定了坚实的基础。资深教授不仅在教学科研上有深厚的积淀，而且由于较少受到日常教学任务的约束，他们拥有更多时间投入更为系统、深刻的美育研究中去。一方面，资深教授的学术经历和教学经验使他们具备独到的视角，能够更深刻地理解和把握自己学科的审美特点，并进行深层次的思考与总结。另一方面，经过数十年教学和科研工作的积累，他们对其所研究的专业有了更高的认识层次，并在学术站位和审美感知上具有广阔的视野。因此，资深教授完全有能力通过总结自己专业领域中的审美特征，丰富和提升美育课程的内容和质量。在高校美育课程的推进过程中，资深教授的合作主要采取以下两种方式：

（一）专业对话方式

专业对话方式强调不同学科的资深教授通过跨学科的对话与交流，分享各自专业领域的审美经验和观点。由于资深教授在各自领域中掌握着最重要的学术资源，他们通过彼此的观点碰撞与思想交流，能够发现新的审美角度与思路。这种跨学科的对话不仅仅局限于知识的传递，更重要的是通过审美感知的共鸣和碰撞，促进不同专业对"美"的共识与理解，从而为各自学科的发展提供新的动力。在美育课程的设计中，这种跨学科的合作可以深入挖掘每个学科的内在美，进而实现课程的跨界融合，让学生在学习过程中感受到各个学科之美的多元性和统一性。

（二）课题组合方式

课题组合方式是以美育为核心，资深教授和其他学科教师共同参与美育课程的设计和改造，并将其作为具体课题进行立项研究。通过组建课题研究团队，资深教授能够与年轻教师和其他学科的教师进行广泛的沟通与合作。这种团队协作的模式不仅有助于资源的共享，还为美育课程设计提供了多元化的视角和灵活性。在团队内部，各学科的教师可以自由讨论，结合不同学科的特点与规律，针对美的共性规律来设计课程内容，使美育课程在团队的交流与合作中得以不断优化。在课题研究的过程中，资深教授通过与不同学科的教师共同探讨美育课程的目标、内容、实施方式等问题，进一步推动美育课程的多元化和专业化发展。通过这种课题合作的方式，各个学科的教师可以相互借鉴，在美育课程中融入各自学科的审美特点，形成一种跨学科的、综合性的美育体系。这样的课程设计不仅能提升学生的审美素养，还能够帮助他们在学习中体会到不同学科知识之间的内在联系和美感，从而激发他们的学习兴趣与创造力。

总之,资深教授的加入能够极大推动美育课程的建设与发展。他们在专业上的深厚积累和丰富的教学科研经验,使得他们有能力在美育课程的研究与设计中发挥重要作用。而通过跨学科的对话与合作,资深教授能够为美育课程注入新的活力与思想深度。这种多学科、多形式的合作,不仅能够帮助高校美育课程的完善,也能够提升学生对美的认知与感知力,为培养具有审美素养的全面发展人才奠定坚实的基础。

三、高校美育课程的师资保障

师资是教育质量的关键,对于高校美育课程而言,优质的师资队伍不仅能够提高教学质量,还能激发学生的创造力和审美感。因此,构建一个全面、专业的美育师资保障体系,不仅能够显著提升教学质量,更能在潜移默化中激发学生的创造力与审美感知,为他们铺设一条通往艺术殿堂的康庄大道。因此,我们有必要深入探讨如何构建这样一支高素质的美育师资队伍。

(一)师资队伍的构建:多元与专业的深度融合

美育师资队伍的构建,首要之务在于汇聚一批具备深厚专业功底与丰富教学经验的教师。高校应广开才路,积极引进具有高级职称的专家学者,他们不仅是学术界的佼佼者,更是教学领域的领航者,能够以其深厚的学识和独到的见解引领学生探索艺术的奥秘。同时,年轻教师的培养同样不容忽视,他们是教育事业的未来和希望。高校应为年轻教师提供系统的培训计划和丰富的实践机会,助力他们在美育领域茁壮成长。此外,跨学科的教学团队构建也是提升美育教学质量的重要途径。艺术、设计、音乐、戏剧等多个领域的专家齐聚一堂,不仅能够丰富教学内容,还能通过不同学科之间的交叉融合,激发学生的创新思维和跨界探索的勇气。这样的教学团队,无疑将为高校美育课程注入新的活力与灵感。

(二)教师的专业发展:持续成长与创新的源泉

教师的专业发展是保障教学质量的关键所在。高校应致力于为美育教师提供全方位的职业发展支持,包括定期的培训、研讨会和工作坊等。这些活动不仅能够帮助教师及时更新知识体系和教学方法,还能激发他们的教学灵感和创新思维,使他们在美育教学的道路上不断前行。同时,教师的学术研究和艺术创作也应得到充分的重视和支持。高校应鼓励教师积极参与科研项目和艺术创作活动,为他们提供必要的资源和平台。这不仅能够促进教师的专业成长和学术影响力的提升,还能为学生树立榜样和标杆,激发他们的学习兴趣和创作热情。

（三）教师评估与激励机制：公正与激励的并重

建立公正有效的教师评估体系是保障教学质量的重要环节。高校应从多个维度对教师进行全面评估，包括学生评教、同行评审和专家评审等。这些评估结果将作为教师奖惩和晋升的重要依据。为了激发教师的教学热情和创新能力，高校还应实施相应的激励措施，如奖励优秀教师、为教师提供研究资助等。这些举措将有力推动美育教师队伍的健康发展。

（四）国际化教师资源：拓宽视野与增进交流

在全球化日益深入的今天，高校美育课程也应具备国际化的视野和胸怀。高校应积极引进国外优秀教育资源，通过建立合作关系、交流项目和访问学者计划等方式，邀请国际知名的美术、音乐和表演艺术家来校授课和交流。这不仅能够提升学生的国际化视野和跨文化交流能力，还能促进教师之间的学术交流和互相学习，为高校美育课程注入新的国际元素和活力。

（五）创新与技术应用：探索未来教育的新路径

随着教育技术的飞速发展，高校美育课程也应紧跟时代步伐，积极探索多媒体教学、虚拟现实（VR）、增强现实（AR）等新技术的应用。这些新技术能够为学生创造更加生动、直观和沉浸式的学习环境，使他们在虚拟与现实之间自由穿梭，感受艺术的无穷魅力。同时，教师的技术培训和教学实践也应相应增强，以适应新时代的教学需求。通过不断创新和技术应用，高校美育课程将不断焕发新的生机与活力。

总之，构建一个全面、专业的美育师资保障体系是提升高校美育教学质量的关键所在。通过优化师资队伍结构、促进教师专业发展、建立公正有效的评估体系、引进国际化教师资源以及探索创新与技术应用等举措，我们将能够打造一支高素质的美育师资队伍，为培养具有创新精神和实践能力的高素质艺术人才奠定坚实的基础。

第六章 高校美育发展策略

第一节 构建美育课程体系

美育作为培养学生综合素质的重要方面,其课程体系的构建是提升学生审美与人文素养的关键。然而,传统的美育课程体系常常受到内容单一、教学方法落后等问题的制约,迫切需要进行全面的改革与创新。在构建新的美育课程体系时,需要从课程设置、教学内容、教学模式、考核方式、课程的持续发展等多个方面进行考虑。通过这些措施,可以构建一个更加完善、高效和生动的美育课程体系,为学生的全面发展奠定坚实的基础。

一、突破美育课程设置困境

(一)突破美育课程设置的观念

1. 树立科学美育观念

(1)科学合理地认识和理解美育

科学合理地认识和理解美育是排除错误认识的基础。

①必须清晰地从功能和特点上区分美育与艺术教育。美育不仅包括艺术美,还包括自然美与社会美,其范围远比艺术教育广泛。美育的核心在于情感的培养和人格的完善,旨在通过各种艺术形式来激发学生的情感体验和审美能力,进而影响其人生观和价值观。与专业性较强的艺术教育不同,美育更注重于审美情感的培育和个性的发展。

②理解美育时不能将其简化为传统的美学知识教育。美育的内容不仅包括美学知识的传授,还包括对人的思想和情感的深远影响。美育的目标是引导学生在日常生活中自发地追求和创造美,通过艺术创作和审美体验,使学生的心灵得到美化和升华。这一过程不仅是知识的积累,更是情感与行为的转变,使学生能在审美活动中找到乐趣,并逐渐形成独立的审美判断和创造力。

③需要明确道德教育和美育的区别。虽然两者都对个人的行为和思想产生影响,但它们在本质、目标和方法上存在本质的差异。道德教育侧重于规范人的

行为和思想,强调社会秩序和法律的维护,其教育内容通常与社会的公序良俗密切相关。而美育则侧重于通过艺术活动提升个人的情感和审美经历,通过赏析和创造美来丰富学生的内心世界。简言之,道德教育着眼于社会规范,而美育关注个人情感和审美的发展。

为了顺利开展美育工作,教育工作者必须对美育有一个全面和深入的认识,理解美育的本质和目标,掌握有效的教育方法,并结合学生的实际需要设计教学活动。通过这样系统而深入的认识和实践,美育教育可以真正成为推动学生全力发展的重要力量,培养出具有高度审美能力和丰富情感的未来公民。这样的教育不仅能提升学生的艺术修养,也能帮助他们建立正确的人生观和价值观,对其一生的成长都将产生积极而深远的影响。

(2)完善美育课程的社会理念

在当今社会,美育作为人文教育的核心组成部分,承担着重要的情感与美育职责。它不仅关系到学生情感世界的丰富与个性的展现,还影响着学生人格的全面发展,对于培养综合素质的人才具有深远的意义。美育的实施为素质教育的深化提供了必要的支撑,是构建全人教育模式不可或缺的一环。

观察国际教育的发展趋势,可以发现,全球范围内许多顶尖大学都非常重视美育的教育功能。这些学府在人才培养的过程中,美育课程占据了核心的位置。这些学府不仅将美育融入日常的课程中,还将其作为培养学生创新思维和批判性思考能力的重要工具。例如,哈佛大学就在其本科教育中强调通识教育的全面性,其中美育是基础性的课程之一。在我国,随着教育改革的不断深入,美育也应当得到更为系统和全面的发展。教育部门应当完善美育课程的社会理念,将其更紧密地与人文教育的目标结合起来,使美育成为学生全力发展的有力推手。

2.响应国家号召

美育在当代教育中占据着不可替代的地位,是立德树人的重要途径。响应国家号召,全面推进美育,不仅能够提升学生的文化艺术水平,更能够培养他们的创新能力和人文精神,为社会培养出更多全面发展的青年才俊。每位教育工作者都应当积极行动起来,为美育的推广和发展贡献自己的力量。在教育实践中,教育工作者要以育人为本,面向全体学生,充分利用美育在文化教化中的独特作用,引导学生在审美和艺术实践中成长。

（二）实行全面美育课程设置

1. 增加美育通识课程设置

美育的基础立在学校。在当前，大学生的美育主要是在学校这一主阵地进行的。为了有效改善大学生在美育方面遭遇的困境，必须从根本上改革学校教育模式。例如，19 世纪的美国博德学院便有帕卡德教授提出，通识教育的主要目的在于提升学生的思想道德水平，而非仅仅局限于传授专业知识。

通识教育在现代高等教育体系中占据了极其重要的位置，其主要目的是培养学生的独立思考能力，加深对不同学科的理解，掌握跨学科的综合技能，以此培养全面发展的人才。在这种教育模式下，美育通识课程的设置尤为关键。这类课程以全校学生为对象，以提高学生的审美素养为出发点，旨在普及美育基础知识，同时注重培养学生的审美意识，发展其审美能力，提高审美表现，最终达到促进审美创造的目的。美育通识课程通常以公共课的形式出现，被纳入全校的通识课程体系中，具备普遍性和广泛性的特点。构建一个科学、系统的通识美育课程体系，不仅是推动美育教育深入发展的前提，也是实现教育目标的基础。通过这样的课程设置，我们可以更好地引导学生认识并欣赏美的事物，从而在未来的学习和生活中能更好地运用其审美能力，展现人文关怀。

2. 合理设置美育课程

要合理设置美育课程，高校应该做到以下几点：

①课程的形式应该多样化。在美育课程中，理论课程如美学理论与美学史论非常关键，它们为学生打下美学基础，有助于学生形成健全的审美观，为树立审美理想提供标杆。此外，考虑到美育旨在培养学生对美的感知、欣赏与创造力，因此，相关内容如美术、音乐、舞蹈、建筑欣赏、体育舞蹈、摄影及影视作品的评析等，都是美育不可或缺的重要部分。

②课程内容应具有广泛性和贴近生活的特点。美育不仅仅局限于艺术教育，还应包括自然美和社会美的教育。因此，美育课程应将自然与社会美的元素融入课程中，把与人们日常生活密切相关的美学元素与生活实践相结合，让学生在日常生活的衣、食、住、行等方面都能感受到美的存在。

③针对不同专业的学生，应当合理地设计并设置富有侧重点的美育课程，以适应各学科的特性。一方面，美育教育需针对学生所学专业进行调整，以适应其学术背景。例如，文史与理工专业的学生在知识重点、学习习惯、日常科目及发展需求等方面存在差异，这些因素都应当成为美育课程设置的重要考量标准。具体

而言,美育教育应发挥完善和拓展的作用,帮助培养学生全面的素质。对于理工科的学生,学校和教师可以考虑引入一些文史或艺术领域的美育课程,以补齐其常规学习中的不足;相应地,文史类的学生也应接触一些与理工科相关的美育内容,如工艺美学,既丰富理工知识,又拓宽审美视野。艺术及体育专业的学生亦应通过美育课程提高对人文和自然科学的理解。另一方面,美育本身广泛包括人文与自然科学的美学元素。因此,美育课程的设计与实施应避免单一化和刻板化,而应根据教学内容和目标灵活运用多样化的教学方法,创建充满活力的教学环境。

④在高校的公共美育课程设置中,将美育融入教学的各个环节。例如,教师在授课中不仅要展现语言的韵律美和仪态的和谐美,还应通过其人格魅力和对课程深度挖掘的能力,将美学因素自然融入教学内容中。这种教学方式可以极大地提升美育的实际效果,使学生在课堂上能直观地感受到美的存在。高校应当采取主动策略,合理地将美育原则应用于教学的各个层面,尤其是在教学过程的设计与实施上。通过这样的措施,可以确保学生在掌握专业知识的同时,也能通过课程感知到美学的渗透,从而在享受美的过程中达到智慧的提升。公共美育课程的成功实施,需要教育者不断创新教学方法和内容,使其更加符合教育现代化的要求,让学生在日常学习中自然地接触和理解美,将美育的精神内化为自己的精神追求和学术动力。

(三)创设深化美育课程的发展环境

在信息时代,利用通信技术,教育者和学习者能够通过网络轻松获取高品质的美育资源,从而扩展美育教育的普及范围。例如,国家实施的"宽带中国"战略为信息化美育资源的强化提供了理想支持,它帮助经济较弱地区的中小学普及信息技术设备,实现教育资源的全面数字化。相关部门应激励和支持教师广泛使用多媒体设备,以克服资源短缺和设施落后的挑战,确保偏远地区的学校师生同样能享受到高质量的美育资源。现代美育的信息化应利用社会各界的支持,提高社会的参与度,共同打造高质量的网络美育资源平台。要符合"互联网+"的时代趋势,引导各级教育机构利用信息技术进行教育革新,结合现有课程教材,开发与教材相匹配的优质美育数字资源,这些资源应在高等院校和中小学之间广泛推广,以丰富和改进现有的美育教学方法,重视并推进基于移动互联网的学习平台的建设。

二、优化美育课程教学内容

（一）深化美育理论研究

美育是一个开放的系统,其在整个学校教育体系中不断深化和拓展,通过理论与实践的结合来实现其教育目标。因此,美育的有效实施离不开学校教育系统的全面支持。在推进美育过程中,需要根据社会教育的动态发展,持续调整和优化教学策略,利用各种社会文化因素以及学校教育环境,以达到美育的理想效果。由此可见,加强美育理论研究的深度和广度,是至关重要的。

1.深化美育理论研究,适应社会发展的需要

社会的进步与群众需求的转变是开展美育的参考依据。美育之所以能够持续发展,依赖于社会的驱动力。这意味着,教育应当时刻响应社会实践的具体需求,以确保教育活动的顺畅进行和教育成果的有效实现。社会实践影响着人们的审美观念,并改变着人们的审美追求。美育的成功实施,必须能够满足特定群体的需求,才能视为达到了其效果。因此,从事美育工作的人员应当充分考虑社会的需求,将其转化为具体的标准,用于指导和规范教学过程中的自觉行为。从我国社会发展和美育现状来看,要实现社会主义现代化和物质、精神文明的全面建设,必须培养具有全面发展能力的人才,不仅包括具有良好审美情趣和审美创造力的人才,也包括能够为社会服务的人才。培养具有全面发展能力的人才,是美育在任何时期都追求的实际目标和方向。此外,美育不仅仅是针对学生的教育,它也需要教师和所有参与美育的人员共同努力,以确保审美提升和审美创造能力的培养。美育的推广应与学校美育和活动的可承担范围及能力相匹配,确保其在学校的独立教育体系中有效展开。同时,美育的实施需要与教育整体依托,形成一个完整的系统,与其他教育活动紧密联系,促进学生全面发展。

2.深化美育理论研究,以教育整体依托

在高校教育系统中,美育是一个不可或缺的子系统,它必须与其他教育领域紧密结合,形成一个协调统一的教育体系。美育的核心目的是与教育系统的共同目标融合,从而确保整个教育体系的有效运行。美育不仅是系统中的活跃部分,也是支撑整个教育活动的重要基石。一方面,美育依赖于其他教育活动的有效实施。在日常的教育活动中,美育通过不断提升学生的审美价值观、道德理论的实践性、行为能力、智力发展、逻辑思维方式、知识体系和审美素养,来强化其在教育系统中的地位。通过对美育的深化,不仅可以促进学生情感的净化和审美情感的

升华,还为体育和劳动教育提供精神支撑和动力。另一方面,体育运动中的技巧和操作技能也能为美育提供感性的基础,这不仅提升了学生的审美修养,也为审美创造力的培养打下了坚实的基础。

有效的美育运行机制包括三个主要方面:学生(受教者)、教师(施教者)和教学过程(审美媒介)。学生是教学活动的主体,他们在美育过程中应处于核心位置。因此,只有学生积极参与和自我调节,配合美育的实施,美育才能取得良好效果。教师在美育中的任务是调节学生与课堂的关系,确保学生能在教学过程中感受到审美价值和审美素养对个人发展的重要性。这要求教师深刻理解学生的审美需求和能力,减少因教学内容与学生需求不协调产生的矛盾。教师还需要根据学生的审美能力选择合适的教育目标和教学方法,实现因材施教。此外,学生作为审美的受教者,应明确美育的目的和要求,并根据自身的审美需求和能力,通过观察和实践去感受和领悟教学内容的审美价值,唤起自身的审美经验,实现美育的目标。有效的审美教学应考虑到学生个性的多样性、审美媒介的丰富性及由此带来的教学环境的多变性。因此,教师应根据实际情况采取灵活的教学形式,调整美育活动,使之不断适应变化,保持活力和有效性,避免固化模式,确保美育活动的生动性和实效性。

(二)加强美育课程体系建设

1.科学定位美育课程目标

高校应该将艺术课程定位为美育课程的核心,将美育的理念引入各学科之中,使其与学科知识相结合,从而加强学生的审美基础,提高课程的综合性,促进美育实践活动的开展。教育工作应聚焦于审美和人文素养的培养这两个核心,设定合理的美育课程目标,积极培育学生的创新思维。

2.完善美育课程建设

为了强化美育课程的建设,高校必须深入探讨课程设计的科学性与有效性,确保其目标的针对性、规范性和系统性达到有机的统一。高校应实现课程结构、教学目标、教学方法及评价方式的一体化。高校应该构建一种适用于普通高校的"扇形模块"美育课程体系,以使美育贯穿学生的全方位学习生活。具体来说,应将美育理论课程设为必修课,以加强第一课堂的基础;将美育鉴赏课程设为选修课,以丰富第一课堂的内容;将美育实践课程作为创新平台,以拓展第一、第二、第三课堂的范围,从而有效提升大学生的人文素养和整体素质。

（1）美育理论课程

美育理论课程位于美育教育体系的基础位置，承担着奠基作用，是整个课程体系的起点与核心。该课程主要关注"美是什么""为什么要审美""如何去审美"这三个核心问题，目的在于帮助大学生建立对人文知识和美育理论的初步认知和全面理解。作为一门普及性的基础课程，美育理论课程在教学内容上紧密结合教育部推荐的国家重点教材，同时注重不同高校自身专业特点和办学实践经验。通常，这类课程以"美育与鉴赏"为主题，注重普及美学基础知识，强调理论联系实际，适用于所有专业的学生。因此，美育理论课程应当成为高校学生的必修课，不论其专业为何，都需要在此课程中掌握基本的审美理论，以培养他们的审美素养和综合人文素质。

（2）美育鉴赏课程

在美育教育体系中，美育鉴赏课程是对理论课程的拓展与延伸，为学生提供具体的审美体验和路径。这部分课程的重点在于将纯粹的理论知识转化为可感知、可体验的审美实践，从而进一步深化学生对美的认识和理解。课程内容丰富多样，通常开设音乐、书画、影视、服饰艺术、戏剧等五类鉴赏课程，这五个方面共同构成了一个丰富多样的审美体系。学生可以根据个人兴趣和爱好，灵活选择其中一门或多门进行学习，既能满足个性化审美需求，又能在多元的文化艺术体验中拓宽视野，培养多角度的审美能力。美育鉴赏课程的设置，不仅丰富了学生的审美体验，也有助于他们从多维度、多层次的角度理解美、感知美、欣赏美，将理论知识与艺术实践有机融合。

（3）美育实践课程

美育实践课程是美育教育体系中的重要环节，是课堂教学向实践应用的有效延伸。该课程强调理论与实践的结合，将学生所学的美育知识与实际生活紧密联系起来，进一步提升学生的审美能力和实践素养。实践课程内容丰富多样，涵盖了多种形式的艺术活动和社会实践。具体而言，美育实践课程不仅包括艺术课程本身的实践内容，如参观书画展览、欣赏音乐会、观摩戏剧表演、参与艺术展览等活动，还延伸到第二课堂、第三课堂等更为广阔的教育载体。

在实际操作中，美育实践课程可以借助校园文化、社会实践等各种载体，结合大学生自身专业学科背景，组织各类实践活动。比如，可以举办与专业相关的知识竞赛、文艺汇演、书画摄影比赛、演讲比赛等活动，鼓励学生运用自身专业知识与美育理念结合，提升实践能力。此外，美育实践课程还可以结合各类社会活动，利用节日或特殊主题活动的契机,将美育渗透到生活的方方面面。借助学校团学组织的力量,学生可以在青年节、妇女节、教师节、母亲节、重阳节等重要节日,或者不同时期不同主题的党建活动、团日活动中,通过参与组织、策划、表演、实践等多种形式,进一步体验、深化和运用美育知识,实现"润物细无声"的美育教育效果。

3. 深化高校美育教学改革

深化高校美育教学改革需要从以下几个方面入手:

①以提升高校美育教育质量为核心,构建完善的管理体系,并优化操作流程,确保教学工作高效有序开展。

②依据国家对各阶段教育的美育课程方案、课程标准及具体要求,结合地方文化与社会发展实际,及时更新和充实教学内容,进一步提升美育的育人效果。

③充分挖掘和利用本地的民族美育资源和民间艺术,打造广泛覆盖社会各界的美育平台,在潜移默化中扩展美育的社会影响力。

4. 加强美育的渗透与融合

学校教育的各类科目与教学环节都能够融入美育元素,在不同学科中引入审美意识和审美理念实现美育的融合。尤其在德育、智育和体育三大领域,都是美育渗透的重要途径。美育工作者应积极挖掘现有学科中蕴含的美育资源,将美育活动融入课堂教学与学生的日常实践中,形成润物细无声的教育效果。以历史、语文等人文学科为代表的科目应发挥美育功能,同时,引导学生在数学、物理等自然学科中发现美学的独特韵味。学校可以以美育为主题,开展丰富多样的课外和校外实践活动,并推动跨学科的联动教学项目。在这些活动中,教师与学生共同探索、整合各学科中与美育相关的内容,使美育目标贯穿始终。通过这一过程,不同学科的教师可以展现各自的专业特长,共同促进美育的建设,使课堂教学、学生实践和校园文化形成协同效应,全面提升美育水平。

三、创新美育课程教学模式
（一）构建多元化的美育课程模式

1. 优化美育课程模式

高校的美育课程应当构建为一个全面、系统且有序的课程架构。优化这些课程的设置,对于提高教学成效至关重要。通识美育课程需要突破传统教育模式的局限,打造一个多样化的课程体系。

①在课程设计上,通识美育应采取公共必修课与公共选修课结合的模式。这不仅确保所有学生都能系统地接受美育教育,还能顾及每位学生的个人兴趣和审美独立性,使学生可以根据自己的兴趣、审美取向和成长需求进行课程选择。尝试在通识美育课程中将美育与其他学科如生物、数学、机械学等结合,以及与哲学、法学、历史等人文学科相融合,可以利用各学科的特长和优势,让学生在创新的美育体验中收获全新的感受。这样的多元化教育模式能够培养学生的审美情趣和高尚的道德品质。

②在教学方法上,通识美育课程应坚持理论与实践的结合。美育的目标不仅是让学生学习美的知识,更重要的是在教育过程中培养学生感知和创造美的能力。传统课堂教学往往只注重理论知识的传授,忽略了学生的主观能动性。通识美育的课程优势在于其实践性、主动性、自主性和趣味性,通过各种课程体验活动为学生提供直观且实际的美的体验,同时鼓励学生主动探索和创造美。

③在教材的编写和选择上,应充分考虑学生的审美特征和需求,以及人才培养的目标方向。对于通识类美育课程,应选择符合当前国内高校人才培养目标的教材。国外许多知名高校已经建立了成熟的美育教育理论体系,我国的美育工作者可以借鉴这些先进的教育理论和经验,总结其教育逻辑,同时认识到西方美育的优点和不足,结合中国传统文化,形成具有中国特色的本土化美育理论。

2. 创新艺术人才培养模式

创新艺术人才的培养模式是专业化艺术院校建设的关键。高校在强调办学内涵的同时,应凸显自身的治学特色,建立与学科发展、社会需求、产业趋势、学术动态和文化时尚紧密相连的课程体系。

在艺术人才培养的实践中,应遵循艺术发展的自然规律,坚持将文化素质教育与专业技能教学同步推进,确保艺术教育与思想政治教育能够相辅相成,共同作用。这样的教学策略不仅提升学生的艺术技能,更加强了他们的文化责任感和社会责任感。专业化艺术院校应当重视课程的多样性和实用性,设计课程时要考虑到不同艺术门类的特点,满足不同学生的需求。例如,在音乐、绘画、舞蹈等专业的课程设计中,除了基础理论和技术训练,还应加入跨学科的课程如艺术与科技、艺术与社会学等,以拓宽学生的知识视野和创新能力。进一步地,艺术院校应加强与行业的合作,通过实践基地和实习机会,让学生有机会直接接触到行业前沿,实时感知行业发展动态,从而更好地将学习与实践相结合,提高学生的职业适应性和创新能力。此外,学校还应建立一个包容和支持创新的学术环境,鼓励学生进行艺术创作和理论创新,培养学生的批判性思维能力和独立解决问题的能力。

(二)推进美育教学团队建设

高质量的师资队伍应成为高校的重点建设方向,因为只有具备高水平的教师才能保证美育课程的高效实施。高校需要根据自身的具体条件,如教师资源和教学特色,发挥现有优势,同时实施师资培养和引进的双管齐下策略,充分利用专职与兼职教师各自的优势,确保每位教师都能得到平等的职业发展机会和教育培训。构建一个结构合理、梯队清晰、分工明确的师资团队是美育师资队伍建设的理想目标。这样的团队布局可以有效地提升教学质量和教学效果,为学生提供更系统、更全面的美育教育。高校应该注重教师团队的多样性和专业性,使其既有能够传授艺术技能的专家,也有能够引导学生进行批判性思维和创造性思考的教育者。进一步来讲,高校应当重视教师职业的持续发展,定期组织教育培训和学术交流,不仅提升教师的专业技能,也激发他们的教学热情。通过这些举措,可以确保教师队伍的活力和教学质量的持续提升,从而为学生的全面发展和能力提升创造良好的教育环境。

四、整合美育课程考核体系
(一)创建适合美育发展的考核方式

1. 灵活选用学校美育考核模式

在课程考核中,应采用灵活且贴合实际的分数评价方式,避免长期依赖单一、固定的书面考试形式。具体而言,可以通过课堂表演、作品赏析等形式展现学生的表现,也可以通过社会实践后的心得体会与报告撰写来进行综合考核。这些都是行之有效的考核模式。当前,国内外许多高校正积极探索美育和艺术教育的评价方式,其中应用较多的一种方法是情境评价。这种方法在艺术考核中颇为常见,在许多场合下能够替代传统的考试模式。

情境评价与其他考试类别的显著区别在于,它不以测验学生的智力因素为主,而是更加注重学生的应变能力、临场表现以及情感交流等非智力因素。这种评价方式与传统教育考试的标准和依据有很大不同。在情境评价中,学生不再面对单一、严格的知识技能考核,而是参与到模拟情境中,通过自身的表现来表达自己的审美观和艺术素养。教师通过观察学生在情境中的表现,综合评估其审美能力,并给予客观的评价。之后,教师还需针对学生的具体表现提出合理的指导意见,为其今后的学习和发展方向提供有针对性的建议。情境评价作为一种具有广泛适用性的方法,可以有效引导我国高校公共美育的教学评价改革,各高校应积极尝试和改进这一方法,开展更多具有实验性的教育实践。

2.调整美育的运行机制

各级教育机构应明确"全面育人"的美育目标,以此为指导,构建完善的美育实施机制,确保该机制在实际运行中具备良好的可行性与高效性。为此,高校、社会和相关管理部门均需承担相应的责任:高校应建立规范有序、运转高效的内部管理体系,各岗位人员应有清晰的职责分工,合理界定工作范围;地方政府和国家相关机构也应与高校密切合作,提供必要的支持与帮助,共同推动美育工作的有效开展。当前,我国将培养全面发展的人才视为教育事业的重要目标,而构建科学合理、精准高效的美育运行机制正是实现这一目标的关键环节。

(二)创建科学的美育协调路径

1.探索建立学校美育评价制度

各大高校应积极探索并逐步建立完善的美育评价制度,定期组织艺术素质评估活动,筛选具备良好条件的高校作为美育试点。如果在这些试点高校中发现有效可行的美育方法,或者总结出具有普遍推广价值的教学规律,应该及时推广这些方法和规律,扩大它们的应用范围。这样做的目的是充分发挥美育在培养全面发展人才中的重要作用。

在美育评价的具体实践中,高校可以实行工作自评制度。每学年应按计划进行一次系统的美育工作自评,将自评结果纳入教师考核体系。这不仅能够增强教师对美育工作的责任感,还可以通过教育官方网站向社会公示评估结果,增加透明度,促使高校不断改进和完善美育工作。

为保证美育评价的科学性和适用性,各高校应根据自身的艺术专业特点,制定相应的教学评价标准,以确保美育工作能够因地制宜、切实可行。此外,建立校级美育发展年度报告制度也是一种值得推行的评价模式。通过总结每年的美育工作情况,各地教育部门能够及时汇总高校的美育成果,并编写发布年度报告。这份报告可以供其他高校和教育管理部门参考和借鉴。

在全国范围内推进美育评价制度时,教育部可委托有公信力的第三方出版机构,整理并发布全国学校美育发展年度报告。这将为美育工作提供重要的参考依据,同时有助于推动全国美育工作的整体提升。

2.建立美育质量监测和督导制度

目前,我国已将学校美育课程的开设情况正式纳入教育现代化进程监测评价指标体系。因此,其他教育部门也应高度重视美育评估,并将其作为学校整体评价和考核的重要依据之一。国家基础教育质量监测部门已制定相关政策,规定每三年定期对高校的美育成果及其实施情况进行统一监测。这一制度的实施,有助于全面了解各校在美育方面的实际发展水平。

需要强调的是,监测美育质量的方式并非单一的。教育工作者可以结合具体的教学环境和课堂需求,灵活运用现代信息化手段,对美育的教学质量和成果进行更为科学的评估。这不仅能够提高评测的准确性,还能帮助学校更好地把握美育教学的成效和问题。此外,各级教育督导部门应进一步认识到美育在学生全面发展中的重要性,将其纳入督导工作的核心内容。在必要情况下,教育主管部门应组织专项督导,针对美育工作的实施情况进行详细调查和评估,以确保美育教学得到有效落实,推动整体教育质量的提升。

3.探索构建美育协同育人机制

在当今社会,美育不仅仅是学校教育的一部分,它更是一种全社会协同合作的育人方式。为了更好地探索和构建美育协同育人的机制,我们需要从多个方面着手,形成一个多元参与、共同进步的教育体系。

①应该坚持以敬德崇善、立德树人为核心,通过美学的力量感召人心。家庭作为美育的重要阵地,其在美育中的作用不容忽视。高校需要引导家庭更加重视其在美育中的责任与作用,使家庭和社会能够在美育的实施过程中形成合力,共同促进青少年的全面发展。

②为了保证艺术教育市场的健康发展,需要面向全社会严格规范艺术考级市场的秩序,不仅包括法律手段的监控管理,也包括通过政策引导和市场监督,保证艺术教育市场的公正性和透明度。高校应该倡导和弘扬积极健康、富有深度的美育理念,为社会创造一个理想的文化育人环境。

③强调正确的价值取向,是防止艺术教育朝技术化与功利化发展的关键。高校需要确保青少年在一个文明健康、积极向上的社会文化环境中成长,受到良好审美风尚的熏陶。这不仅有助于青少年形成正确的价值观,也使他们在美的感受和创造中不断进步。

为了实现这些目标,高校需要采取一系列措施,建立一个完善的美育协同育人机制。这个机制可以让学校、家庭、社会三个主体之间达成协作,每个环节都发挥其独特而重要的作用。

（三）优化大学生的审美心理

1. 审美心理结构与智力结构、意志结构的关系

审美心理结构与智力结构、意志结构，这三者共同构成了人类复杂且丰富的文化心理结构。审美心理虽有其独特的规律和功能，但它的存在和发展离不开智力和意志的相互作用和文化心理结构的整体支持。这三个要素分别对应着我们常说的"真""善""美"。

①从功能形式的角度来看，人类的文化心理结构总体上保持相对稳定，反映了心理活动的连续性和共性。但是，从内容的角度来看，这一结构又是具体且富有历史性的，因而不是静止不变的模式，而是随着时代的演进不断发生变化。文化心理的普遍结构形式始终与不断发展的社会内容紧密相连，随时间推移而表现出不同的特征。在审美心理结构上，艺术作品能够历久弥新，跨越时代和文化的藩篱，吸引现代人，正是因为人类的审美心理结构具有普遍性和共通性。这种普遍性使得现代人能够欣赏古典艺术的美，使不同民族在跨文化的语境中也能感受到其他民族艺术作品的美。正是因为审美心理的这种普遍结构，使得艺术作品在历史长河中具备了恒久的魅力。然而，审美心理的内容却是历史性的，带有强烈的时代和文化印记。因此，处于不同历史时期和不同文化背景下的人们，所感受到的艺术作品的社会内容和情感氛围也会有所差异。比如，当我们阅读李煜的词句"流水落花春去也，天上人间"，这种对季节变迁和人生无常的感慨，表达了一种深刻的人生体验。这不仅是李煜作为一位亡国之君对命运无奈的抒发，也引发了后世普通人的情感共鸣。这种审美的普遍性和共通性，使得李煜的作品能够超越他个人的境遇，成为打动大众的经典。然而，这种共通的感受背后，仍然渗透着特定历史、民族和阶层的审美意识。李煜作为帝王的经历，使他对人生的感慨带有特定的情调，而普通民众虽然也能感受到类似的无常之感，但其内心深处的情感表达仍存在区别。

②从人类文化心理的构成要素关系来看，智力结构、意志结构和审美结构共同构成人类心理的核心组成部分。这三者不仅在每个独立个体的心理活动中都有表现，还相互影响，形成了一个动态、网状的整体。它们之间的关系紧密而复杂，既相互依存，又常常充满矛盾和张力。智力结构往往被认为是"真"的代表，是指知识、技能、理论等认知层面的内容；意志结构则等同于"善"，包括人的思想、道德、追求等精神层面的意愿；而审美结构则反映"美"，包括人的情感、喜好、艺术创作等审美体验。这三者共同作用，推动着个体心理与文化发展的创造性进程。这

三者的具有作用与关系如下：

第一，智力结构的核心在于认知和思维，它主导了人类对世界的理解和探索。人类通过不断学习和积累知识，逐步掌握自然规律、社会法则等。因此，智力结构不仅体现为对客观世界的认知，也反映了人类在追求真理过程中的思考和反思。例如，科学研究虽然强调客观性和理性，但其中同样融入了形式美和人文情怀。科学家在研究宇宙起源、生命形式等问题时，不仅是在探寻事实的真相，更是在探索一种美感与思维的高度融合。因此，科学的发展不仅是智力结构的提升过程，也是人类精神不断升华的过程。

第二，意志结构在个体心理中扮演着"善"的角色，它主要是指人们的道德观、信仰和人生追求。意志的力量不仅推动个体在社会中寻求正义和道德规范，也在更深层次上反映了人的自我约束和自我实现的需求。意志结构的发展离不开人的情感、体验，它往往与审美结构相互交织。例如，人类的道德追求常常与审美情感产生共鸣，一个人对正义、善良的追求往往会带有一种审美上的向往。因此，在意志与审美的互动过程中，人们通过审美的感受引导自己的道德行为，使意志结构向更高层次的自由意志方向发展。

第三，审美结构作为人的心理活动中对美的感知和创造，最初表现为一种感性的甚至盲目的冲动。然而，审美冲动在经过理性引导和文化熏陶后，逐渐升华为一种更为成熟的美学体验。比如，通过艺术创作，人们不仅满足了自身的审美需求，还通过艺术作品表达了对生活、社会的深刻思考。这种审美的成熟不仅是个体情感的表现，更是逻辑思维与审美感觉的结合。正是在这种融合中，审美开始超越感性冲动，成为一种理性的文化产物。

最终，审美结构、意志结构和智力结构通过彼此的作用和融合，形成了人类心理中的一种更高的文化表现形式。审美不仅启迪智力，让人们通过美感追求真理，也推动意志的升华，使人们在审美中发现道德的力量。审美从感性逐步走向理性，最终与意志结构结合，达到了"超道德本体"的境界。这一过程，就是所谓的"以美储善"，即通过审美体验的提升，推动人类在道德和精神上的自我完善。

2. 提高审美心理能力应从培养人的全面素质着手

要全面提升审美心理能力，首先需要深入理解影响个体审美心理的各种因素，如智力结构、思维习惯等。这些因素决定了个体的审美方向和鉴赏逻辑。因此，单纯从审美心理能力本身入手是不够的，还应该注重培养人的全面素质，包括经验素质、知识素质、思想素质、道德素质、审美素质、艺术素质等。

对于一般公众而言,提升艺术素质和审美情趣,基础而关键的途径是接受美学常识与艺术理论的教育。此外,通过定期观看或亲自参与审美及艺术活动,人们可以在艺术鉴赏的实践中逐步塑造和丰富自己的审美情趣。政府和相关部门也可以通过有策略的引导,促使公众更加积极地欣赏那些艺术价值显著、思想内涵深刻的作品,并可以举办各种艺术欣赏活动,以丰富大众的审美体验。

德国诗人歌德曾指出,培养人的审美能力应该通过欣赏高质量的艺术作品来实现,而非仅仅满足于中等或平庸的作品。尽管如此,这并不意味着应该排斥那些更为通俗的艺术形式。事实上,高雅与通俗艺术各有其独特的魅力和受众。例如,"阳春白雪"属于高雅艺术,而"下里巴人"则更加通俗易懂,两者都有其价值和吸引力。通俗艺术虽然可能降低了审美的门槛,使其更易于被广大群众接受,但这并不意味着其审美价值较低。相反,高雅艺术虽然可能难以理解,但它能加深和丰富观众的审美体验,有助于提升人们的审美心理能力。

当今社会,影视作品也是提升审美心理能力的重要方法,人们应该挑选一些经典之作,它们不仅剧情吸引人,更能反映时代精神和深层次的主题。但是,对于那些更加通俗的影片,同样不应持排斥态度。如一些好莱坞大片,尽管它们可能缺乏深刻的社会意义,却以其精彩的故事情节和丰富的情感表达,为观众带来了愉悦的审美体验。

总之,人的心灵是极其复杂而精致的,需要通过不断接触各种不同类型和层次的艺术作品来滋养和提升。在这一过程中,各种艺术形式的参与和影响是不可或缺的。通过这种全方位的文化熏陶和艺术实践,可以逐步塑造并提升个人的审美心理能力,使之成为理解和欣赏世界的一种更加深邃和全面的方式。

3. 审美实践是塑造审美心理的唯一途径

马克思说过:"对于没有音乐感的耳朵来说,最美的音乐也毫无意义。"这一观点深刻地揭示了一个事实:一个人的审美能力高低,直接关系到他能否欣赏并接受艺术品,艺术品能否展示其审美价值和潜力。因此,培养和提高人们的审美心理能力,成为审美活动、艺术欣赏乃至艺术创作的重要基础。而这一能力的提升,唯一的途径是不断的审美实践。

①要想成为能够审美的主体,人们需要在长期的审美实践中不断培养自己的审美能力。这种能力以审美心理为核心,涵盖了审美理想、审美趣味、审美情感等多方面的审美素质,还包括对美的感受和理解能力。塑造审美主体的过程,正是马克思所强调的培育具有丰富深刻感受力和全面人性的人。这不仅仅在艺术活

动中显得重要,日常生活中的每一细节也应体现审美层次,超越仅仅为了"生存"的生活。审美并不局限于特定的艺术活动,生活中无处不美,无时不有探索艺术的潜力。理想的生活状态,本质上就是审美与艺术的融合,日常生活的各个方面,如人际交往、工作方式等,都应该向审美层面提升,使得生活不仅仅满足基本生存需求,更是艺术化、诗意化的真实生活。

②人们必须通过审美实践活动,将自己所处的环境转变为一个审美的世界。马克思描述的"自然的人化"或"人化的自然",既包括人们改变自然以适应自己的需求,也包括将整个世界视为审美的对象。通过这种实践,人们的周围世界,包括社会和自然环境,将不再是冷漠或与人对立的,而是成为亲近、属于人的审美世界。

③人们需要在实践中与整个世界建立起审美的关系,这种关系应当基于相互尊重和友好。当人类有效地管理自然资源,当社会消除了阶级冲突时,"前历史"的时代就会结束,真正的人类历史随之开启。在这个历史时期,人们自由地与自然交往,社会的目标不再是简单的劳动和生产,而是展示人的潜力。按照马克思的理论,这种和谐的状态符合"自由的王国"的理念,在这样的环境中,人们能够体验到内心的和谐与美丽,以一种自然而友好的态度对待周围的人,最终与自然界融为一体,达到一个完整统一的境界。

总之,审美是人性美好的展现,是爱的流露。真正的美感源自对美的深切爱恋。没有对审美对象的爱,就无法真正欣赏到其美。这种由内而外的审美体验和提升,正是通过不断的审美实践,在不断的审美教育和生活实践中逐渐形成和完善的。

4.塑造审美心理应适应当代的审美要求

(1)要适应当代科学技术的发展

科技的发展大幅改变了我们获取和处理信息的方式。互联网和多媒体技术使得人们无须走进传统的图书馆或博物馆,就能浏览到世界各地的艺术珍品和文化资讯。这种方便快捷的信息获取方式,使得艺术和文化的传播跨越了地理和物理的界限。人们可以在家中通过电子设备,观赏到其他国家的艺术表演,了解不同文化的政治、思想、伦理和科技等方面的信息。这种信息的全球化和数字化,不仅拓宽了人们的视野,也极大地丰富了公众的审美体验。同时,现代科技还为艺术创作和展示提供了新的可能。数字技术和虚拟现实等手段被广泛应用于艺术的创作中,创作者可以利用这些技术制作动听的音乐、生动的动画,甚至重现历史上绝迹的生物,如原始恐龙和始祖鸟。这些技术不仅提升了艺术作品的表现力,也使得艺术作品本身更具互动性和沉浸感,从而使观众的审美体验更加深刻和多元。

(2)要适应当代的快节奏和高速度

当代社会的快节奏和高效率也对个体的审美心理提出了新的要求。在这个信息爆炸的时代,人们习惯于快速消费信息和文化产品。这一现象不仅影响了人们的生活方式,也影响了人们的审美偏好和欣赏习惯。例如,现代青年更倾向于追求快节奏和视觉冲击力强的文化产品,如电子音乐和西方电影,而对传统戏曲等节奏较慢的艺术形式则相对不感兴趣。这种快节奏的文化消费模式,要求艺术创作者在保持艺术深度的同时,也要考虑作品的传播速度和观众的接受能力。当代的快节奏和高速度还要求人们不但能欣赏和谐的、优美的东西,而且也要求人们能欣赏不和谐的美。现代艺术常常采用不和谐、扭曲甚至是丑陋的表现形式来表达创作者的观点和情感。这种艺术形式虽然初看可能令人感到不适,但它们能够激发观众深层次的思考和情感共鸣,从而在不和谐中找到美的体验。这种对"非传统美"的欣赏,标志着人们审美心理的成熟和多样化。

(3)要适应人的自然化倾向

在当今社会,人们越来越意识到与自然和谐共处的重要性。随着工业化和城市化的不断推进,人们被迫生活在汽车喧嚣和钢筋水泥构筑的城市之中,自然环境与我们的日常生活似乎越来越疏远。然而,从对环境破坏的沉痛教训中,人们开始深刻理解到保护大自然、维持生态平衡的必要性。大自然不仅是人类可持续发展的基石,也是人们修身养性、享受生活的美好所在。如今,人们对自然景观的向往日益强烈,自然界的山川湖泊、森林沙滩成为人们休闲娱乐的首选目的地。人们愿意走出喧嚣的城市,到大自然中去旅行探索,目睹那些壮丽的景色,享受大自然的清新与宁静。这就要求人们的审美心理与大自然相适应,在人的自然化中,提高人们对大自然的审美心理能力。

(4)要有较强的审美欣赏能力

随着社会的开放和文化的交流,当代社会对艺术的要求也愈发多样化和创新。众多艺术流派应运而生,艺术表现形式更加丰富多彩,但艺术的质量参差不齐,既有高雅艺术的绽放,也有低俗艺术的泛滥。在这样的环境下,尤其是年轻人,需要具备更强的审美鉴赏能力,能够在纷繁复杂的艺术表现中识别并欣赏到真正的美好与艺术价值。增强这种审美判断力是适应当代文化多元和信息化社会的必要条件。只有通过提升个人的审美欣赏力和辨识力,我们才能在多样的艺术海洋中,准确辨认出真善美与假恶丑,从而丰富和提升我们的文化生活体验。

五、促进美育课程持续发展

(一)发挥学校美育的功能

1.加强组织领导

在推动教育现代化的进程中,美育无疑扮演着至关重要的角色。因此,地方教育机构必须把加强美育作为改革的关键一环,并将其放在工作的重点位置。具体来说,应详细规划美育相关的审核与管理事项,确保这些内容能在行政议事日程中得到重视。教育部门需结合实际,制定清晰的工作流程和实施策略,注重工作的每一个细节。高校应发挥引领作用,合理分配不同部门的职责,激励社会各界积极参与到美育活动中。通过广泛的社会参与,形成全民推动美育的强大势力。各级教育部门和工作人员应根据自己的职能和部门特点,明确责任分工,确保美育改革的每项任务都能达到预期的质量标准。

2.加大美育投入力度

为响应对美育发展的迫切需求,我国各级地方政府应积极开拓多元化的资金筹集渠道,确保为美育相关教育提供充足的资金支持和器材资源。这不仅需要建立健全的保障机制,还要在资源配置上做到公平合理。

地方教育部门应特别重视义务教育阶段美育设施的标准化建设,力求在高等教育层面加强现有的艺术教育资源和设施的完善。此外,还应在校园内推广更为多样化和丰富的文化建设项目,促使学校内外资源的有效流通与联动,激发校园社会的广泛参与,共同推动美育设施的完善与升级。在资金筹措方面,地方政府可以探索面向全社会的筹资方式,同时通过设立专项补贴等形式,专门用于提升和改善农村地区中小学校的美育条件。这种方式不仅有助于直接解决资金短缺的问题,还能通过资金的有力投入,推动美育教育的质量提升。

中央财政部门需加大对贫困地区义务教育薄弱环节的投资,通过增加资金投入和加强管理,切实解决由于资源不足而导致的教育不公问题。这要求地方教育部门迅速行动,针对学校美育存在的短板进行填补,从而在较短的时间内显著提升教育资源的配备和利用效率,全面提高美育的整体质量与效果。

(二)加强美育基地建设

为了全面提升学生的艺术修养和审美能力,需要系统构建和加强美育基地的建设。通过详细的规划与实践,我们可以将艺术教育、科研学术、志愿服务及思想政治教育完美融合,形成一个多维度、全方位的美育推进体系。

1. 艺术教育基地

艺术团体和艺术中心是艺术教育的核心力量。这些机构不仅是展示艺术的平台,也是普及艺术教育的主要阵地。为了更有效地推广艺术文化,这些文艺组织应定期在大学校园内举办各类艺术表演,提供丰富的文艺活动,以满足校园内师生对艺术的需求和追求。通过这些活动,不仅能够丰富校园文化生活,还能激发学生对美的认知和感受,引导他们通过艺术鉴赏和体验来发现和创造美。

2. 科研学术基地

科研和学术活动本身就是对美的一种追求,科研人员的严谨态度和科研流程的精细化管理体现了对科学的尊重和对真理的探索。这种精神与美育的理念高度契合。大学生在科研学术的探索中,能够体验到追求真理的快乐和美的感受,从而提升自身的学术素养和科研能力。这一过程不仅帮助学生构建知识体系,还让他们在追求学术真理的同时,感受到知识探索的美丽和价值。

3. 志愿服务基地

志愿服务是展现人文关怀和社会责任的重要途径,它不仅反映了参与者的社会责任感,也体现了深厚的人文精神和美学价值。在构建理想的志愿服务基地时,我们应当鼓励大学生积极参与,通过实际行动传递爱心和正能量。在这个过程中,学生不仅能够实现自我价值,更能通过服务社会体现个人内心的美好和高尚。

4. 思想政治工作基地

在思想政治教育中融入美育元素,是提升教育效果的重要方式。通过使用富有美学意义的教育形式和手段,我们可以更有效地传达思想政治教育的核心理念,使其与美育相辅相成。例如,可以在思想政治教育的活动中加入美学元素,如红色象征热情和奋斗,可用于反映革命和进步主题。通过这样的方式,不仅能增强教育的吸引力,还能让学生在接受思想政治教育的同时,感受到美的教育和启迪。

第二节 强化教师示范作用

教师作为教育的主体和学生学习的引导者,其个人品质、专业能力、审美素质对学生的成长和发展具有深远的影响。教师的审美素质不仅体现在对美的认知和欣赏能力上,更通过其日常行为和教学实践,对学生形成潜移默化的影响。因此,强化教师的示范作用,优化其审美素质结构,对提升学生的审美素养具有至关重要的作用。

一、教师审美素质的内涵及其重要性

(一)教师审美素质的内涵

在追求审美的过程中,人们会受到性格、能力、理念和兴趣等多方面因素的影响。这些因素共同构成了个体的审美素质,它反映了人们的审美能力和审美意识。具备良好审美素质的人,能够理解和掌握美育及美学的基本理论,并运用这些知识来欣赏、分析和感受艺术、自然以及生活中的美好。他们还能在教育实践中运用这些理念,自觉地提升和深化自己的审美观。审美素质不仅体现在对美的感知和接受能力上,也涵盖了对审美文化的创造和鉴赏能力。培养这种素质需要通过教育和个人的自我教育,这不是与生俱来的。

尽管"人皆爱美"是常见的观念,但仅凭对美的向往,并不等同于具备深厚的美学修养,也不意味着就能真正理解和鉴赏美。长期以来,在人才培养方面,社会普遍重视专业教育,注重专业知识和技能的传授,而忽略了美育在完善人才素质中的重要作用。在多彩而复杂的艺术市场中,由于缺乏系统的美育培养,许多人在欣赏高品质的艺术作品时表现出缺乏兴趣和鉴赏力,有些人对美的事物不感兴趣,有些则无差别地随意欣赏。即使是教育工作者,也普遍存在这些问题。如果放任这种状况发展,必将导致大学生的审美水平滞后,这无法满足社会发展的需求。

教师的审美素质提升离不开系统的审美素质教育,这种教育着重于教育过程中培养教师感知美、认识美、欣赏美与创造美的能力。艺术的力量在于能够唤醒人内心的深沉情感,并深刻地塑造个人的精神世界。在当代社会,随着技术进步和思想更新的步伐加快,艺术领域也应运而生了各式各样、风格迥异的流派,展现出多姿多彩的艺术景象。生活在这样一个多元化的环境中，人们通过多种渠道不断接触到这些艺术形式，从而经历着不断的思想冲击和心灵的触动。正因如此，教师首先需要具备良好的艺术鉴赏力、解读能力及区分各种艺术作品的能力。教师应主动追求健康而高雅的艺术，自觉地抵制那些低俗的艺术文化，以免受到不良风气的侵扰。作为教育者，他们的特殊社会角色不仅仅是传授知识，更是塑造人格。因此，在教育他人之前，教师们需要先接受系统的正规教育和持续的自我培养。他们应通过有计划的学习和实践，体验自然、社会生活以及艺术作品中的美好，从而持续自我提升和熏陶。教师应该将理论与实践相结合，有意识地培养自己的审美感知力、理想，逐步成长为具有高雅审美素质的教育者。

（二）教师审美素质的重要性

教师常被誉为"人类灵魂的工程师"。塑造这种"灵魂"需要真心的投入与努力。正如古语有云："育人先育己，正人先正心。"教师的审美素质建设旨在引导他们追求自我完善，通过实践的历程，自发地追求逻辑严谨的思维和充满活力的情感道德，实现人生理想与日常行为的和谐统一。这种建构不仅使教师成为自由而有创造力的实践者，也恢复了教师生命与生活的整体性，从而达成个人的幸福。同时，在培养学生的过程中，教师自身的品格和审美素质也随之提升。就如同点燃自己才能照亮他人一样，教师在提升学生的审美素质的同时，自身也得到了净化和提升。

1. 教师审美素质建构意味着"主我"与"客我"的有机和谐

"主我"与"客我"两个概念最初由 20 世纪初的美国社会心理学家乔治·米德（George Mead）在其心理学理论中提出，用以描述个体的两种自我表现形式。"客我"指的是个体在社会环境中展现出的自我形态；而"主我"则关涉到个体对自己的定位与认知，深刻联系到个体的价值观和生命追求，是一种内在的"自我"。在"主我"的构建中，既包括对自己现实身份（"我是谁"）的认识，也包括对理想自我（"我想成为谁"）的设想。

"客我"代表外界期待与规范，"主我"则指教师个人的意愿与目标。二者之间的冲突往往是教师在自我管理中可能遭遇失衡的核心问题。教师需要自觉地认识到这两方面，并有效调和它们间的道德矛盾。这种调和不仅反映了教师的职业道德关怀，还关乎教育体系的完整性及其道德调控功能的有效性。

德性，作为一种可通过后天努力习得的人格特质，表现为个体持续地追求正义，并以合理的方式实现这一追求。当个体培养并践行德性时，其行为通常会在精神层面得到丰富的回报。在理想状态下,德性伦理应作为连接"主我"与"客我"的桥梁,保持两者关系调整中的张力。教师在追求自身目标("主我")与适应社会期待("客我")之间应寻求平衡,这种平衡是教师自我培养逻辑理性与道德感情的关键所在。通过这种平衡,教师能将个人的人生观与教学实践行为和谐地统一起来,构建出完善且有机的教育结构。这不仅使教师和学生通过教学活动实现生命的真实体验,还促使教师朝着独立自由、创新发展的方向前进,成为实践中的存在者。这样的教育实践还有助于建立和谐的人际关系网,从而实现个人的幸福与生命的高远目标。

2. 教师审美素质建构意味着教师外在人格与内在人格的有机统一

教师审美素质的构建从一定意义上来说,意味着教师在外在与内在的人格上形成了统一,也就是外在的事功人格与内在的德性人格。

从外在人格来看,教师的事功人格体现为其专业能力和教学技巧。具体而言,一个教师在教学过程中展现的是其深厚的学科知识和精湛的教育技能。这包括了教师如何有效地传授知识、如何激发学生的学习兴趣以及如何管理课堂等多方面的能力。教师的外在人格不仅仅体现为其专业的掌握,还应包括与人为善的社会交往能力和应对各种教育情景的适应性。从内在人格来讲,教师的德性人格则更多地体现为其对教育职业的价值认同和道德追求。这种人格的形成基于教师对自己教育角色的深刻理解和高尚的职业道德。德性人格是教师在教育实践中不断自我完善和提升的动力源泉,它促使教师在教学中追求更高的道德标准,展现教育者的责任感和使命感。教师的外在事功人格与内在德性人格的有机结合,形成了一个全面发展的教育者形象。外在人格的专业技能是教师立足教育界的基础,而内在人格的道德追求则是教师走向教育高峰的灵魂。两者的结合,使得教师能够从更广阔的视角审视和认识世界,用更全面的方法去改变和影响世界。这种双重人格的融合也是教师审美素养的体现。审美素养不仅仅是对美的感知和理解,更是一种生活态度和价值取向的体现。教师通过自身的审美素养,能够在教学中融入更多的人文关怀,用更富有创造性和启发性的方式去激发学生的思考和成长。

3. 教师审美素质建构意味着教师心灵的成长

教育的本质在于激发和唤醒人的内心世界。作为教育过程中的关键角色——教师,若缺乏充沛的精神状态和高尚的心灵境界,其教学活动很难达到理想的教育效果。在这种情况下,教师仅仅成为知识的传递者,而这样的教学往往难以激发学生的学习兴趣,难以让学生对教育内容产生共鸣,甚至可能引起学生的反感和抵触,使教育变得缺乏活力和生机。

一名具备广泛知识、高尚品格和独特魅力的教师,能够深刻地触动学生的心灵,并与他们心灵产生共鸣。在这种浓厚的文化氛围中,学生对学习的热情和积极性会被极大地激发,他们对知识的渴望也将因此增强。因此,我们强调教师审美素质的培养,旨在提升教师的美感欣赏、美的辨识和美的创造能力,培养教师健康而积极的审美观,使其拥有高远的审美理想,从而净化心灵,促进心理的健康成长。

教师审美素质的构建,不仅是对其美学能力的提升,更是其整体人格成长的标志。这种成长使教师能够成为一个心理健康、能够为社会奉献的园丁。要实现这一点,绝不能忽略审美教育在教师成长中的独特作用。随着成长过程中力量的积累和心灵内涵的丰富,教师的人生观和价值观将持续扩展,其文化自觉也将越发明显。这种文化自觉不仅推动教师不断自我激励、自我完善,也使其在教育生涯中逐渐摆脱平庸,向着卓越不断迈进。

因此教师的审美素质建设,是其专业成长不可或缺的一部分。它不仅关系到教师个人的精神面貌和心理质量,更直接影响到下一代的审美培养和价值观形成。一个具有高度审美素质的教师能更有效地在教学中融入审美教育元素,通过多样的教学方法和丰富的教育资源,为学生营造一个充满美的环境,使学生在美的熏陶中成长,不仅学会欣赏美,更能在生活中创造美。因此,建设教师的审美素质,对于提升教育质量、培养学生的全面发展具有重要意义。

4.教师审美素质建构意味着教师形成一种新的生活与存在方式

教师的审美素质培养,实际上是在塑造一种全新的生活方式和存在方式:①教师在自我审美过程中,形成了一种亲近自然的生活态度。自然被视为灵魂的庇护所,人类的生命从自然而来,最终也将回归自然。与自然和谐相处,摆脱外界的功利性和虚名的束缚,回归自然的本真,遗忘世俗的纷扰。这种生活态度展现了人类最初的纯真自我,能够洗涤尘世的繁华。②教师还形成了一种富有趣味、热爱美好事物、喜爱娱乐活动的生活方式。即使日常生活可能平凡且简单,有趣的教师能在这种生活中寻找乐趣,体验愉悦,享受幸福,成为一个心怀美好、生活充满幸福感的人。同时,教师应是一个热爱美好、具备童心并能享受生活乐趣的人。③教师在生活中应当是与时代保持紧密联系的建设者。保持紧张状态意味着具备审视和批判的态度,同时具有一定的判断力。在生活中,意味着不轻易屈从和盲从,保持自我价值观,拥有独立的价值判断能力。

《中庸》指出:"唯天下至诚,为能尽其性;能尽其性,则能尽人之性;能尽人之性,则能尽物之性;能尽物之性,则可以赞天地之化育;可以赞天地之化育,则可以与天地参矣。"这段话阐释了至诚的重要性:只有真正诚实的人能完全展现自己的本质和潜力,进而发挥出赋予自己的使命。如果一个人能充分利用自己的本质,那他就能激发其他人的潜力,进一步影响到整个自然界,最终在宇宙间促进生命的成长。教育是连接主观文化与客观世界的纽带。这种连接不仅需要协调理性思维、情感体验与行动文化,还要求教师精通处理这些要素的方法:①教师需遵循自然与社会发展的客观规律,同时尊重人的主观经验。②教师需要能在主观文化与客观实际之间灵活转换;此外,教师应当持有开放心态,接纳并尊重多种文化观点,展示出包容与大度。③教师应对学生的多元文化需求敏感,能够引导学生进行深入文本的多角度解读,促进学生与文本之间的对话。教师应能在不同文化、不同学科知识、历史现实与未来预期之间自由穿梭,链接理论与生活实践。

教师的职责远不止于教书育人,他们还应该是能在全球多元文化中进行有效交流和能量转换的人,从而帮助实现教育的最终目标。而教师的审美素质,是其专业发展的关键一环。优秀的教师不仅在教学中追求逻辑的严密和情感的和谐,还应在个人生活中实践这些原则,使自己成为一个自由、有创造力并积极参与实际生活的人。教师的自我完善过程,本质上是其回归到生命的真实状态。通过自觉追求知识与情感、理想与行为的统一,教师可以重建自我生命的完整性,从而实现个人的幸福。这不仅使教师在职业上得以成长,更让他们在生活中找到属于自己的位置和方式,享受生活的每一个瞬间。这种生活方式的实现,将极大丰富教师的人生经验,使他们在教育他人的同时,也能不断地教育自己、不断成长。

二、教师审美素质的理想结构
(一)审美能力

审美能力是审美行为不可或缺的基石,是指个体对艺术作品或自然景观中形式、结构、情感深度的细致感知与理解。这种能力使得个体能够体验到美的快乐,深刻认知美的本质。对于高校教师而言,具备高度的审美能力不仅是其专业素养的表现,更是其进行美育教学的关键前提。没有足够的审美能力,教师便难以深入地参与到审美教育的实践中,也就无法有效地开展美育活动。教师的审美能力主要由审美感受力、审美鉴赏力和审美创造力等多个方面构成。

1. 审美感受力

审美感受力是指个体通过感官对美的对象进行感知和体验的能力。这一能力的核心表现在于,个体能通过直观感受来把握和理解现实中的美。直观的美感印象必须建立在坚实的审美感受力基础之上,缺乏这种能力,个体便难以捕捉和领会美的表现形式。在教育实践中,培养学生对艺术、社会及自然之美的感知能力和敏感性,激发他们对这些美的深层兴趣和热爱,是美育工作者的重要职责。审美感受力的高低,常常体现在个体对美的迅速捕捉和情感反应的能力上。一个具有高度审美感受力的人,能够迅速地识别美的元素,并对之产生情感上的共鸣。反之,即使美的事物就在眼前,也可能无动于衷。提升和培养审美感受力,需通过持续的审美实践来实现。作为教育者,应当将自身置于充满美的环境之中,积极引导学生深入美的世界。通过日常的观察、体验和感受,让学生在感官的沉浸中逐步形成对美的敏锐感知。此外,教师自身也应不断在教育实践中提升自我审美能力,通过直接接触和体验艺术作品及自然景观的美,深化自己的审美感受力,从而更好地完成美育教学任务。

2. 审美鉴赏力

审美鉴赏力是人们对美进行评价和认识的能力,包括审美想象力、判断力和理解力等多个方面。这种能力不是与生俱来的,而是在个体接受艺术素养教育、增强思维能力、累积训练实践和学习经验的基础上逐渐形成和发展的。在此过程中,人们的主观爱好会以独特的方式对艺术对象进行评价和认识,这种评价和认识实质上是认识与创造、感性与理性的融合。

审美鉴赏力通常在艺术创作和欣赏的活动中得以形成和提升,因而有时也被称作"艺术鉴赏力"。这种力量带有鲜明的民族性、时代性、社会性和个性特征,它通过遵循美的规律和理想来改变世界,推动科学、健康、文明的生活方式的创造和发展。

具备高级审美鉴赏能力的人通常能够在短时间内深切地感受到美,并能迅速作出审美评价,精确地捕捉美的存在。审美理解力是构成审美鉴赏力的基础,而审美鉴赏的程度在很大范围内依赖于个人的审美理解能力。经验告诉我们,对事物的深刻感知需建立在对其深入理解的基础上,审美理解也是这样。因此,培养和提升审美理解力对于增强审美鉴赏力至关重要。通过学习科学、文化、文学和艺术等领域的知识,打牢基础,拓宽知识视野,深思熟虑生活,细致观察世界,丰富人生经历和社会体验都是增强审美理解力的有效途径。对艺术品而言,了解其背后的民族传统、创作内容的思想动向以及艺术作品形成的历史背景是形成审美体验的关键。此外,提高审美理解力还需掌握艺术手法的基本规则和艺术语言。这些知识和技能构成了提升审美鉴赏力的基石。通过这样的学习和实践,我们不仅能够提高自身的审美能力,还能够更深入地欣赏和理解艺术的深层意义。对于任何一位教师来说,这无疑是提高自己教育水平和文化素质的重要手段。

3. 审美创造力

审美创造力是一种高阶的审美能力,反映了审美主体在丰富的审美经验基础上,依循美的本质规律,创作出既具有形式之美又含有深远内容的作品和成果的能力。这一能力的培养涉及语言信息的处理、认知策略的运用和智慧技能的应用,并受到马克思主义美学理论的深远影响。马克思主义美学认为,人类的创造活动是规律性的,而非随意进行的。依据该理论,创造美的过程是主观意愿与客观现实紧密结合的产物,即把个人的内在需求与事物固有特性相协调,通过具体的感性形式和生动的形象展示人的潜能。在此过程中,审美主体的主观能动性得到充分体现,不仅接受马克思主义的美学规律,也认真考虑了作为创造源泉的客观事物规律性。这种双重理解对于培养审美创造力至关重要,使得美育工作者能在教育实践中展现出卓越的审美创造力。他们根据人的成长规律、教育规律及美的规律,将理想、智慧、情感和思想融入客观事物之中,进而创作出具有审美价值、能触动人心的形象和对象。

美育工作者的审美创造力是其专业素养的重要组成部分,它不仅体现在通过教育实践使得学生能够体验和欣赏美的事物,还包括如何通过创新教学方法和策略,激发和培养学生自身的审美感受和创造力。在美育领域,创新是不断前行的驱动力,而教师的审美创造力则是这一驱动力的核心,它推动着美育的实践不断向前发展,形成了与美育创新相伴相生的关系。

(二)教学、管理技能美

在高校的教学与管理中,美育的融入并非仅仅局限于专门的艺术课程。实际上,这种美学教育应当贯穿于日常的教学活动和管理实践之中,使得教师的审美素养在他们的教学和管理技能中得到体现。

①教师要提升教学技能美。教学本身融合了科学与艺术,通过实践表现出独特的美学价值,带给人们审美上的享受。学术界普遍认为,教学集审美性、思想性和科学性于一体,分别对应"美、善、真"三个维度。在这三者中,教学的审美性被视为其核心属性,使得教学过程不仅仅是知识的传递,还具备了审美的功能,这有

助于激发学生的学习热情和情感参与,从而提高教育的效果。教学中的"美",体现在教师依据美学原则和教学规律创造出的教学成果,这不仅展示了教师深厚的教学艺术,也是其智慧与技巧的体现。

②教学过程拥有和谐美。教师与学生之间的互动应当是协调和谐的。教师应当尊重学生的主体性,支持学生自主、全面、和谐及可持续地发展。在此基础上,教学活动应促进心理能力的多样化协同,激发学生的想象力与情感,促进理性与非理性因素的有效互动,以此构建一个充满活力和富有创造力的学习环境。

③学习内容拥有充实美。教学的丰富美包括从人类文化知识体系中直接引入的科学美、自然美、社会美和艺术美。例如,体育运动不仅锻炼学生的体质,更通过团队协作和公平竞争传递社会美的价值。艺术教育则通过色彩、形态和声音,激发学生的审美能力和创造力。劳动技术教育让学生理解实践的重要性,通过动手实践体验成果的喜悦,感受劳动的美。科学教育引导学生探索自然规律,认识世界的运行,体会到探索未知的激动心情。社会道德教育则是培养学生理解社会规范和伦理,感受做一个道德个体的重要性。

④教师要提升管理技能美。优秀的教师在与学生的互动中,不仅仅是知识的传递者,更是情感的交流者和管理的艺术家。在管理学生时,教师需要善于沟通,营造一个愉快和支持性强的学习环境,这样的环境有助于学生的情感和智力发展。通过有效的沟通技巧和管理策略,教师可以更好地了解学生的需求和期望,及时调整教学策略,以适应学生的变化,从而高效地开展教学和管理工作。

教师与学生之间的情感联系和知识传递的效率,直接影响到教学工作的质量和美感。因此,教师需要不断提升自身的教学和管理技能。这种提升可以通过参加专业培训、教育研讨会和实践交流等多种方式实现。这不仅增强了教师的专业能力,也提升了他们的审美观和教学策略,使得教学过程不仅充满智慧,也富有艺术性和美感。

(三)人格、道德美

1. 人格美

人格美是指一个人在尊严、潜在能力、道德品质、气质、性格等方面的综合表现。教师的人格美是其精神境界的真实展示,它集中体现了教师的人品、才情和心性。教师的这种精神风貌不仅是他们职业生涯的核心,也是其传道授业的基石。

在教育的场景中,教师的人格直接影响着教与学的效果。历史上有言:"学高为师,身正为范。"这句话强调了教师应以身作则,正己先正人。作为学生的楷模和领路人,教师不仅是技能和知识的传递者,更是学生性格塑造和价值观建立的重要影响者。

教师的人格影响力在无形中转化为他们的教学方法和与学生的互动方式。通过学生的内心认同,教师的这种影响逐渐内化成学生的自我期望和行为准则。这种内化过程在学生心中构建了教师的高尚形象和权威地位,一旦建立,便深深植根于学生的内心深处。

在美育的领域中,教师的人格尤显重要。教育心理学研究和实践证明,教师与学生之间需要存在一定的"心理位差",包括才情、学识和人品,这样学生才能产生敬仰之情,才能深刻理解和记忆教学内容。因此,教师不仅需要博学多才和具备深厚的专业知识,更应展现出高尚的品格和人格魅力。通过教师的这种人格魅力,美育教学活动能够达到其应有的效果。高尚的人格形象和威望不仅促进学生审美能力的培养,更在学生的心中树立了一个积极向上的人生目标和价值追求的范例。这种教育效果是深远的,它不仅影响学生的学业成就,更深层次地影响着学生的人生观和世界观。

2.道德美

教师职业的道德美包括个人的品质和职业伦理两大方面。鉴于教师的职业特殊性,个人品质常常通过职业伦理体现。以下,我将具体探讨教师职业道德的六个关键维度。

①教师应献身于教育事业,保持对教育的忠诚。这是师德的根本,只有深刻理解并忠于教育事业,教师才能培养出对社会有用的人才。这种忠诚不仅是责任心的体现,也是对职业的热爱和投入。献身教育要求教师敬业乐业,不畏艰难,无私奉献自我。

②教师需要深爱学生并致力于他们的全面发展。在教学过程中,爱与严应并重,坚持"爱而有韧,严而有恒"的原则。通过这种方式,教师不仅传授知识,更通过言传身教,帮助学生形成正确的人生观和价值观。

③教师要以身作则,成为学生的楷模。真正的师德是做一个在人格和知识方面都值得学习的榜样。这要求教师在日常生活中展现高尚的人格,用自己的行为和修养影响和激励学生。

④教师应不断追求学术的精进和严谨。教育者不仅要在知识传授上精益求精,还要在研究和学术探索中展现求真务实的态度。这种不懈追求使得教师能够

在教学中更好地引导学生思考和探索。

⑤教师应勇于创新,锐意进取。在新时代背景下,教师需要突破传统教学模式的限制,勇于尝试新的教学方法和技术,以适应教育的发展和学生的需求变化。

⑥教师要展现出团队合作精神和宽以待人的品格。教育工作的本质是协作性质的,这就要求教师在与同事、领导、学生的交往中,既严格要求自己,也宽容理解他人。

总的来说,教师的道德美是其职业行为的核心,是塑造学生未来的关键。通过上述六个方面的努力,教师不仅能提升自身的职业价值,还能对学生的成长和社会的进步做出重要贡献。教师的道德美不仅是对个人品质的要求,更是对教育质量和社会责任感的体现。通过不懈努力,教师将继续在教育的道路上发挥不可替代的作用。

三、教师审美素质与学生审美素养构建

(一)教师审美素质:达到"教育无痕"之至高境界的根本途径

苏霍姆林斯基,一位杰出的教育家,曾深刻指出:"青少年教育中遇到的主要困难,源自教育活动往往直白地展现在他们面前。而正值这一年龄段的青少年,天性中便常常抗拒明显的教育行为。"只有当教师以"真善美"的典范身份出现,学生们才会真正信服并愿意模仿,内心对"真善美"的追求也随之激发。"桃李不言,下自成蹊",教师应致力于自我完善,很多教育的深意,非言传而心传,这种心灵的微妙接触最为珍贵。只有具备高尚审美素质的教师,才能达到理想的"无痕教育"境界。

1. 教师审美素质的示范作用

教师的个人榜样对青年学生的心灵有着无可替代的照耀作用。教师必须具备美的心灵,这是其人格魅力的核心与精髓。心灵之美的核心,应是对真、善、美的坚定而持久的追求。教师在政治思想、个人品行、价值观念及行为习惯等多方面应成为学生的楷模,自身首先应践行其所要求学生达到的标准,实现知行合一。教师通过自己的思想、知识和行为,以榜样的形式直接影响学生。学生天生具有模仿性,日常生活中与学生密切相处的教师,自然成为学生学习与仿效的对象。教师那公正无私、高尚纯洁的道德人格,对学生具有明显的示范作用。只有敬仰其教师,学生才会信奉其教导,教师的人格魅力能激发学生对某门学科的喜爱。受学生喜爱的教师,其教学效果往往超越常规,教师的示范力量是无穷的。

2. 教师审美素质的激励作用

教师的审美素质对学生的成长和发展具有不可估量的影响力。一位教师如果拥有高尚的审美素质,其对美的感知和追求会通过日常的教学行为无形中传达给学生,成为一种难以察觉却极为有效的教育方式。这种教育被称为"教育无痕",因为它不通过直接教授而自然地融入学生的心灵。教师对教育事业的热爱和坚守,以及为实现教育目标所展现出的责任感,本质上是一种对学生的潜移默化的影响。这种影响不仅激励学生积极向上,还激发他们面对困难时不屈不挠的勇气。这样的教师,其行为和精神状态本身就是一种强大的动力,能够触及学生的内心,唤起他们追求进步和完善自我的内在动力。

在师生日常的互动中,教师的个人魅力和对美的真诚追求会无形中散发出一种特别的力量。这种力量比传统的道德教育和人生观教育更具吸引力,因为它直接作用于学生的情感和心灵。教师的尊重与爱护,就像阳光一样温暖而明亮,不仅令学生感到亲切,还在他们心中激起和谐的共鸣。这种和谐的共鸣能够深深地影响学生,使他们自觉地接受教师的教导,并逐渐增强自我教育与自我提升的能力。通过这样的互动,教师在学生心目中的形象逐渐升华为一种类似"精神父母"的存在。学生会自然而然地向这样的教师看齐,内心逐渐培养出主动学习和自我提升的欲望。这样,教师的审美素质和教育行为不仅塑造学生的美学观念,还深刻地推动学生的全面发展。

3. 教师审美素质的熏陶作用

孔子曾言:"与善人居,如入芝兰之室,久而不闻其香,即与之化矣。"(见于《孔子家语》)因此,教师的人格魅力成为每位教师不断追求的修养目标。但教师的人格魅力并非与生俱来,而是在长期的教学生涯中,通过社会环境的影响与个人不懈努力,结合理论与实践的不断磨合而逐步形成的。教学之道,无迹可寻,却能显示教育的至高境界,如春雪溶于泥土,悄无声息地滋养生命。看似无迹,却彩声并茂;看似无迹,却馥郁芬芳;看似无迹,却如歌似诗,美不胜收。教育之妙,恰在于其"无招"——通过自然而巧妙的引导,达成最佳教学效果。妙处不露形,正如"春风夜入,润物细无声"。如同陈酿之酒,悄然作用,其声虽缄默,却胜过显露。要在教育中实现春风化雨、润物无声的境界,仅靠言语等技巧是不够的。目光的交流、微笑的肯定、姿态的激励这些充满艺术性的行为,往往能起到画龙点睛的效果。更为关键的是,教师需具备深厚的人文素养,以唤起并培养学生内心的美好与人性,深入探寻并挖掘学生的潜能。

（二）教师审美素质对学生的化育方式

"易得千金难买师"，这句话深刻地表明了优秀教师的稀缺性。具备深厚审美素质的教师对学生的心灵具有长远而深远的影响。通过其高尚的人格魅力，教师不仅塑造学生的内在品质，还成为一本生动且具有深度的"活教科书"，极大地激励学生。在教学过程中，教师的人格、灵魂、个性、意志和情感都与学生产生共鸣，影响学生的同等层面，从而激发学生的智慧和情感，实现心灵的共振。这种教育方式被称为"不教之教"，是教学艺术的最高境界。它不仅传递课本知识，还涵盖了课本之外的生活智慧和心灵洞察，教会学生如何洞察生活本质。与具体的事实知识相比，"软性"的人生智慧无法通过直接教授获得，它需要通过学生的自我体验和反思来领悟。核心在于归本还源，即通过非传统的教学手段，不依赖固定的教育模式或详尽的步骤，而是借由教师的个人魅力和内在素养影响学生。在实践中，加强教师的审美素质对学生的化育作用，可以通过以下两种方式实现：

1. 以身作则

在教育的广阔舞台上，教师无疑是学生心目中的楷模，他们的行为和言语直接影响着学生的成长与发展。教师，作为学生日常生活中最为亲近的指导者，他们的一言一行都具有深远的教育意义，可以说，教师本身就是一本鲜活的教科书，是学生学习的直接对象。

以身作则，对于教师而言，不仅仅是一种外在的行为表现，更是一种内在的道德要求。孔子在《论语·子路》中提到："其身正，不令而行；其身不正，虽令而从。"这句话深刻揭示了以身作则的重要性。教师的言行一致，无形中树立了崇高的道德标准和行为规范，为学生塑造了一个可信赖和可尊敬的形象。在实际的教学过程中，以身作则的教师通常都会自尊自爱，他们明白自己的行为不仅关乎个人形象，更是职业道德的体现。他们会坚持"行不言之教"，即不仅通过言语教导学生，更通过自己的实际行动来展示价值观和行为准则。如同古语所言，"桃李不言，下自成蹊"，好的行为本身就是最好的教育。

教师的这种行为模式，不仅仅为他人谋取利益，更是在不断提升自己的个人品质和社会价值。作为教育者，他们在精神与行为上都应当追求卓越，这种追求不仅仅是对自己的要求，同样也是对学生的一种责任。公众对教师的期望始终很高，他们不仅希望教师能在知识传授上具备足够的能力，更希望教师在道德修养上是一个榜样。这种期望是教师不断自我提升、不断提高自身审美素质和道德水准的动力源泉。教师如果不能以身作则，实际上是对自身的一种贬低，而真正能做到以身作则的教师,他们的行为不仅满足了自身道德的追求,更是实现了个人价值和社会责任的双重满足。从更深层次来看,以身作则的教师在为学生树立正面榜样的同时,也为自己开拓了更广阔的个人发展空间。在这个空间里,教师不仅需要有高尚的道德修养,还需要不断学习新知,跟随社会文化和科技的发展步伐,参与继续教育,实现终身学习的目标。这种持续的自我提升和学习不仅仅是出于对社会的责任感,更是出于对自我尊严的追求和个人成就感的需要。

2. 交流对话

教育的真正意义不在于单向的教导或惩罚,而是在于深入学生的内心世界,用心灵触摸心灵。教师与学生之间的每一次心灵的接触,都应当是一场启发式的学习之旅,而不仅仅是知识的单向传递。学生应该成为学习过程的主体,主动探索和建构知识的意义,而教师的角色,则是通过有效的课堂提问和深入的交流对话来引导和促进这一过程。在这样的互动中,学生能够相互交流、共同探讨,从而极大地提升他们的思维能力和理解深度。

对话,不应仅被看作是教学反馈的工具或信息交流的渠道,它自身承载着更深层次的价值和意义。真正的对话能够推动师生双方精神的共同成长,是一个连续的意义生成和情感交流的过程。在这个过程中,教师和学生共同经历思想、情感、真理的碰撞和融合,促进彼此的精神发展和人格形成。教师应该创造一种"共享式"的对话环境。想象一下,教师和学生一起坐在餐桌旁,共享美味的食物。在这种情境中,师生不仅共同品味美食,更在轻松的氛围中分享各自的感受和见解。教师在这一过程中的角色更多的是一个平等的参与者和引导者,而不是单方面的传授者。他们不强求学生接受自己的观点,而是鼓励学生表达自己对不同食物的看法和审美感受。在这种对话的过程中,教师更应注重对话本身,而不是急于得出结论。面对学生各异的感受和理解,教师不应强求统一思想,而是应鼓励学生通过对话继续探索和深入思考。对话的价值在于开放学生的心态,突出学生的主体性,展现个性,激发创造力。这种对话方式虽然可能不会立即产生具体的结论,但它带来的是学生思维的开阔和个性的自由表达。

"共享式"对话应符合以下三个要点:①构建轻松的对话环境,确保教师与学生关系平等,教师应以参与者身份与学生进行平等交流。教师需努力理解学生视角,抑制自己的主导性倾向,如同身处学生之中一般,设身处地为学生考虑。②教师应引导学生积极参与对话,善于把握思想碰撞的关键时刻。在学生积极思考时,教师应给予恰当引导,指导思维方向,帮助学生打开知识的大门,实现由此及彼的思维拓展。③教师应重视对话中的思考过程。有效的对话应促进学生思维的跃进,关注学生的思维发展,有意构建意义,引导学生思维的飞跃。如此,课堂上的各种教学关系如轻重、动静、缓急、疏密、教与学等才能得到更好的体现,使课堂呈现出丰富多样的面貌,节奏和层次分明,生动有趣。

总之,与学生的交流对话不仅是师生互动了解的过程,也是教师将个人素养传递给学生的过程。这要求教师具备高尚的审美素养,只有这样,教师在与学生交流时才能有效促进学生审美素养的培养。

第三节　加强校园文化建设

校园文化作为学校教育不可或缺的一部分,普遍存在于教育实践中,对学生的审美素质培养起到了关键作用。它既是一种氛围,也是一种环境。具体而言,校园文化是由学校师生在日常的教育与教学活动中共同创造并形成的精神产品和文化环境,包括这些精神和文化所依托的活动形式与物质表现。高等院校的美育活动便嵌入在校园文化之中,通过校园的自然与人文景观、建筑等元素向学生传递审美体验,从而提升他们的审美意识和能力。

校园文化不仅反映了人的精神风貌,同时也塑造了人的精神面貌。在学校教育体系中,校园文化对学生的全面发展具有深远的影响。它的体现可以是学校的办学理念、管理方式、环境布置、校园风气和教学风格等各个层面。随着经济的增长和科技的发展,校园文化逐渐融入了网络文化这一新的形态。文化总是在人们的社会实践中形成,反映了事物间的相互关系,并在人的活动中展现出其自然与文化的层面。在探讨校园文化时,通常会从以下几个角度进行阐释。

一、校园生态环境

校园文化的重要组成部分是校园环境,它涵盖了校园活动场所、建筑和教学设施等多个方面。这些元素共同构成了校园文化的物质基础和外在展现。

生态学这一概念最早由德国博物学家海克尔(Haeckel)在1866年提出。他在

《有机体普通形态学》一书中定义生态学为研究生物体与其环境间关系的科学,关注所有影响生物生存的条件。作为生物学的一个重要分支,生态学着重研究植物群落、动物群落及其所构成的生态系统。

美国社会学家帕克(Park)在 1921 年引入了人类生态学的概念,这一领域的研究也是近二十年来逐渐兴起的。1935 年,英国生态学家坦斯利(Tansley)进一步提出了"生态系统"概念,描述了生物体与其生活环境组成的自然系统。尽管科学界对"生态"或"生态系统"这些术语的使用不尽相同,但各方面的研究都对这一学科的发展产生了显著影响,并带来了众多重要成果。

在中国,清华大学在 1997 年首倡建设绿色大学的理念。这种理念强调以可持续发展为办学原则,着眼学校的长远利益,有计划地推进各项工作,确保学校能够持续健康发展。在当前的社会背景下,生态和绿色已成为主要议题,强调了和谐与环保的重要性。历史原因造成的人类居住环境破坏,迫使人们重新考虑人与自然的关系。如今,实现人与自然的和谐共生变得尤为迫切。同时,全球性的能源危机也加深了人们对可持续发展的理解,增强了人们的生态意识和环保意识。

(一)校园环境的生态性

1.校园环境规划

观察传统大学校园的常见格局,我们会发现,教学区、体育区和宿舍区通常布局相对独立。这种分区方式虽然有其合理性,但随着学校规模的扩张,各功能区之间的距离逐渐增大,不仅增加了学生在各区之间的通行时间,还在高峰期造成了某些区域的人流拥挤,给校园的教学设施运转带来压力,影响了学生的学习和生活便利性。从生态和实用的视角审视校园环境规划时,我们应着重考虑各教学和生活设施之间的合理配置。采纳现代小区规划的理念,打破传统的功能分区模式,可采用"组团型"布局。这种新型布局中,每个组团汇集了生活、学习、体育等多种功能,为学生创造了一个便捷的学习和生活环境。在这样的环境中,学生的日常活动都能在近距离内完成,大幅提升了生活和学习的效率。有效的校园规划应着眼于校园与师生间的和谐互动,将环境设施设计得更加人性化和合理化,以促进校园文化的健康发展。

2.校园环境规划的特点

在建设校园环境时,我们不仅要充分融入校园文化的精神,还需要综合考虑多种因素,以实现校园、自然与人的和谐共处。这样,校园的每一个角落都能显现出独特的校园文化氛围。

（1）校园环境的自然化与城市化设计

设计校园文化环境时，应充分考虑到所在城市的文化背景，并使其与校园文化相协调。校园作为城市功能的一个重要部分，应有效利用城市设计资源，实现城市化与自然化的有机结合。在构建校园环境时，应根据当地自然条件和地形进行规划，确保校园内的植被、建筑和水资源等元素的和谐共生，从而为师生创造一个优美的生态环境，并进一步促进校园环境的和谐发展。

作为城市结构的一部分，校园应促进其与城市的良性互动，这对学生的日常生活和学习至关重要。校园的发展会受到现代化城市资源的影响，包括能源、交通和通信等方面。只有将自然环境与现代科技相融合，才能构建一个既具有现代城市特色又不失自然风貌的校园环境。

（2）校园环境的地域性与艺术化设计

地域性不仅表现在气候和地理位置上，更深层地体现在地域文化与风俗中。校园建筑是校园文化的重要组成部分，它应当突出展示地域文化的特色。校园建筑在设计时，不仅需要融合现代元素，还应借鉴本地区的建筑风格，以此打造出既具有地域特色又富有时代感的建筑作品，这些作品将为校园营造出独一无二的文化氛围，展示其独特性和创新性，形成一个现代化的校园建筑文化景观。此外，校园环境的艺术化设计对于培养学生的审美情感和确保教学活动的和谐至关重要。校园规划和设计应遵循传统美学的原则，涉及建筑布局、校园绿化及环境布置等各方面，所有设计元素都应整洁、和谐且美观。一个明亮且有序的环境不仅能缓解学生的消极情绪，还能帮助他们释放压力，让学生在学习的同时，以欣赏的眼光体验生活，进一步用自己的心智美化生活。

对于教学设施和设备的美化，这也体现了教育美学的重要性。对教学设施进行精心设计，如合理美观地规划操场，均匀对称地布置校内宣传栏和布告栏，保持实验仪器的清洁卫生，这些不仅能为学生带来视觉上的愉悦，还有助于在他们增长知识的过程中培养良好的学习和生活习惯，提升他们创造美好生活的能力。

（3）校园环境的人性化与环保节能化设计

校园环境的人性化设计主要是追求和谐，而和谐是美感的根基。高校学生来自全国各地乃至世界各地，所以校园文化的人性化设计显得尤为重要。举例来说，校园的标识系统应采用中英双语设计，以适应不同文化背景的学生需求；同时，校园的设施、管理与生活服务也应兼顾多样的生活习惯。在规划和建设教学设施时，还需仔细考虑声音、光线及温度等方面的人性化需求。此外，自然景观与人文景点的图文解说也是培养学生审美情趣的重要手段。美的体验是基于对事物的深入了解和掌握的。在校园里,新种植的植物或雕塑作品经常激发学生的好奇心和探索欲。详细的图文介绍能帮助学生深入了解这些事物,不仅增加了审美的乐趣,也扩展了学生的知识面。美的体验还需要优美的环境条件作为支持。一个整洁且明亮的校园环境更容易唤起人们的审美感。因此,校园环境的建设应坚持可持续发展原则,增强环保与节能意识。比如使用环保建材、节能照明,设立废物回收站并维护卫生设施的清洁,这些措施旨在提高学生对能源节约和环保的认识和重视。

(二)校园生态环境系统

审美能力的培养,依赖于环境教育的长期影响而逐步形成。在学校的美育体系中,环境元素是至关重要的一环。"近水可观鱼之习,临山可听鸟之声",美化校园对于提升校园文化的品位具有深远的意义。校园环境主要包括以下几个方面:

1. 校园自然景观

校园的自然景观与其所在的地理位置密切相关,构成了校园环境的基石。这些自然环境不仅仅是校园的装饰,更是人们接触和感受自然美的重要窗口。自然景观拥有独特的审美价值,其未经人工雕琢的状态展现了自然之美,这种美是纯粹而深远的。在自然景观中,我们不难发现人类对理想生活状态的向往。德国哲学家海德格尔曾提出"诗性居住"的概念,强调人应与自然和谐共存、生活在更接近自然的状态中。同样,中国传统美学中的"天人合一"哲学,也强调人与自然应保持和谐的关系,体现了人类生活的最高理想。这些哲学思想都在强调自然与人之间不可割断的联系,是我们理解和审视自然景观时不可忽视的视角。

在中国的许多著名大学校园内,自然景观的美被精心保持和呈现,成为校园文化的一部分。北京大学的未名湖畔冬日的雪景,南北阁秋天的落叶,这些景象各有千秋,构成了校园的独特风貌。清华大学的荷塘在月光下显得格外静谧,而华东师范大学雨后的校园,烟云缭绕,荷塘边的绿意盎然,都是令人难以忘怀的美景。这些自然美景不仅增添了校园的魅力,也成为激发学生审美情趣和创造力的源泉。因此,大学生们在享受这些自然美景的同时,也应该承担起保护环境的责任,维护这一份天然的赠予。通过亲近自然,学生们不仅能够发现美、感受美,还能在自然的怀抱中寻找心灵的归宿和安宁。对自然景观的保护和合理利用,不仅是对校园环境负责,也是对未来负责。只有这样,我们才能确保这些美景能够传承下去,让更多的人能够在自然中寻找心的安放,体验"传统美学"中提倡的与自然和谐共处的生活方式。

2. 校园生态建筑

校园中的建筑群主要为教学需求而设计,其中不仅融入了艺术与文化的美学,也体现了教育的深远意义。生态建筑的概念源于对环境问题的深度关注和对理想生活的追求,它以校园环境与自然的和谐共生为目标,重新定义了人类及其建筑在自然界中的角色。此外,生态建筑强调建筑与自然、建筑与建筑之间的协调一致。这种和谐既表现在建筑的外形和色彩设计上,也体现在建筑群整体的视觉艺术和文化表达上。建筑间的合理布局优化了其功能性,实现了功能之间的协调,这也是生态建筑理念的核心所在。因此,校园的生态建筑不仅满足教学、科研与生活的实际需求,同时也兼顾了审美和校园文化的展现。

3. 校园人文景观

在校园中,人文景观常承载深厚的文化意蕴,通常与特定历史人物或事件紧密相连,主要表现在以下几个方面:

①众多高等院校都曾是杰出人物及专家学者的求学与研究之地。这些校园名人不仅是学校宝贵的资源,其思想与精神亦构成校园文化的核心部分。学生在参观这些名人的学习或生活场所时,能直观感受到其高尚的精神风貌和个人魅力,从而在精神上受到熏陶。

②不少学校设有博物馆、展览馆和纪念馆等。尤其是那些历史悠久的学府,其校史本身便是宝贵的教学资源。学生通过了解学校的发展历程、参与对重大历史事件的探讨、认识校园内的历史英雄,可以加深对学校的感情,进一步理解学校的教育理念和校园精神。

③许多高校内的科研机构、关键实验室及文化研究中心,同样是科技与人文教育的重要场所。科学技术在创造美的过程中扮演了关键角色,科学之美体现在对真理的探索和科技本身的魅力——这种魅力能满足人的好奇心。审美情感源于好奇心,科学恰是揭示未知的钥匙。了解科学技术不仅有助于学生构建对世界的认知,也能增强他们对自然界的探索兴趣,进而激发创造力和想象力。

4. 新视角下的校园环境

(1)光环境

在城市化迅速发展的当下,光作为一种可能的污染源逐渐被人们关注,同时也被艺术家们重新审视其价值与意义。在校园环境设计中,光不仅仅是一种物理存在,更是构建空间美感的重要元素。无论是室内还是室外,光的颜色、亮度及其变化都直接影响着学生的心理感受和审美体验。

室内光环境主要关注如何通过光线的合理布局提升空间的使用舒适度和功能效率。而室外光环境则更多地与建筑物的整体设计相结合,通过自然光与人造光的恰当使用,不仅满足基本的视觉需求,还能够营造出积极向上的校园氛围。

（2）声环境

校园中的声环境尤其重要,它直接关联教学质量和学生的心理健康。噪声问题在高校校园中尤为复杂,包括来自生活区的生活噪声、体育活动产生的运动噪声、各种机械运转的机器噪声以及教学活动本身产生的教学噪声等。校园外的交通、工业以及施工噪声也不容忽视,这些声源不断地对校园环境造成干扰。

在解决这些问题时,引入"声景"概念至关重要。声景的理念是创造一个声音和谐的环境,通过精心设计的声音元素和与声场的密切配合,优化校园的听觉环境。在自然条件允许的情况下,校园内可以通过植被、水体等自然元素来吸收和减少噪声,同时也可以通过人工手段模拟大自然的声音,以达到和谐的声音效果。此外,校园中的音乐设施,如音乐广场和音乐湖泊等,也能有效地帮助学生在紧张的学习后得到放松。

声文化在校园文化中也占有一席之地,尤其是校园广播。广播不仅是传递信息的渠道,更是一种文化的展现。优质的广播节目需要播音员具备清晰的发音和良好的音色,同时也要求声音在传播过程中清晰流畅,确保全校师生都能清楚地接收到信息。通过校园广播,可以建立起师生之间的良好互动,让广播成为校园生活中不可或缺的一部分。

二、校园人际关系

《美育论》这部作品是杜卫所著,在其中他阐述了:"学校美育应当以全面促进学校文化的建设为出发点,将审美文化的塑造作为校园文化构建的关键,而师生之间的审美关系更是校园审美文化构建中的核心。"

人的本质不是孤立个体的抽象属性,而是所有社会关系的集合体。人的本质是所有社会关系的集合,因此,个人的成长与发展是其获得社会关系的过程。在这一过程中,教育扮演的是促进人际关系形成的角色,我们称之为个体的社会化。从根本上看,教育旨在促进个体社会化,挖掘和发展个体潜能。在社会化过程中,教育的角色是引导学习者成为社会所需之才,使其行为符合社会规范。在教育实践中,教师与学生的互动是教学过程的核心。

校园作为一个综合体,人际关系包括各类交流活动,如学生间、教师间的交流,管理层与员工之间的沟通等。从本质上说,社会中的生活和存在依赖于人际交往,这是人类心理需求的一部分。追求自由是人类的天性,而人与人之间的交流是对自由追求的一种体现。

(一)校园人际关系的内涵

在讨论美学时,人们常说"美即和谐"。这种和谐不仅体现在自然界,也体现在社会关系中,尤其是人际交往。和谐的人际关系能够为社会带来一种独特的美感,这实际上是对人际关系的一种审美化。在校园环境中,师生和学生之间的互动构建了这样的人际关系网络。通过美育的实践,我们可以培养和促进这种和谐的人际关系。德国著名诗人及剧作家席勒认为,美育不仅有助于心理功能的发展,更关键的是它能够培养人们内在的审美感受力。这种审美感受力的培养,可以使个人的心理状态达到一种和谐,从而为处理复杂的人际关系提供坚实的基础。在人际互动中,美育使得理解与关爱成为可能,这两种品质是维系社会关系的重要纽带。它们的存在使人际关系更加协调,更富有和谐美感,充分体现了传统美学中强调的审美特质和功能。这种美学观点不仅丰富了我们对美的理解,也深化了我们对心理和人格发展的认识。

根据杜卫在《美育学概论》中的论述,校园人际关系涉及校内教师、学生以及行政管理人员在思想、学习、工作和生活等方面的互动与联系。从根本上看,人际关系是人与人之间的互动,这种互动首先体现了人的社会性。在这种互动中,人们学习遵守规则,以实现有效的人际交流。校园作为教育的场所,是校园人际交往的重要环境。在这种环境下,人与人的互动也是教育活动的一部分,因此,要推动教育活动的顺利进行,建立良好的校园人际关系是关键。

1. 人际关系的文化实质是情感文化

在讨论校园人际关系时,我们不能忽视它所承载的文化实质——情感文化。校园人际关系的和谐不仅反映了学校文化的精神风貌,更是校园文化的重要组成部分。从更广阔的视角来看,校园中的人际关系涉及学生、教师以及管理服务人员之间的多种互动,这些互动在本质上构成了一种情感文化的构建。

学校是一个小型社会,其中的每一位成员都在通过各种日常交往在无形中塑造这种文化。学生之间的友谊、师生之间的尊重与理解、管理层与教职员工的有效沟通,都是情感文化的具体表现。这种文化不仅仅基于工作或学习的直接需求,更多的是基于深层的情感连接和彼此之间的情感需求。进一步来说,处理好人际关系,能够培养出健康的友情和爱情,满足个体的情感需求。这不仅对个人的心理健康极为重要,也是其社会化过程的一部分。良好的人际关系能够帮助个体学习如何表达情感、如何理解他人,以及如何在社会中有效地交往。这些技能是社会性成长的重要环节,对于形成一个和谐社会至关重要。

从传统美学的角度来看,情感与美的关系密不可分。传统美学强调心灵与外界和谐相应的重要性,认为这种和谐是美的一种表现。在校园中,通过美育教育,我们不仅传授知识,更是在无形中培养学生的情感文化和审美观。通过各种文化和艺术活动,学生能够体验到美的感受,这种感受潜移默化地影响他们的情感表达和人际关系的处理。例如,音乐和美术课程不仅培养学生的艺术技能,更通过合作和共享的过程,加强了学生之间的情感纽带。戏剧和表演艺术则提供了一个舞台,让学生在扮演不同角色的同时,学习理解和同情他人的情感,这对于培养他们的同理心和社会交往能力极为重要。

2. 人际关系文化是一种心理环境

在校园中,人际关系不仅仅是情感的表达,它同时构建了一种涵盖教育和美育的心理环境。这种心理环境主要由人文因素构成,包括文化艺术活动的氛围、校园文化、教学风格、学习风格、人际环境等。通过美育,学生可以培养出较强的自我调节能力和优良的心理素质。实质上,美育是情感教育的一部分,其中情感在审美心理中扮演活跃的角色。情感体验的增强能显著提升学生的文化、思想、审美和身心素质。高层次的审美情感有助于增强自我调节能力,维护心理健康。良好的校园环境能够潜移默化地解决个体的内在矛盾和心理不和,促进学生身心的健康和谐发展,帮助他们保持积极健康的心态,享受生活,深爱生命。

3. 绿色人际关系中环境与人的交流

目前所称的"生态人际关系"或"绿色人际关系"强调了人际关系的和谐,特别是人类与自然、人类与环境之间的关系,这也是一种交流互动。事实上,我们对自然环境的认知、了解和利用开发,都是一种与自然界交流的体现,尤其在保护自然环境方面尤为重要。人们生活在环境中,会根据自身需求利用自然资源并创造必需的物品,在这个过程中,人们逐渐意识到保护环境和自然资源对于人类社会的发展至关重要。只有树立起保护自然环境的意识,才能实现人与自然、人与环境的和谐共处。

（二）校园人际关系审美化

要为学生营造一个优良的校园文化氛围，首要任务是提升校园文化的品质，塑造具有独特特色的校园文化。美育在此过程中扮演了关键角色，通过将美学元素融入校园文化，可以创造出一个积极、轻松、和谐的审美环境，使师生在不知不觉中接受美育的熏陶。审美化校园人际关系不仅有助于校园教学活动的开展，同时也促进了校园文化的独特建设。根据学校的实际需求，校园人际交往关系可以分为几种类型。

1. 师生间的人际关系

在校园文化中，师生关系扮演着核心的角色。教育界一直倡导在教学过程中师生应保持平等的交流关系，但是在现实的教学活动中，真正的平等交流往往难以实现。师生之间的交往并非只在教育教学的场合发生，而是贯穿于校园生活的各个方面。为了打破师生间的壁垒，提倡"教师作为引导者"的理念至关重要。

梅贻琦在19世纪40年代的作品《大学一解》中提道："古时候学生跟随老师学习，这种关系称为'从游'。孟子说：'游学于圣人门下者，难以启齿讨论'，这说明'从游'时师生关系的重要性。在古代，学校像是水域，师生就像其中的鱼儿，通过游泳这一动作，大鱼带领小鱼，形成从游的关系。长时间的相处使得学生能不自觉地受到老师的影响，学习其知识与品德。"从这段叙述中，我们可以看出，在古代中国教育中非常重视师生之间的沟通与交流，师生关系是通过实践活动来维系的，学生在实践中深化对知识的理解并与老师建立起良好的交流桥梁。相比之下，现代的师生关系更像是一场表演，学生成为观众，教师成为表演者，学生的成功往往只与考试成绩挂钩，教育变成了一种交易。

教育的本质已经经历了显著的变化，教育的价值和目标也随之改变。教育不再仅仅局限于传授知识，而是扩展到了培养学生在社会上所需的多种技能。现在的学生在校园中不仅需要学习知识，更需要在人际关系、解决问题等多方面进行成长。这种变化促使教育者重新审视教育的目的，从而影响到师生间的互动模式。

归根结底，教育理念的不断演进对师生人际关系产生了深远的影响。教师需要对自己的职业角色有更深的理解和承认，才能在教学过程中更好地发挥引导者的作用。建立良好的师生关系是教育成功的关键，它能让学生感受到教师的人格魅力，从而激发学生的学习热情，实现个人的全面发展。同时，良好的师生关系也是推动校园文化向审美化、更富人文关怀方向发展的重要因素。只有这样,教育才能真正实现其多元化的功能,取得预期的成效。

2.学生间的人际关系

学生间的人际关系主要体现在两个层面:一是在各种学生组织中。这些组织有明确的架构和运作方式,依托这些组织开展的活动能显著提升学生的实践能力,这对他们社会化的过程具有深远的影响。二是学生的自我管理能力。

在日常生活中,学生之间的互动也是构成人际关系的重要部分,对学生来说具有以下好处:①能满足学生的情感需求,让他们在与同伴的互动中结交朋友,同时也能锻炼团队合作的能力,增强集体责任感。②通过与同学的交流,学生能展现自己的价值,提升在他人心中的地位和作用,通过人际交往肯定自我价值,从而获得更多的关注和认可,这有助于形成对自己的群体定位。③交往过程中,学生能通过分享和沟通克服心理障碍,释放心理压力,得到同伴的精神支持。同时,这种交流还是获得信息、改变观点、推进社会化进程的有效途径。

3.教师间的人际关系

构建校园文化的一个核心环节是教师之间的相互交流。这种交流不仅富有创新性,还极具主动性。通过优化教师间的互动,可以促进科研与教学的深入交流和合作,进而提升学校的教育质量。对教师个人而言,这样的交流有助于提高其教学和研究能力,从而共同营造一个积极向上的学术环境。

总的来说,校园文化中的审美关系突出了非功利性,它是一种在交往过程中充满真挚感情的人际关系。无论是师生之间、学生之间,还是教师间的审美关系,都应遵循一定的美学规律和原则。无论在教学活动、非教学活动,还是学生的实践活动中,这种关系都对学生的社会化过程具有积极的影响和意义。

三、校园文化活动

(一)校园文化活动的类型

校园文化活动是学校文化的核心部分,学校根据自身具体状况和教育目标,有计划地组织各种定期或不定期的文化活动。这些活动的目的是全面提升学生的素质并支持其个性化成长。具体的活动形式如下:

1.艺术类社团活动

艺术类社团活动包括艺术团、摄影协会、诗社、文学社和影评组等。这些活动不仅帮助学生掌握专业知识,还鼓励他们在社团中培养个人兴趣,通过参与多样化的课外活动来提高自己的审美水平。在这个过程中,学生能够拓宽和深化自己对美的理解,培养健康的兴趣爱好,并在追求美和创造美的过程中实现自我提升。

2.亲近自然的活动

学校组织的诸如自然科学调查、野外游学和夏令营等活动,让学生有机会亲近自然,感受祖国的山河美景,激发爱国情感和生活热情。这些活动还能增强学生的环保意识,让他们学会珍惜资源和保护环境,促进人与自然的和谐共生。

3.社会实践活动

社会实践是美育教育中的重要环节。通过参与辩论会、座谈会、时事讨论和社会调查等活动,学生能够从审美的角度认识世界,感知美的存在。这些活动有助于学生形成良好的审美观点,培养高尚的理想和坚定的信念。

综上所述,校园文化活动不仅包含了德育、智育、体育、美育和劳动教育等多方面的教育内容,而且这些内容在相互作用中促进了学生的全面发展。这些活动在美育的综合性和全面性发展中占据了极其重要的地位。通过这些多元化的校园文化活动,学生可以在学习知识的同时,形成全面的人格和坚实的实践能力。

(二)校园文化活动的审美化

校园文化活动的审美化是提升学生审美和人文素质的重要手段。通过参与各式各样的课外活动,学生可以充分展示自己的才华,同时促进情感的表达和感情的提升。校园文化活动不仅丰富学生的知识经验,更加速他们的成长过程,对美育教育具有深远的影响,主要表现在以下两个方面:

1.校园活动的丰富性

校园文化活动是大学生活中不可或缺的一部分,它通过丰富多样的形式为学生提供了展示个人才能的舞台,有助于学生的全面发展。这些活动不仅包括传统的艺术展览、戏剧表演和音乐会,还涵盖了辩论赛、摄影比赛、文化节、志愿服务等多种形式。通过这些多样化的活动,学生能够在不同的环境中探索自己的兴趣和潜能,找到属于自己的发展方向。在参与校园文化活动的过程中,学生不仅能够学习到新知识,还能增进对不同文化和思想的理解。以艺术展览为例,学生在策划和布置展览的过程中,不仅锻炼了自己的组织能力,还能够在艺术作品中领悟到创作者的思想和情感。通过欣赏和讨论展览,学生们的批判性思维和创造性思维得以培养和提升。此外,戏剧表演和音乐会等活动为学生提供了一个实践的平台,学生可以通过实践将理论知识转化为实际能力,从而增强自信心和表达能力。更重要的是,校园文化活动促进了学生之间的相互交流和合作。在团队合作中,学生们需要共同讨论、协商并解决问题,培养了他们的沟通能力和团队精神。通过这些互动,学生们建立了深厚的友谊,也扩展了自己的社交圈,提升了情商。这些经历对于学生的职业发展和未来的人际交往能力都是极为重要的。

2.校园活动的游戏性

校园文化活动的另一大特点是其游戏性。这种游戏化的特征使得校园活动与传统教学活动有了明显的区别。与追求具体教育目标的课堂教学不同,校园文化活动更注重参与的娱乐性和体验的丰富性。在这样的活动中,学生能够在轻松愉快的氛围中积极参与,学习成为一种享受。例如,在文化节期间,学生可以通过游戏、竞赛、互动体验等方式参与到各类活动中。无论是进行传统的民俗游戏还是参与现代的电子竞技比赛,都能让学生在享受乐趣的同时锻炼身体、增强团队合作能力。在这种活动中,教师和辅导员通常扮演指导和协调的角色,他们的职责是为学生提供必要的支持和资源,而不是直接干预活动的进行。这种模式让学生在参与活动时,拥有了更多的自主性和主体感,提升了他们的自我管理和组织能力。游戏化的活动方式有效促进了学生的身心和谐发展。在轻松愉快的环境中,学生们的紧张感和压力得以释放,有助于他们更好地投入学习和生活中。更重要的是,参与游戏化活动的过程能够让学生体验到成功和失败的真实感,从而培养他们的心理韧性和应变能力。

四、校园精神文化

(一)校园精神文化的重要性

校园精神文化是指学校成员普遍接受和遵循的一系列核心精神价值,这包括价值观、道德规范、思想主张和发展目标等。在高校中,校园文化的核心即为校园精神文化,它不仅是学校精神面貌的全面体现,而且是校园文化层次的提升,具备显著的精神动力。良好的校园精神文化能够为学生营造一个浓郁的文化氛围,有利于形成优良的学习环境,并在教育中难以触及或影响较弱的领域发挥关键作用,填补教育的空白。通过积极探索与实施校园精神文化相关策略,可利用其强大的精神力量推动教育改革和发展,促进学生的全面成长。

校园精神文化对师生都会产生深远的影响:一是能潜移默化地塑造师生的精神风貌;二是能凝聚师生的精神力量。作为校园文化的重要象征,校园精神文化具有极强的吸引力和感召力,深刻地影响着校园中的每一位师生。在校园生活与学习的过程中,学生们不可避免地会受到校园精神文化的熏陶,这将对学生群体的整体素质产生影响,不同学校的校园文化和精神面貌也会孕育出具有不同特质的学生群体。

(二)校园精神文化与美育

校园精神文化体现在校风、学风、教风等多个方面,它虽无形,却是构成校园文化不可或缺的一部分,对学生的日常生活、学习过程以及终身成长具有深远的影响。这种文化的核心在于精神与道德层面的教育,是校园生活的实质性内容。

如果学校能够营造出良好的学风和教风,那么整个校园文化便会显得和谐而美好。在这种环境中,学生不仅在生活学习中感到愉悦,而且会将这种和谐的精神文化内化为自己的行为准则,自觉遵守校纪校规,主动维护教学秩序。此外,学生也能在此过程中培养良好的生活习惯和学习态度,这对他们的个人发展极为有益。在人际交往中,这种文化亦能帮助学生建立起相互尊重、相互信任的关系,持续关心他人和集体,促进积极健康的师生互动。

校园精神文化的这些特质不仅深刻塑造了学生的个性,也使他们成为这种精神文化的传承者和创新者,不断推动校园精神文化向前发展。

(三)校园精神文化建设

校园精神文化作为校园文化中不可或缺的一部分,承载着独特的文化价值和教育意义。这种文化不仅是教育资源的一种特殊形式,还深刻影响着学生的学习和生活。因此,校园精神文化的建设应当从以下两个关键方面展开。

①高校的教育理念和模式是民族和国家历史沉淀的产物。高校不仅是知识传递的场所,更应成为文化传承和创新的重镇。高校应当承担起继承和发展民族文化的责任,将这些文化价值内化为校园的精神文化。高校的一个重要责任就是传承、发展和创造文化,确保文化能够跨越时空,由一代传至另一代。

②当今世界教育模式的多样化,特别是西方教育模式对我国高等教育的深远影响,既带来了积极的促进作用,也带来了某些挑战。我国古代极为重视道德与人文教育,而现代教育则更多地引入了西方的科学与技术教育理念。这一转变极大促进了科学文化的快速发展,但同时也要求我们重新审视和整合这些新的教育模式。我们需要借鉴西方的优秀教育理念,与我国的传统教育优势相结合,形成适合当前社会发展需求的教育模式。

第四节　弘扬传统文化

　　传统文化是民族的根和魂,弘扬传统文化对于增强民族自信心、促进社会主义文化繁荣发展具有重要意义。在高校中,传统文化的传承与创新尤为关键,它不仅是文化自信的体现,更是高等教育综合素质培养的重要内容。通过传统文化的学习与实践,学生可以深入了解中华优秀传统文化,增强文化自觉和文化责任感,为社会的发展和民族的复兴贡献力量。

　　弘扬传统文化及其与高校美育的融合,需要创新教育方式和内容。高校可以通过开设相关课程来实现。此外,在具体实施路径上,高校应当结合自身特色,探索传统文化与现代教育技术的结合,例如,使用数字媒体和互联网技术展现传统文化的独特之处。通过这些渠道和方法,将传统文化融入美育教育,不仅能够丰富学生的精神世界,也有助于塑造更为全面的人格和价值观。

一、弘扬传统文化的现实意义

　　当前,我国正处在社会转型的关键阶段,不断变动的社会环境对大学生的道德判断和价值观产生深远影响。从积极方面看,受这一环境影响的学生展现出较为强烈的自我意识和奋斗精神,他们重视个人价值,倡导社会的公平与民主,并愿意投身于社会竞争和公共事务中;从消极方面看,部分学生可能会受到社会中不良现象的影响,进而滋生消极的思想。面对这些问题,我们应当采取积极措施予以应对和解决:一是应对学生进行系统的马克思主义教育,以巩固他们的理想和信念;二是挖掘和传播中华优秀传统文化中的积极元素,通过不断的熏陶和教育,帮助学生构建正确的价值观,并提升其思想道德水平。

　　面对当今教育的形势,适应新时代的要求,高校应加强对学生的传统文化教育和德育工作。在我国,学校是思想道德教育的主阵地,因此对大学生进行思想政治和传统文化教育的任务,主要落在了学校的肩上,学校承担着不可替代的使命和重任。当前的大学生群体拥有较高的思想道德水平,心怀为国家和民族振兴而奋斗的宏伟目标。他们不仅热爱祖国,也深爱人民,展现出崇高的情操和良好的品格。尽管如此,随着社会的持续发展和变革,无论在经济形态、就业方式还是组织结构、分配利益等方面,都呈现出多元化的趋势。这些变化,加上全球各国思想文化的广泛传播,也在一定程度上引起了我国公民道德的某些问题。在这种复杂的社会环境中,当代大学生的思想道德面临着严峻挑战:①在学习上,部分学生缺乏上进心,学习态度松散,缺少必要的纪律性;②在人际交往上,存在自我中心的问题,难以建立和谐的同学关系;③在其他方面,如不遵守公共秩序、缺乏社会责任感等问题也较为突出;④受多元思想的影响,一些大学生在处理个人与集体、他人之间的利益关系时显得力不从心,忽视了对集体和社会的责任,忽略了自身应承担的义务;⑤信用问题频发,缺乏足够的抗压和抗挫能力,未能很好地体现自立自强的精神。大学生作为社会的年轻力量,充满活力与希望,他们的思想道德状态直接关系到中华民族的精神风貌。随着改革开放的不断深入和经济的持续进步,培养大学生树立正确的世界观、人生观和价值观,成为当前高校思想政治教育和德育工作的重要研究内容和发展方向。

中国文化源远流长,自古以来,中华民族便高度重视道德修养和文化传承,这种深厚的文化积淀使得我国成为全球著名的礼仪之邦。在当前推进社会主义现代化建设的过程中,这种文化传承具有重要的意义:①弘扬传统文化有助于教育青年一代健康成长;②弘扬传统文化有助于青年了解传统文化知识;③弘扬传统文化有助于青年发扬传统文化。

（一）弘扬传统文化有助于教育青年一代健康成长

从青年的成长阶段和心理需求出发,应当引导他们确立正确的人生观,并寻找与自身相匹配的理想与人格目标。在未完全步入社会的学习阶段,青年尚未形成稳定的世界观、人生观和价值观。因此,建立稳固而全面的个人道德显得尤为重要。首先要对青年进行道德品格的培养。中国传统文化和理念,从"内圣外王"和"家庭伦理"到"治国安邦"的层面,为青年提供了丰富的道德教育资源。通常,道德品质的塑造是一个由浅入深的发展过程。对青年而言,传统文化中的许多基本要求不仅易于理解和实施,也是建立良好行为和道德品质的基石。深入传统文化有助于保障青年的健康成长,引导他们成为理想高远、道德崇高、纪律严明、知识渊博的新一代。在传统文化、纪律、理想与文化的交融中,青年可以确立正确的人生和价值观,树立崇高的理想和信念,对社会持有更科学、合理的认识。

纪律与传统文化的关系十分密切,纪律是规范个人与他人、集体与个人间关系的重要工具。从表现形式和内容上看,道德与纪律有诸多相通之处,这也从侧面显示,增强青年的道德意识有助于提升其纪律性,反过来也能增强遵守道德的积极性和自觉性。此外,随着知识水平的提升,青年将形成辨别是非的能力,从而养成遵守社会公德的良好习惯。道德教育还将促使青年积极学习知识,追求科学,营造健康的学习和生活环境。总之,传统文化在青年成长过程中扮演着至关重要的角色,有助于他们成才立业。

(二)弘扬传统文化有助于青年了解传统文化知识

弘扬传统文化对于帮助青年深入了解和传承传统知识具有不可小觑的作用。在当今社会,部分青年对传统文化中的某些观念和内容感到陌生,有时甚至难以接受这些思想和观点。这种对中国传统文化的不熟悉甚至无知,实际上是一种严重的缺失。如果不及时弥补青年在传统文化知识上的这种空白,他们在继承和创新传统文化方面的努力将难以达到预期效果。长此以往,我们民族的精神特质、独特的风格乃至民族的形象都可能逐渐模糊甚至丧失。因此,积极弘扬传统文化,让青年人不仅了解而且深入理解传统文化的精髓,变得尤为重要。这不仅是为了文化的传承,更关系到民族特性的持续发展和文化自信的构建。通过各种教育方式和社会活动,可以有效地引导青年学习和欣赏传统文化的深厚底蕴。

(三)弘扬传统文化有助于青年发扬传统文化

中国的传统文化深远而丰富,它不仅塑造了一代代中国人的思想和道德观,还深刻影响了他们的人格追求。这种深厚的文化和道德氛围是我国文化特色的重要表现。在经济持续发展和全球化加速的背景下,复杂多变的市场环境以及西方文化的冲击都可能对人们的生活方式和价值观念造成影响。这样的大环境之下,青年尤其容易受到影响,从而出现思想和道德的偏差。因此,对青年进行道德教育,教育他们树立正确的价值观,并深入学习中华传统文化,对于他们的健康成长至关重要。这不仅能培养他们的民族精神,还能帮助他们塑造独特的民族性格,并继承及发扬我们的传统文化。

在中国传统文化中,诚信、仁爱、礼义等都是被高度重视的道德准则。孔子作为儒家思想的集大成者,他提倡"修身齐家治国平天下"的思想,认为只有在物质生活得到保障的基础上,人们才能追求更高的道德和精神境界。孔子强调,达到高尚的道德境界应成为每个人的终极目标。另一位儒家思想家孟子,则提出了"富贵不能淫,贫贱不能移"的高尚道德要求,这反映了中华民族的传统道德观。在古代,人们非常重视个人的道德修养,明确自我道德的修炼对于提升个人品质有着重要作用。这种道德修养对于当代青年来说,不仅有助于他们在自我评价和自我教育中进行自我剖析,也有助于他们培养严于律己的品格,同时也能建立和谐而轻松的人际关系。社会在不断的变化和发展中前行,青年的道德观和价值观也会随之发生变化,生活方式亦随经济发展而演变。尽管如此,一个民族的核心价值观和文化精神是代代相传的,其本质并没有太大的改变。作为一个拥有五千年文明历史的国家,其浓厚的传统文化氛围在青年的精神世界中仍占主导地位。青年是国家的未来和希望,尤其是当代大学生,他们应该积极继承和弘扬中华传统文化和道德,承担起传播和传承传统文化的重要使命。

二、传统文化与高校美育融合的方法

(一)教材融合

高校教育的重要载体就是课堂教学,课堂教学作为学生、教师"学"与"教"的重要场所,也是传递教材内容的重要空间。为了促进学生的全面健康发展,同时弘扬传统文化,将传统文化纳入高校美育教育中显得尤为重要。这种教学融合,需要以大学生的成长和学习特点以及美育的基本规律为基础。传统文化与美育的结合不仅能加深学生对传统文化的理解,还能增强他们对美学教育的重视。这种融合在教材的设计和内容安排上表现为:一方面,专业课教材与美育教材的有机结合;另一方面,美育教材与传统文化的融入。通过这种多元融合,教材成为大学生系统学习美育知识、建立个人审美体系和加强传统文化传播的重要渠道,有助于推动我国美育教育的发展。具体来说,教材融合应该从以下几方面着手:

①需要依托于完整的传统文化体系,挑选其中精华和有益的部分进行传承和创新。丰富多样的中国传统文化对大学生具有重要的启发和引领作用。同时,需要意识到传统文化中存在的落后内容也应当在教学过程中被剔除,确保教育内容的前瞻性和科学性。在这一过程中,教师的角色尤为关键,他们不仅要挖掘和整合传统文化与美育的资源,还要在教材中恰当地体现这些文化的精粹。

②将传统文化融入教材应当以深入的文化研究为基础,结合大学生的实际生活和心理特点,精心挑选适合他们成长阶段的文化元素。这种挑选不仅要考虑内容的教育价值,还应考虑其对学生成长的实际影响。通过教材这一载体,优质的传统文化内容得以有效传达,有助于学生的全面发展。

③教材中的传统文化内容还应与现代信息技术相结合,利用数字化手段和现代教育技术,将传统文化与现代教育方法相融合。这种方式不仅能使教材内容更加丰富多彩,也更能吸引大学生的兴趣,增强其学习动力。同时,这也是传统文化创新传播的一种方式,能够使传统文化在当代社会中发挥更加活跃和积极的作用。

（二）活动融合

在高校美育中融入传统文化,应当以社会实践为基础,采用美育思想作为引领,推动传统文化与各类实践活动的深度融合。在多样化的活动中,学生能够在实际活动中深入感受文化的独特魅力,实现美育与传统文化教育的有机结合,培养出更多具有国际视野和本土情怀的优秀人才。

①教师们应根据自身学科特点,挖掘并融入美育元素,使美育教育与各学科教学相结合。通过将传统文化的精粹与学科知识相融合,不仅可以提升教育质量,也能在学科交叉的过程中增进学生对传统美学的认知和理解。同时,教育者应鼓励学生积极参与各种专业相关的社会实践,如此可在实际操作和体验中感悟传统文化与美育的真谛,进一步深化对传统文化的理解,构建自己的美学体系。

②将美育与传统文化教育与创新创业、校企合作等实践活动相结合,是提升教育效果的又一有效途径。通过这种方式,不仅能够在大学生教育中成功融入传统文化和美育,还能显著提高教育的实践意义和时代价值。同时,可以利用文艺晚会、艺术节、戏剧表演等多种形式,加强美育的导向作用。例如,组织学生参与剪纸、木雕等非物质文化遗产项目,不仅让学生在实践中体验传统艺术的魅力,还能通过亲身体验加深对传统文化的理解与感悟,提升个人的美育修养。此外,高校可以创建更多与传统文化相关的课程和工作坊,如书法、国画、古琴演奏等,这些课程可以作为学生的选修课,使学生在学习专业知识的同时,有机会接触和学习中国传统文化。通过这种教育模式的多样化,学生可以从多角度接触和理解传统文化,增加其文化自信和艺术感染力。

（三）文化融合

大学生美育教育与传统文化的融合,应根植于文化与文化的深度交融,旨在将传统文化的精髓巧妙融入美育教育的教学实践中,实现理论与实践的和谐共生,从而优化教学效果,达成双赢的局面。所谓文化与文化的融合,其核心在于将传统文化的智慧与魅力深植于校园文化的土壤之中,使之成为校园文化体系不可或缺的组成部分,以此丰富校园文化的内容层次,赋予其更为深邃的意义。在美育教育的校园文化氛围中,大学生能够更直观地感知传统文化的魅力,接受美育的熏陶与洗礼。校园文化,作为大学生群体广泛认可的文化形态,不仅深刻影响着他们的思想情感,更在潜移默化中塑造着他们的人生观与价值观。因此,将美育教育与传统文化相融合,不仅有助于实现协同育人的教育目标,提升育人效果,还能在校园文化中注入传统文化的活水,使校园文化更加丰富多彩、底蕴深厚、充满魅力与吸引力。

三、传统文化与高校美育融合的路径

（一）提升美育教育重视度

为了有效推进美育教育与传统文化相结合的人才培养模式，必须将美育和传统文化纳入高等教育管理的整个流程，从而实施全人教育，指导大学生的各类教育活动。这样做可以让学生在全面的教育体验中，系统而深刻地理解传统文化的精髓，并通过这种教育方式，培养和提升他们的美育能力。

①美育教育应当从思想上得到重视，因为它关系着学生全面而健康的成长。只有在理念上下功夫，才能有效推动美育的发展。高校应加强对美育教育重要性的宣传，通过组织专题讲座、研讨会等形式，提高学生和教师对美育的认知和重视。教师在课堂上应将美育理念贯穿于各个学科中，帮助学生从多角度理解美育的内涵。同时，学校可以利用校园网络平台，建立美育资源库，分享优秀的美育案例与作品，引导学生自发参与美育活动。通过这种方式，可以增强学生对美育的认同感与参与意识，形成良好的校园文化氛围，这是解决当前美育教育问题、推进教育改革的基础。

②应当加强对美育与传统文化融合的关注。传统文化的传承是美育教育的根基。为了实现这一目标，学校应通过引导和协作机制的创新来促进美育与传统文化的交融。这可以体现在课程设置上，例如，将传统文化元素融入音乐、美术、文学等课程中，让学生在学习过程中体验到传统文化的美和深邃。同时，学校还可以组织丰富多彩的文化活动，如传统节日庆祝、书法比赛、经典诗词朗诵等，让学生在实践中领悟传统文化的魅力。这种活动不仅丰富了学生的课外生活，还激发了他们对传统文化的热爱和兴趣，提升其美育素质，促进其全面与系统性发展。

③应该明确将传统文化与美育教育融合的目标，顺利推动协同育人的实践。教育管理者需设定清晰的目标，制定详细的实施方案，并对相关活动进行评估和反馈。可以通过设立美育与传统文化教育的专项基金，支持开展相关的研究和实践活动，鼓励教师在教学中探索创新方法。同时，学校应鼓励学生积极参与美育与传统文化的相关实践项目，如社区服务、文化传播等，让学生在参与中学习与成长。在此过程中，学生的批判性思维与创造力也将得到锻炼，从而为其未来的职业生涯和个人发展打下坚实的基础。

（二）树立"三全育人"理念

为了促进美育教育与传统文化的有效融合，必须确立"三全育人"的教育理念，全面推进大学生的发展过程中美育与传统文化的整合，并在大学生的美育活动中不断优化教育成效。这里的"三全育人"指的是全员、全过程和全方位育人，这一理念强调教育工作的综合性与系统性，是推动教育内涵发展的重要途径。

①美育应该成为高校专业教育体系的核心组成部分。通过深入挖掘专业教育中的美育资源，在传统文化的背景下，丰富和完善教育内容，不断提高美育教育的实际效果。具体而言，教师可以结合专业课程，融入与美育相关的知识与技能。例如，在工科专业中，将美育与工匠精神相结合，强调设计美感与实用功能的统一，不仅在理论教学中强调美的理念，更在实践活动中落实，让学生在实际操作中体验到工艺之美与创造的乐趣。这种美育教育的融入不仅能够提升学生的审美能力，也能培养他们追求精益求精的职业态度和能力，增强学生在未来职场的竞争力和就业能力。

②思想政治教育中应融入美育元素。思政教育在引导学生全面发展、塑造健全人格中扮演着不可替代的角色。将美育教育与思政教育相结合，以及将传统文化的精粹融入其中，可以让学生在思政课堂上更加深刻地理解美育和传统文化的内涵。例如，通过对经典文献的赏析，引导学生思考中国传统文化中的伦理道德与美学思想，从而增强学生的文化自信和自我认同。这种结合不仅提升了思政教育的吸引力和感染力，还为学生形成坚定的政治信仰和理想信念打下坚实基础。通过美育与思政教育的有机融合，学生的价值观、人生观和世界观将得到更全面的塑造，促进其健康成长。

③美育教育应该被纳入高校的各项教育管理工作中。无论是实验室管理、寝室生活还是后勤服务，美育的元素都应该被广泛融入。比如，在实验室管理中，不仅要关注安全与操作规范，还应倡导美的设计理念，鼓励学生从环境布置、设备选择等方面提升美学意识。在寝室生活中，通过布置文化墙、举办读书分享会等形式，培养学生的审美情趣与文化素养。同时，后勤服务部门也可以通过美化校园环境、营造文化氛围等措施，提升学生对美育的认识和重视。这样的全方位浸润式教育，将使学生在日常生活中不断接受美育熏陶，从而在实际活动中逐步提高美育与传统文化的融合水平。

通过这三个方面的努力，高校可以有效地实现美育与传统文化的深度融合，培养出更全面、更有文化底蕴的学生，从而在推动学生个人发展的同时，也促进社会文化传统的传承和发展。这种教育模式不仅有助于学生的个人成长，还能为社会培养出更多具有责任感和使命感的优秀人才。

（三）创新教育方法

在高校的育人实践中融入传统文化及美育教育，一方面，应深入挖掘文化体系中的美育元素，以此确保美育教育实践的成效。例如，可以将音乐、书法、诗歌等艺术形式纳入美育活动，扩展美育教育的表现形式，让学生在参与这些活动中不断接触并吸收美育的精华。另一方面，必须加强对美育教学方法的研究与创新，通过多样化的教学手段实现美育与传统文化的深层融合。这样的教学多样性不仅能激发学生的学习热情，使他们更主动地探索和实践，而且有助于提升学生的核心素养，推动其全面发展。在创新美育教育方法的过程中，可以利用现代信息技术的优势，将多媒体技术应用于美育和传统文化的教学中，为学生提供更为丰富的学习资源，促进美育教育的现代化。此外，实施情景教学和小组合作教学等方法，也可以在合作学习的环境中促进传统文化与美育的有效结合，进一步提高教育的质量和效果。利用这些创新教学策略，不仅可以丰富教育内容，还能有效提升学生在实际生活和工作中应用所学知识的能力。

（四）建设网络教育载体

在当今这个日新月异的信息化时代，实现传统文化与美育教育的深度融合已成为教育领域亟待探索与实践的重要课题。这一融合不仅是对古老智慧的传承，更是对现代教育理念的革新与拓展。为了将这一理念落地生根，我们必须将教育的信息化作为核心驱动力，其中，网络教育载体的建设无疑是实现这一目标的关键所在。

①高校应在校园网络中建立专门的美育教育平台，确保学生能随时接触到丰富的美育资源。这个平台不仅应该汇集各类美育相关的课程、讲座和学习资料，还应包含各种艺术作品、文化遗产及其背后的历史故事。通过多媒体的形式，例如视频、音频和互动课程，学生可以更加生动地理解美育的内涵与传统文化的深厚底蕴。此外，网络教育平台还应设立在线讨论区，鼓励学生在此交流学习体会，分享各自的观点，形成良好的互动氛围，激发学生的学习热情和创新能力。

②美育教育应贯彻传统文化精神，通过网络平台构建起一个强有力的文化教育载体。这将有助于丰富和完善学生的知识结构，促使学生成为社会的有用之才，并实现个人的理想和目标。为此，教育工作者可以设计一些结合传统文化与现代艺术的课程，采用案例教学法，让学生从实际生活中感受到传统文化的价值。

例如,可以组织关于中国传统音乐、舞蹈、美术等的在线课程,使学生在享受艺术的同时,也能够领悟到其背后的文化意义。此外,通过举办线上文化活动和艺术展览,进一步增强学生对传统文化的认知和理解,从而培养其文化自信与审美能力。

③在美育与传统文化的融合发展中,高校应加强美育实践教学板块的构建,并积极建设信息交流平台。这不仅有助于学生在实践中吸收美育知识,还能促进其全面发展,突显美育与传统文化结合的实际意义。具体而言,学校可以通过网络平台组织各类实践活动,例如线上美术比赛、音乐会、传统手工艺制作等,让学生在参与中体验美育的魅力。在这些活动中,教师可以扮演指导者的角色,通过线上实时互动帮助学生提高技能,强化对传统文化的理解。此外,学校也可以与社会机构合作,通过网络平台,向学生提供更多实践机会,如参加文化遗产保护项目、艺术创作营等,增强学生的社会责任感和使命感。

结束语

中国传统美学在高校美育领域的深入应用与实践是当今中国高等教育中一项充满挑战且极具价值的任务。本书详细探讨了中国传统美学的精髓与高校美育实践的结合，旨在揭示这一结合的重要性和必要性。通过本书的阅读，我们不仅能够对中国传统美学的深层价值有更全面的认识，还能明白如何在高校教育中有效地实施这些美学理念，以培养学生的审美素养和创新能力。尽管如此，实际操作中仍然存在不少问题和挑战，如资源配置不均、师资力量不足以及课程体系的不完善等。

面向未来，我们需要进一步加强理论研究与实践探索的深度融合，以适应快速变化的教育需求和文化多样性的背景。高校美育的实践应当更加注重中国传统美学的传承与创新，并在课程设计、教学方法和评价体系上进行全面优化和革新。同时，政府及教育主管部门需要给予更多的政策支持和资源倾斜，以确保美育工作的持续推进和效果显著。本书对中国传统美学与高校美育的结合进行了初步探讨，未来的研究仍需不断深化对这一领域的理解和实践，以期为中国乃至全球的美育事业贡献更多智慧和力量。我们期望通过持续的研究和实践，能够不断推动中国传统美学在高校美育中的应用，为培养具有全球视野和文化自信的新时代人才奠定坚实基础。

参考文献

［1］张莹.高校美育融合背景下的创新人才培养研究［J］.美术教育研究,2024（18）:88-90.

［2］谢梦彬,韩晶.以美育人:高校美育的构建［J］.美术教育研究,2024（17）:73-75.

［3］李娜,朱秋扬.高校美育与思政教育融合路径研究［J］.美术教育研究,2024（17）:67-69.

［4］耐日.新时代高校美育与创新创业实践融合研究［J］.艺术教育,2024（08）:78-81.

［5］高筱媛,李昕衡.高校美育课程建设的系统审思及优化策略［J］.新美域,2024（07）:131-133.

［6］秦伟.美育对提升高校思想政治教育的有效性研究［J］.湖北开放职业学院学报,2024,37（12）:109-111.

［7］严胜杰,仇必鳌.高校书法美育的价值与实施策略［J］.魅力湖南,2024（03）:92-94.

［8］陈郁.数字时代下高校美育教学实践研究［J］.新美域,2024（06）:115-117.

［9］樊雅琳.美育与高校思想政治教育融合发展的价值研究［J］.产业与科技论坛,2024,23（11）:151-153.

［10］许宝丹.新时代高校美育实践路径探索［J］.艺术教育,2024（05）:278-281.

［11］费腾.新媒体视域下高校美育教育创新路径研究［J］.新美域,2024（03）:157-159.

[12]唐红平.高校美育教学实践优化研究[J].美术教育研究,2024(02):123-125.

[13]刘玲,谭倩文.网络时代下高校美育评价研究[J].公关世界,2024(02):67-69.

[14]谌章明.中华优秀传统文化视阈下高校思政课的美育渗透论析[J].河北青年管理干部学院学报,2024,36(01):68-74.

[15]李媛.美育在新时代高校思想政治教育中的价值探析[J].世纪桥,2023(12):45-47.

[16]唐艺萍,张建利.“五育融合”背景下高校美育教育与课程思政双向融合的路径探索[J].湖南科技学院学报,2023,44(05):71-74.

[17]李莉.新时代高校美育与思想政治教育协同发展的探索[J].重庆开放大学学报,2023,35(05):39-44.

[18]李琳娟.微时代高校美育与德育融合创新及其实施路径[J].山东工艺美术学院学报,2023(05):52-56.

[19]张茹茹,王丹.立德树人背景下高校美育建设路径研究[J].绥化学院学报,2023,43(09):109-111.

[20]杨志鹏,刘雪雪.高校美育工作的价值审视、现实困境及实践路径[J].湖北开放职业学院学报,2023,36(16):55-57.

[21]陆根书,李运福.高校德体美劳过程性评价研究[J].河北师范大学学报(教育科学版),2023,25(04):6-13.

[22]孙博,叶蓉.新时代高职美育课程建设分析[J].两岸终身教育,2023,26(03):48-54.